Otto Ribbeck

Der echte und der unechte Iuvenal

Otto Ribbeck

Der echte und der unechte Iuvenal

ISBN/EAN: 9783743311862

Hergestellt in Europa, USA, Kanada, Australien, Japan

Cover: Foto ©Thomas Meinert / pixelio.de

Manufactured and distributed by brebook publishing software
(www.brebook.com)

Otto Ribbeck

Der echte und der unechte Iuvenal

DER ECHTE

UND

DER UNECHTE IUVENAL.

EINE KRITISCHE UNTERSUCHUNG

VON

OTTO RIBBECK.

BERLIN.

VERLAG VON I. GUTTENTAG.

1865.

HERMANN KÖCHLY

IN ERINNERUNG AN UNSRE GLÜCKLICHE GEMEINSCHAFT

IN DER SCHWEIZ.

ERSTES CAPITEL.

Die fünf Declamationen.

———

Es ist bekannt, welch ergiebige Quelle für die Sittengeschichte der Zeit von Tiber bis Trajan und Hadrian die Satiren Juvenals sind. Neben seinem Zeitgenossen Tacitus tritt er auf seinem Gebiete und in seiner Art als ebenbürtiger Zeuge namentlich für die inneren, dem Staatsleben ferner liegenden, socialen und literarischen Zustände Roms auf: die erschöpfende Universalität seiner Schilderungen wird weder von Martial noch in dem erhaltnen Bruchstück des Petronschen Romans erreicht; noch weniger können sich die Briefe des jüngeren Plinius mit ihm messen. Martial rührt zwar vielerlei an, aber nur soweit andeutend als nöthig, um der Spitze des Epigramms den Weg zu bahnen, und sein vorwiegendes Interesse für erotische Sünden verführt ihn zu ermüdenden Wiederholungen dieses Thema's, worüber Anderes zu kurz kommt. Das Gastmahl des Trimalchio ist eben nur ein Ausschnitt aus einem umfassenden Gemälde. Plinius ist ein ehrbarer, wohlgesinnter Pedant, der in der neuen Trajanischen Aera schwelgt und auf die Zeiten, in denen die Juvenalsche Satire spielt, nur selten einen flüchtigen Rückblick wirft. Keiner von Allen hat so aus dem Vollen und mit so erschöpfender Gründlichkeit das bunte wüste Treiben der üppigen Weltstadt geschildert als Juvenal. Er führt uns mitten in das Gewühl der lärmenden Strafsen, wir besuchen den Marmorsaal des Reichen und das Dachstübchen des Poeten, dessen dürftigen Hausrath, dessen Sorgen und Noth wir nicht ohne Rührung kennen lernen; wir schlendern über die Promenaden, wo Gaukler und Dirnen, Gauner und Bettelpropheten ihr Wesen treiben. In Tem-

1

peln, im Theater, im Circus, in der Arena, in Concert- und Reci-
tationssälen lernen wir das Publicum, seinen Geschmack, seine Eitel-
keiten und Gelüste kennen. Auch hinter die Coulissen und in
romantische Verhältnisse der Bühnen- und Arenahelden blicken wir.
Leider auch in die grauenvollen nächtlichen Mysterien, die an Stätten
der Wollust begangen werden, namentlich in die Orgien der bona
dea, in die Abenteuer einer Messalina und ihrer Schülerinnen werden
wir eingeweiht. Da ist ferner der Schwarm fremder Emporkömm-
linge, die aus Syrien, Aegypten, besonders aus Griechenland als
Sclaven eingewandert bald als Hausfreunde reicher Wüstlinge, als
Parasiten, Cicisbei. Aerzte, Künstler, Erbschleicher, Delatoren durch
unerschöpfliche Künste in den mannigfachsten Masken zu Ansehen
und Reichthum gelangt sind und den eingeborenen Quirinussöhnen
Luft und Leben verleiden. Die ausführlichen bittren Klagen des
Ehrenmannes, der von Rom nach Cumä übersiedelt, lehren uns die
Graeculi und die grofse Klasse der Glücksritter genau kennen, aber
auch die Enttäuschungen, Demüthigungen und Entbehrungen des Red-
lichen, der die Künste der Schmeichelei und Heuchelei verschmäht.
Die Alleinherrschaft des Geldes, das theure Leben in Rom, die Tyrannei
und Unnatur des Luxus wird uns in lebhaften Farben geschildert. Wir
begleiten den hungrigen Clienten auf seinen beschwerlichen Morgen-
visiten, wohnen der Sportelvertheilung im Atrium des Grofsen bei,
zu der sich verschämte Almosenempfänger aus dem Adel neben be-
häbigen Krämern in buntem Haufen drängen. Wir theilen die Be-
drängnisse des Literatenstandes, der Poeten, Historiker, Rhetoren,
Grammatiker, auch der Advocaten; die Prätension der Dilettanten
und die brutale Knickerei hoher Gönner wird scharf beleuchtet.
Wir sitzen mit am Tisch des Reichen und beobachten, wie schnöde
die dürftigen Gäste vom Herrn wie von der Dienerschaft behandelt
werden. Der fade Junker, der ohne eigenes Verdienst auf seinen
Stammbaum pocht, jagt sein Gespann an uns vorüber, wir finden
ihn unter Stallknechten in der Kneipe, im Würfelspiel ungeheure
Summen vergeudend, hören wie er Nachts auf der Gasse in Nero-
nischem Stil wegelagernd harmlose Philister zur Rede stellt, und
sehen ihn schliefslich als Gladiator in der eisernen Zucht der Fechter-
schule enden. Den Muckern, 'qui Curios simulant et Bacchanalia
vivunt', wird die scheinheilige Maske ihres Stoicismus abgerissen,
ein nur zu reiches Register von Criminalfällen wird uns aufgerollt.

Und nun die Geheimnisse der Ehe, des Familienlebens, des Haus-
standes! Die Scenen hinter der Gardine, in der Wochenstube, im
Toilettenzimmer, im Salon, die galante Privatcorrespondenz der Dame,
geleitet und beschützt von der eigenen Mutter, die gelehrten und
ritterlichen Passionen der Emancipirten, ihr Verkehr mit wahrsagen-
den Judenweibern, mit dem Isispriester, mit Chaldäern, die Miss-
handlungen der Dienerschaft und alle Gräuel tiefster Verworfenheit
in furchtbar anschaulichen Zügen. Endlich die Studien über Hof-
leute und Senat, die wir im Vorzimmer und Staatsrath des Kaisers
machen. Und damit auch die Lichtseite nicht ganz fehle, sehen wir
in Gabii, Präneste und anderen kleinen Orten noch manches rüh-
rende Bild idyllischer Unschuld und genügsamen Glückes, und bei
dem frugalen, aber gemüthlichen Mahle eines wackeren, ehrenfesten
Römers von altem Schrot und Korn lassen wir am Megalesienfest
uns wohl sein, während vom Circus her das Beifallsjauchzen über
den Sieg der Grünen in das traute Gespräch hineinschallt[1]).

Diese flüchtigen Züge mögen genügen, um an den reichen
lebensvollen Inhalt der Juvenalischen Satire zu erinnern. Aber sie
alle sind gesammelt ausschließlich aus den 9 ersten und der 11ten:
während diese eine wahrhaft strotzende Fülle anschaulicher Bilder
liefern, die nur eine eingehende Schilderung Römischer Zustände zu
erschöpfen vermag, geht der Leser bei dem Studium der 10ten,
12ten, 13ten, 14ten und 15ten (von der 16ten wird später die
Rede sein) in dieser Beziehung fast leer aus, man müßte denn
gegenüber jenen ausgeführten Gemälden und Gestalten flüchtige und
farblose Anspielungen auf Nero und Messalina, oder die nackten
Namen eines vielbeschäftigten praefectus urbi, eines betrügerischen
Advocaten, eines Arztes, Rhetors, Schulmeisters, eines schwitzenden
Poeten, eines Citharöden, eines Schlemmers, Verschwenders, Geiz-

---

[1]) Wie konnte O. Müller Gr. Lit. G. I 230 A. sagen, daß »den Gemälden
Juvenals der Hintergrund einer schönen und erhebenden Vorstellung von Rom, wie
es sein sollte oder wie es in früheren Zeiten gewesen, fehlt«? Man denke an die
Schattenbeschwörung am Schluß der zweiten Satire, an das Lob der Zeit, da
Hannibal vor den Thoren stand (VI 210 = 286 ff.), an den Adelspiegel in der
achten, die in stolzer Erinnerung an die Vorzeit schwelgt, so vieler beiläufiger
Vergleiche und Rückblicke nicht zu gedenken, die des Dichters schmerzliche Sehn-
sucht nach der entschwundenen Herrlichkeit ebenso sicher bezeugen. Und wie wäre
überhaupt satirische Stimmung und Darstellung nur möglich für Einen, in dessen
Seele das Gegenbild besserer Zeiten nicht lebendig wäre?

halses, Haustyrannen, Ehebrechers, Erbschleichers, ferner eines
dicken, eines buckligen, eines trunksüchtigen, eines liederlichen
Frauenzimmers oder einer reichen und kinderlosen Matrone u. dgl.
Statisten-Personal, das ohne jede individuelle Zeichnung beiläufig
gleichsam registrirt wird, für concreten Stoff halten.

Der Verfasser jener ersten Hälfte schwingt als erklärter Nachfolger des Lucilius die blutige Geifsel über seine Mitbürger, und
wenn er sich auch bei so veränderten Zeiten aus Vorsicht bescheiden
mufs, nur bereits Verstorbene bei Namen zu nennen, so treffen doch
seine Streiche stets solche Personen, die ihm und den Zeitgenossen
in jüngster Erinnerung leben; und das Todtengericht, das seine
'indignatio' über dem frischen Grabe berüchtigter Persönlichkeiten
abhält, dient der Gegenwart zum warnenden Spiegel. In den ersten
Regierungsjahren Nero's geboren, ist er fast ein halbes Jahrhundert
lang (mit einer kurzen Unterbrechung) stiller Beobachter der Römischen Zustände an Ort und Stelle geblieben, bis unter Trajans
mildem Regiment ihm wie dem Tacitus die von Furcht und Ent-
setzen gelähmte Zunge endlich gelöst wurde und der lange gesam-
melte Stoff wie ein gestauter Strom brausend und schäumend aus
seinem Innersten hervorquoll. Die Helden seiner Satire finden wir
gröfstentheils bei Tacitus, Sueton, dem jüngeren Plinius, Martial
wieder, — ein Beweis, dafs ihre Züge allen Zeitgenossen geläufig waren,
und der Dichter wie Aristophanes sich mit Andeutungen begnügen
durfte. Aber bei aller Kürze welche Meisterschaft in der Charakteristik z. B. der Geheimräthe Domitians, wie lebendig das Bild
der kaiserlichen Buhlerin in der 6ten Satire, wie anschaulich in
der ersten die Figuren eines Crispinus, eines Marius Priscus und so
mancher anderer Repräsentanten ihrer Zeit!

Aber alle Erinnerung scheint ihm versiegt, der Pinsel vertrocknet
zu sein in der zweiten Hälfte unserer Sammlung. Die wenigen
Namen, die man auf Zeitgenossen beziehen mag, sind mit dürftigen
Ausnahmen gänzlich unbekannt: nicht einmal der Scholiast weifs
über sie etwas zu sagen. Den Schulmeister Hamillus (XI = X 224)
kennt Martial VII 62, den Stadtpräfecten C. Rutilius Gallicus Valens
(XIII 152 = 157) feiert Statius silv. I 4 mit einem pomphaften Ge-
nesungsglückwunsch. Der verachtete Declamator Vagellius (XIII 114
= 119 XVI 23) ist schwerlich identisch mit dem Verfasser eines
'inclitum carmen' bei Seneca natur. quaest. VI 2, 9 oder gar der

'Actio' in der Biographie des Terenz (vgl. Ritschl in Reifferscheid's
Sueton p. 530 f.). Was sonst noch einigermafsen bekannt ist, be-
schränkt sich auf Wiederholungen aus den früheren Stücken: Maura
(XI = X 224) aus VI 231 = 307, Catulla (XI = X 322), die Martial VIII 53 in vier catullisirenden Zeilen abthut, aus II 49; der
Arzt Archigenes, Zeitgenosse Juvenals, (XIII 93 = 98 XIV 252) aus
VI 62 = 236; der Mimendichter Catullus (XIII 106 = 111, vgl. meine
poett. Latt. comicorum rell. p. 309) aus VIII 160 = 186. Dahingestellt mufs bleiben, ob die dicke Hispulla (XII 11) identisch ist
mit der schwärmerischen Freundin der Tragöden VI 154 = 74; Ba-
silus, der XI = X 222 als ein in grofsem Mafsstabe betrügerischer
Geschäftsfreund figurirt, erscheint VII 140—142 (145—147) als
ein dürftiger, wenig anerkannter Anwalt, dem nur der Reichthum
zur wahren Beredsamkeit fehlt. Wörtlich wiederholt aus I 24 (25)
ist der Vers über den reich gewordenen Barbier Cinnamus (Martial
VII 64) in der 11(10)ten Satire 226.

Ueber den Rest, etwa anderthalb Dutzend Namen (XI = X 178.
202. 211. 222. 238. 294. 319 XII 45. 99. 111. 113. 125 XIII 24
= 32. 120 = 125 XIV 31 = 18. 38 = 25. 86. 195), schweigt die
Geschichte, und liefert auch der Satiriker selten mehr als die trockene
Angabe der Kategorie, in die Laster oder Stand des Einzelnen fällt.
Fast alle könnten ohne besonderen Verlust für den Inhalt fehlen,
denn sie sind oft was man nennt mit den Haaren herbeigezogen.
In einer sehr ernsten Auseinandersetzung über die Katastrophe des
Xerxes wird ein gewisser Sostratus als schwitzender Sänger des
Perserfeldzuges angebracht (XI = X 178). Die Unzahl der Krankheiten des Alters wird mit siebenfachen Beispielen eben so unzäh-
liger Ausschweifungen, Gewissenlosigkeiten, Reichthümer verglichen
(XI = X 220 ff.): ein fetter Opferstier mufs an die beleibte Hispulla
erinnern (XII 11), ein grofser Mischkessel an die durstige Gattin
des Fuscus (XII 45) u. s. w. Andere, bei denen die Darstellung
verweilt, werden doch aus der Allgemeinheit ihres Typus nicht
herausgehoben: so die kinderlose Gallitta und ihr Erbschleicher Pacuvius Ister (XII 99 ff.). Ein einziges Mal finden wir einen Anlauf
zu einer Geschichte: 'aedificator erat Cretonius' (XIV 86). Es gilt
ein Beispiel für den Satz, dafs die Sünden des Vaters sich forterben
auf den Sohn. Aber wie salz- und inhaltslos fällt dieses 10 ganze
Verse umfassende Geschichtchen aus! Cretonius baute viele präch-

tige Villen aus kostbarem Marmor und verkleinerte damit sein Vermögen: den nicht unbeträchtlichen Rest hat sein Sohn vollends
durchgebracht, indem er neue Villen von noch besserem Marmor
aufrichtete. Haecine tu credas Venusina digna lucerna? Man vergleiche etwa aus der dritten Satire, was von Codrus (201 = 203 ff.)
und Asturicus (210 = 212 ff.) erzählt wird, oder die Beispiele in
der sechsten, wie das Abenteuer der Eppia (162 = 82 ff.), oder in
der achten den Lebenslauf des Lateranus (120 = 146 ff.).

Eben so unergiebig ist jene zweite Hälfte für die Kenntnifs
gleichzeitiger Einrichtungen, Sitten, Zustände oder Vorfälle in Rom,
wofür in der ersten fast jede Zeile so reichen Stoff bietet. Aufser
dem Kapitel über Erbschleicher (XII 93 ff.), welches bereits früher
(I 36 = 37 ff. III 218 = 220 ff. V 142 = 137 ff.) nach verschiedenen
Seiten behandelt ist, wird nur noch die pompa circensis XI (X)
35 ff., die mit leiserem Spott auch X 124 (XI 194) ff. berührt wird,
und der schon von Claudius angelegte Hafen von Ostia anschaulich
beschrieben (XII 75 ff.: vgl. Sueton Claud. 20). Sonst findet sich
etwa noch ein kurzes Wort über das Costüm der Citharöden XI
(X) 212, über die Banquiers auf dem Forum XI (X) 24, die Deposita im Tempel des Castor und die meines Wissens anderweitig
nicht bezeugte Beraubung des Marstempels XIV 260 f., die Spiele
der Flora, der Ceres, der Cybele (XIV 262 f.). Alles Uebrige könnte
geschrieben sein von einem Manne, der Rom nie gesehen und die
Zeiten Domitians nicht erlebt hätte. Gründlicher ist Einiges aus
naher Vergangenheit, was aus Büchern zu schöpfen war, verarbeitet.
So ist der Sturz des Sejanus (XI = X 66 ff.) nach den besten
Quellen (vgl. Cassius Dio LVIII 4—19), vielleicht nach Tacitus (am
Schlufs des fast ganz verloren gegangenen fünften Buches der Annalen) geschildert[1]), desgleichen die berüchtigte Hochzeit der Mes-

---

[1]) Unerklärt jedoch und wahrscheinlich durch Schuld des Verfassers unklar
ist V. 82—88 das Zwiegespräch der beiden Senatoren, wie man doch wohl annehmen mufs, nach dem Sturze Sejans:
'perituros audio multos.'
'nil dubium, magna est fornacula, pallidulus mi
Brutidius meus ad Martis fuit obvius aram.'
'quam timeo, victus ne poenas exigat Aiax
ut male defensus! curramus praecipites et,
dum iacet in ripa, calcemus Caesaris hostem.

salina mit Silius (XI = X 330 ff.: vgl. Tacitus ann. XI 27. 31 und
Cassius Dio LX 31): aber damit ist auch diese Zeit beinahe erschöpft. Nur flüchtig treten auf die aus Sueton Claud. 28 bekannten
mächtigen Freigelassenen des Claudius, Posides (XIV 91) und Nar-
cissus (XIV 329), letzterer nicht ohne ausdrückliche Belehrung über
seine Stellung am kaiserlichen Hofe. Auch auf Nero und seine
jovialen Gelüste (vgl. Sueton Ner. 28) kommt einmal (XI = X 308)
die Rede, ein anderes Mal (XI = X 15 ff.) auf die Proscriptionen
des C. Cassius Longinus, des Seneca, des Plautius Lateranus, die
aus Tacitus ann. XVI 9 und XV 60 ff. hinreichend bekannt waren.
Erwähnen wir noch die drei Zeilen (XV 110—112), in denen paren-
thetisch von der gegenwärtigen Verbreitung griechischer Bildung,
namentlich von den rhetorischen Studien in Gallien und Britannien,
die vielleicht dem speciellen Interesse unseres Poeten besonders nahe
lagen, die Rede ist, so haben wir in der That alles historische
Material aus der Kaiserzeit erschöpft.

Desto mehr liebt es der Verfasser der zweiten Hälfte unserer

---

sed videant servi, ne quis neget et pavidum in ius
cervice obstricta dominum trahat.'
Dafs es gilt, die Rache des Tiberius zu entwaffnen durch pöbelhafte Mifshand-
lungen der Leiche des grofsen Majestätsverbrechers, ist unzweifelhaft. Aber wer
ist Ajax? Verstehen wir mit dem Scholiasten den Kaiser als 'quasi insanus,' 'cum
se dicat male a senatu defensum et parum aliquid in Seianum factum', so ist
doch 'victus' ganz schief, da der Kaiser ja seine Rache an dem Todfeinde voll-
zogen hat. Auch wäre der Vergleich beider Gegner mit Ajax und dem Odysseus
etwa von Grund aus verfehlt. Erklärt man 'victus' vollends 'si inferior fuit in
bello' (schol.), so hinkt die Anspielung noch mehr. Auch zwingt der Zusatz 'ut
male defensus' an einen Wortstreit zu denken, nicht an den Krieg. Aber auch mit
Madvigs Erklärung, dafs Brutidius Niger wegen einer verunglückten Declamation
in Sachen des wirklichen Ajax vor dem Waffengericht Bestrafung fürchte, kommen
wir nicht weit. Denn erstens war Tiberius kein Claudius; ferner was haben
Uebungen der Rhetorschule mit dem Sturze Sejans zu thun? Auch würde eine
solche Schuld doch jedenfalls nur auf das Haupt eines einzelnen ungeschickten
Rhetors fallen, nicht auf Viele. Wenn also Brutidius etwa 'quam timeo ... defensus' sagen konnte, so pafste doch die Aufforderung 'curramus' im Plural und
Alles, was folgt, schlecht auf diesen Fall. Sollte endlich die Meinung gewesen
sein, Brutidius in seiner Angst vor politischer Verfolgung erinnere sich einer Jugend-
sünde aus der Rhetorschule und sein Gewissen spiegele ihm thörichter Weise irgend
einen Zusammenhang zwischen dieser und dem gefürchteten Schicksal vor, so wäre
dieser Scherz höchst gezwungen und frostig. Vielleicht aber wird man sich doch
bei diesem Resultat begnügen müssen.

Satirensammlung auf die ältere römische und griechische Ge-
schichte und auf die mythische Vorzeit zurückzugehen. Die Cras-
sus (XI = X 108), Pompeius (XI = X 108. 283), Caesar (XI
= X 109), Antonius (X 123), Brutus (XIV 56 = 43), Cato
von Utica (XIV 56 = 43), Cicero (XI = X 114 ff.), Catilina
(XI = X 288 XIV 54 = 41), Lentulus (XI = X 287), Cethegus
(XI = X 287), Marius (XI = X 276 ff.), Mithridates (XI = X 273
XIV 252), Hannibal (XI = X 147 ff. XII 108) und die Punischen
Kriege (XIV 161), die Decier (XIV 239), Pyrrhus (XII 108 XIV 162),
Verginia (XI = X 294), Lucretia (XI = X 293) und der alte Sa-
binerkönig Titus Tatius (XIV 160), ferner Xerxes (XI = X 173 ff.),
Philipp (XII 47) und Alexander (XI = X 168 ff. XIV 311) von
Macedonien, Demosthenes (XI = X 114 ff.), Crösus (XI = X 274
XIV 328) und Solon (XI = X 274), Sardanapal (XI = X 362), und
endlich Moses oder wie die handschriftlich überlieferte, von L. Müller
de re m. 264 vielleicht doch mit Unrecht verworfene, späte Form lautet,
Moyses in spondeischer Messung (XIV 102) treten entschieden in
den Vordergrund, und die Darstellung ihrer Schicksale nimmt oft
einen breiten Raum ein. Es sind sämmtlich Begebnisse und Persönlichkeiten, welche den Rhetorschulen ihren Uebungsstoff lieferten
und den Jüngern derselben nur zu geläufig waren. Aber nur einem
sehr oberflächlichen Kenner der römischen Geschichte konnte Catilina's wahrlich nicht gewöhnliche Figur so ins Allgemeine verblassen,
dafs er XIV 54—56 (41—43) behaupten konnte: 'Catilinam quocumque in populo videas, quocumque sub axe, sed nec Brutus erit
Bruti nec avunculus usquam,' was weder in der Affirmative noch
in der Negative wahr ist. Cicero's Fehden mit Antonius und der
mit blutigem Tode erkaufte Ruhm der Philippicae, ein Thema, das
in den Suasorien Seneca's (6), sowie in den Controversen p. 196 ff. B.
und von Cornelius Severus (ebenda p. 37) sogar in Versen sich
verhandelt findet, erörtert auch unser Satiriker XI = X 117 ff. neben
dem verwandten Capitel über Demosthenes. Der Sumpf von Min-
turnä (XI = X 276) ist bei Seneca controv. 17 p. 198 B. verwendet,
ebenda und p. 198, auch 204 marschiren aufser Andern Pompejus, Hannibal, Pyrrhus, Crassus, Mithridates, Catilina, Demosthenes
auf, Crösus p. 119. Die Betrachtung über die unersättliche Erobe-
rungslust Alexanders des Grofsen XI = X 168 ff., die noch einmal
XIV 308 ff. anklingt, finden wir bei Seneca in der ersten und vierten

suasoria und p. 234, 21 *B*. wieder: die Expedition des Xerxes, die gleich darauf in derselben Satire XI = X 173 ff. zum Beispiel dienen mufs für den Satz, dafs Hochmuth vor dem Fall kommt, war ein beliebter Tummelplatz der Schulrhetorik, wie die zweite suasoria beweisen kann. Wunderbar, dafs derselbe Dichter, der in der siebenten Satire 155 (160) ff. seinen Rhetor über den 'dirus Hannibal' klagen läfst, der ihm einmal in jeder Woche seine Deliberationen zu hören gebe 'an petat urbem a Cannis, an post nimbos et fulmina cautus circumagat madidas a tempestate cohortes', sich entschliefsen konnte, diese 'crambe repetita' in zwanzig eigenen Versen XI (X) 147 — 167 seinem Leser aufzutischen mit dem naiven Selbstgeständnifs am Schlufs 166 f. 'i demens et saevas curre per Alpes, ut pueris placeas et declamatio fias.' Jene Uebungen, auf die der Verfasser der ersten Satire mit sarkastischer Befriedigung als auf einen überwundenen Standpunkt zurückblickt ('et nos ergo manum ferulae subduximus, et nos consilium dedimus Syllae, privatus ut altum dormiret'), sie scheinen recht eigentlich noch das Element zu sein, in dem sich der Autor der späteren Stücke heimisch fühlt.

Auch die Mythologie wird in einem Umfange von ihm geplündert, wie es der Leser bisher nicht gewohnt war. Besonders Homer, Vergil und die Tragiker liefern Stoff und Personal: Nestor und Antilochus (XI = X 246 ff.), Peleus und Achilles (XI = X 256 XIV 214), Telamon und Ajax (XIV 213. 286 XV 65), der Kampf des Diomedes mit Aeneas (XV 66 f.), Laertes (XI = X 257) und Ulixes (XV 14), Priamus (XI = X 258 ff.) und Hecuba (XI = X 272), Alcinous (XV 15), Antiphates und Polyphem (XIV 33 = 20), Lästrygonen und Cyclopen (XV 18), Circe und Elpenor (XV 21 f.), und andere Wunder der Odyssee (XV 17 ff.), die Opferung und der Taurische Opferdienst der Iphigenie (XII 119 f. XV 116 f.), ebenfalls ein Rhetorthema (vgl. Seneca suasor. 3), der Wahnsinn des Orest (XIV 284 f.), Hippolyt und Bellerophon (XI = X 325), Stheneböa und Phädra (XI = X 327), die Schlange von Kolchis und die von den Hesperiden (XIV 114), Thebens Drachensaat (XIV 241 ff.), Menoeceus (XIV 240), Tiresias (XIII 249), Rhadamanthus (XIII 197), Prometheus (XIV 48 = 35 XV 85), Julus und die Sau mit den 30 Jungen (XII 70 ff.), Turnus (XV 65), und der ganze Olymp (XIII 40 ff.) — das geht weit über das knappe Mafs mythischer Anspielungen, wie sie meist in ironischem und parodirendem Sinne

in der ersten Hälfte verstreut sind. während die erste Satire (5 ff.
52 ff. 159 = 162 ff.) die poetische Behandlung des Mythus als ein
harmloses, aber schaal gewordenes Spiel geradezu verhöhnt und in
der siebenten am Schluſs (228 = 234 ff.) ein mitleidiger Blick auf
die mythologische Gelehrsamkeit geworfen wird, die man den armen
Grammatikern zumuthet. Von desto gröſserer Wirkung freilich ist
es, wenn die Satire aus der Mitte der lebendigen Gegenwart einmal
mit Ernst in die mythische Vorzeit zurückblickt. So in der sechsten.
Der Verfasser will auch von der besten Frau Nichts wissen. Aber
Beispiele liefert das heutige Rom ihm nicht: er muſs zu den Sabi-
nerinnen, zur Gracchenmutter und zur Niobe zurückkehren (VI
551 = 164 ff.). Für die Ruchlosigkeit einer Pontia bietet wiederum
alle Geschichte kein Beispiel: nur die Gräuel der tragischen Bühne,
die in römischen Häusern jetzt sich wiederholen, bilden ein Seitenstück und schlieſsen die groſse Satire auf das Ergreifendste. Mit
Humor wird VII 204 (210) f. an Achills Erziehung unter der Ruthe
des Chiron erinnert, um die Zuchtlosigkeit der römischen Jugend
unter dem edlen Rufus, dem 'Cicero Allobrox', damit zu vergleichen.
Mit ähnlicher Wirkung werden die berühmten oder berüchtigten
Namen aus der römischen Vorzeit heraufbeschworen: entweder wo
sie unvergängliche Typen für bestimmte Charaktere abgeben und
sich durch eine gewisse schneidende Klarheit empfehlen, wie in den
berühmten Zeilen II 24 ff.:

> quis tulerit Gracchos de seditione querentes?
> quis caelum terris non misceat et mare caelo,
> si fur displiceat Verri, homicida Miloni,
> Clodius accuset moechos, Catilina Cethegum,
> in tabulam Syllae si dicant discipuli tres?

oder am Schluſs derselben Satire 139 (149) ff., wo der Dichter
den Empfang der jetzigen entarteten Generation von den hehren
Schatten der Vorfahren seiner tief erregten Phantasie vorstellt, oder
in dem Satz III 53 'carus erit Verri, qui Verrem tempore quo volt
accusare potest', oder in der Satire vom Adel (der achten), wo
durch das Thema selbst unvermeidlich die Erinnerung an die Ahnen
der Patricier und ihre Groſsthaten, an Cicero und Marius, die homines novi, an die plebejischen Decier gegeben war. Aber immer
steht Juvenal fest auf dem Boden der Gegenwart, aus dem vollen
Leben seiner Zeit schöpfend, und jene historischen und mythischen

Bezüge sind wie Blumen des Witzes, wie Salzkörner, wie Schlag-
lichter sparsam vertheilt: dort aber, in den späteren Stücken wird
der ärmliche factische Stoff erstickt und aufgeschwemmt von schul-
mäfsigen Declamationen, die wie Mehlhaufen in die dünne Brühe
geworfen sind, in der als vereinzelte Fettaugen ein paar Namen aus
dem Tagesgeklätsch obenauf schwimmen.

Keine Frage, dafs unserem Juvenal römische und griechische
Literatur wohl bekannt war: der oben erwähnte Schlufs der sechsten
Satire zeigt ihn als Kenner der Tragödie, keine schönere Tischunterhaltung kennt er als den ungekünstelten Vortrag Homerischer
und Vergilischer Verse (X 109 = XI 179 ff.), wenn er auch das
ästhetische Geschwätz des Blaustrumpfes über beide Dichter unaus-
stehlich findet (VI 503 = 434 ff.). Die siebente Satire beweist, dafs
er in dem ganzen Kreise literarischer Studien, welcher damals in
Rom gepflegt wurde, mit innigem Interesse lebt und webt, und die
tiefgefühlten Verse (51 = 53 ff.) über den echten, von den Musen
geweihten Dichter würden uns, wenn andere Beweise fehlten, für
seinen Geschmack bürgen. Die regelrechte Schulbildung aber, deren
er sich rühmt (I 14 = 15 ff.), hatte er als Mann auf der Höhe des
Lebens gründlich verdaut, und was ihm nun als starkem Vierziger
für die Oeffentlichkeit niederzuschreiben am Herzen lag, war sein
durch reife Erfahrung gesammeltes Eigenthum, kein aus Büchern
zusammengelesener Schulkram. Einmal citirt er den Lucilius I 150
= 153 f., einmal parodirt er einen Vergilischen Hirtenseufzer (IX
95 = 102 : vgl. Verg. ecl. II 69); den sprüchwörtlich gewordenen
Ucalegon aus der Aeneis verwendet er travestirend bei der warmen
Schilderung nahender Feuersgefahr, die den Poeten unter dem Dache
bedroht, III 197 (199); witzig vergleicht er (III 277 = 279 f.) den
trunkenen Raufbold, der Nachts ohne einen gründlichen Strafsen-
scandal nicht zur Ruhe kommen kann, mit dem edlen Peliden, der
im Schmerz über den gefallenen Freund und in sehnsüchtiger Begier nach dem rächenden Kampf mit den Troern sich auf dem nächtlichen Lager wälzt. Das ist der freie Ton eines gebildeten Welt-
mannes, der sich dem Lucilius und Horaz mit Fug vergleichen darf.

Dagegen auf der andern Hälfte unserer Sammlung liegt ein
unerquicklicher Bücherstaub: man erkennt noch an manchen Stellen
die mühsam verarbeiteten Excerpte, und gar zu oft werden wir in
plumper Weise mit einem Brocken nüchterner Schulgelehrsamkeit

überrascht, der die zähe Speise keineswegs verdaulicher macht.
Gegen die Reminiscenz aus Horaz epist. I 2, 42 'rusticus expectas'
(XIV 38 = 25) und manche Benutzung Vergils ist Nichts zu sagen.
Mit schwerfälliger Breite jedoch wird in der 11 (10)ten Satire einmal Homer (246 'magno si quicquam credis Homero') und vorher
Cicero's zweite Philippica (125 f. 'ridenda poemata malo quam te
conspicuae, divina Philippica, famae, volveris a prima quae proxima')
citirt; an letzterer Stelle sind sogar, wie Heinrich gesehen, Cicero-
nische Worte vom Schlufs jener Rede ('contempsi Catilinae gladios,
non pertimescam tuos' 46, 118) im Text verwendet 123:

> Antoni gladios potuit contemnere, si sic
> omnia dixisset.

Noch bedenklicher scheint die preisende Anführung eines Spruches
aus der griechischen Tragödie (adesp. 384 Nck.), den bereits Seneca epist. 115, 14 ins Lateinische ('non quare et unde, quid ha-
beas, tantum rogant') übertragen hatte. Nachdem eben (XIV 204)
der Ausspruch Vespasians (Sueton 23) in den Worten 'lucri bonus
est odor ex re qualibet' versificirt ist, folgt jenes Citat mit Hyperbeln verbrämt, welche dem Verfasser der späteren Satiren nur zu
sehr eigen sind:

> illa tuo sententia semper in ore
> versetur dis atque ipso Iove digna poeta:
> unde habeas quaerit nemo, sed oportet habere.
> hoc monstrant vetulae pueris repentibus assae,
> hoc discunt omnes ante alpha et beta puellae.

Ganz ohne Veranlassung scheint XV 127 f. eine Reminiscenz aus
Vergils ge. IV 289 ('circum pictis vehitur sua rura phaselis') benutzt
zu sein, da eine Notiz über die Böte der Aegyptier hier ohne jede
Beziehung auf den Zusammenhang ist. Mit Uebermafs ist XV 14—26
die Odyssee ausgebeutet, und recht eigentlich verräth sich die Pedanterie bald darauf V. 65 ff., wo die Steinwürfe des süfsen Aegyptischen Pöbels den Verfasser an die Steine erinnern, die Turnus
gegen Aeneas (Verg. Aen. XII 896 ff.), Ajax gegen Hector (Ilias
H 268 ff.), Diomedes gegen Aeneas (Ilias E 302 ff.) geschleudert
haben, was ihm nicht nur Veranlassung giebt, das Homerische οἷοι
νῦν βροτοί εἰσι in umgekehrtem Sinne auf die Gegenwart anzu-
wenden, sondern diesen Abstand vom Homerischen Zeitalter noch
in einer besonderen dreizeiligen Parenthese zu erörtern, worauf dann

endlich V. 72 eingelenkt wird mit einer echten Schulformel: 'a de-
verticulo repetatur fabula'[1]).

Von der Benutzung historischer Quellen, wie der Annalen des
Tacitus, haben wir oben Beispiele gehabt. Herodot (VI 86) hat die
Geschichte des Spartaners Glaucus geliefert, die XIII 199 ff. ausführlich vorgetragen wird. Nicht ohne Befremden bemerkt man,
dafs die Betrachtung in der 11 (10)ten Satire über die Prüfungen
eines langen Lebens (258—270. 283—286) im Gedankengang und
in Einzelnheiten sich schon in Cicero's Tusculanen I 35, 85 f. findet.
Das tragische Schicksal des Priamus, dem er durch früheren Tod
entgangen wäre; die verhängnifsvolle Genesung des Pompejus von
dem Fieber, das ihn in Campanien ergriffen hatte und dem Aus-
brechen des Bürgerkrieges und seinen Folgen hätte vorbeugen können,
beide Beispiele werden von unserem Satiriker mit nicht geringerer
Ausführlichkeit abgehandelt als bei Cicero.

Je weniger wir in den späteren Satiren aus und über Rom
erfahren, desto reichlicher werden wir über das Ausland unter-
richtet: die 15te verlegt den Schauplatz geradezu nach Aegypten.
Mit geographischen Bestimmungen ist der Verfasser äufserst freigebig.
Er bestimmt den Umfang von Africa ganz gewissenhaft nach allen
Weltgegenden (XI = X 148 ff.),

Africa Mauro
percussa Oceano Niloque admota tepenti,
rursus ad Aethiopum populos altosque elephantos,

er vergleicht die Runzeln des Alters mit den Backen der Affen
von Tabraca in Numidien (XI = X 194), er zählt kaum so viel
rechtschaffene Leute als Theben Thore oder der Nil Mündungen
hat (XIII 158 = 27), er verfolgt den Hannibal auf seinen Märschen
über Pyrenäen und Alpen bis vor die Thore Roms (XI = X 151 ff.)
und den jungen Kaufmann auf seinen Meeresfahrten durch die Car-
pathischen und Gätulischen Fluthen über Calpe hinaus (XIV 278 ff.):
die grofsen Brüste der Frauen in Meroe, die blauen Augen in
Deutschland, die Kröpfe der Alpenbewohner (XIII 162—164) werden angebracht, die Pygmäen in Thracien und ihre Flucht vor
den Kranichen[2]) bei derselben Gelegenheit (XIII 167 ff.) nicht ver-

---

[1]) Vgl. C. Kempf de satira quinta decima quae sub Iuvenalis nomine circum-
fertur. 1843. S. 17 f.

[2]) Plinius n. h. IV 11, 44 Gerania, ubi Pygmaeorum gens fuisse proditur.
Catizos barbari vocabant creduntque a gruibus fugatos.

gessen; die Beschreibung des Hafens von Ostia ist bereits erwähnt worden. Besonders fallen zwei Excurse über die Wolle der Andalusischen Schaafe (XII 40 ff.) und über die Verwendung der Elephanten (XII 102—110) auf, die man als gelehrte Anmerkungen ohne Schaden des Zusammenhanges unter den Text setzen könnte. Vornehmlich aber ist hier die funfzehnte Satire hervorzuheben, deren widerwärtiges Thema das Kannibalenthum der Aegyptier ist. Dafs das erzählte Factum an sich historisch sein könnte, beweisen Erzählungen des Cassius Dio LXVIII 32 und LXXI 4: unter Trajan im Jahre 116 richteten die Juden in Kyrene unter Römern und Griechen ein Blutbad an, frafsen ihr Fleisch und ihre Eingeweide, salbten sich mit ihrem Blute und hüllten sich in die Häute. Andere gaben sie den Thieren, Andere zwangen sie gegen einander zu kämpfen: im Ganzen kamen 220000 Menschen dabei um. Vieles dem Aehnliches verübten sie in Aegypten und auf Kypros: auch da kamen 240000 Menschen um. Bei dem Aufstande des Jahres 172 aber unter Marc Anton überfielen die Aegyptier einen römischen Centurio, schlachteten ihn und frafsen seine Eingeweide. An Aehnliches dachte vielleicht Cicero Tusc. V 27, 78, wo er gewissermafsen das Thema zu unserer Satire in folgenden Worten angiebt: 'Aegyptiorum morem quis ignorat? quorum imbutae mentes pravitatis erroribus *quamvis carnificinam prius subierint*, quam ibim aut aspidem aut felem aut canem aut crocodilum violent, quorum etiam si imprudentes quidpiam fecerint, poenam nullam recusent.' Denselben Gedanken führt der Eingang der funfzehnten Satire 1—13 aus, sogar mit der ähnlich einleitenden Frage:

> quis nescit, Volusi Bithynice, qualia demens
> Aegyptus portenta colat?

Dann werden, vielleicht auf Grund von Herodots Bericht II 65 ff., die verschiedenen Thierculte aufgezählt, dazwischen, die Ordnung unterbrechend, V. 5 f. die tönende Memnonsstatue und das hundertthorige Theben, auch die Abstinenzgesetze in Bezug auf Vegetabilien und Thiere, um zu schliefsen mit dem Gegensatz: 'carnibus humanis vesci licet'. Obwohl aber V. 27 sogar das Jahr der zu erzählenden Menschenschlächterei gewissenhaft angegeben wird: 'nuper consule Iunco', d. h. 127 p. Chr., und der Verfasser sich V. 45 ('quantum ipse notavi') der Autopsie Aegyptens zu rühmen scheint, so wird doch der Glaube an das Factum auf das Bedenklichste gestört durch den monströsen Schnitzer, wonach Ombi und Tentyra, die über 30 Meilen in gerader Linie von einander in der Thebais entfernt lagen (Salmasius exerc. Plin. p. 447 f.), V. 33. 36 und 76 Nachbarn genannt werden, ein Verhältnifs, auf dem eigentlich die innere Glaubwürdigkeit der ganzen Geschichte beruht. Unser Dichter scheint Coptos nördlich statt südlich von Tentyra anzusetzen, wenn er V. 28 verspricht 'gesta super calidae referemus moenia Copti'; eigentlich aber hätte er, um den Schauplatz des Ereignisses zu bestimmen, die Lage des viel südlicheren Ombos durch die Nähe von Syene (im Süden) oder Apollinopolis (im Norden) bezeichnen müssen. Denn obwohl es nirgends klar gesagt ist. mufs man doch aus V. 73 ff. schliefsen, dafs in Ombi das V. 38 erwähnte Fest gefeiert wurde, zu dem sich die Tentyriten einfanden, dafs bei dem entbrannten Kampf die Ombiten es waren, welche Subsidien erhielten und die Fremden in die Flucht schlugen. Denn es ist offenbar ein reiner Schreibfehler, wenn Parthey zu Plutarch de Is. et Osir. p. 272 f. aus V. 75 f.

terga fuga celeri praestant instantibus Ombis
qui vicina colunt umbrosae Tentyra palmae

das Gegentheil folgert, dafs die Tentyriten siegen. Reine Willkür aber ist es, wenn man aus dem klar überlieferten *Ombos* V. 35 *Coptos* (eine Form, die nicht einmal irgend zu belegen ist) macht, was denn auch V. 75 die Aenderung von *Ombis* in *Coptis* nach sich zieht. Wie wenig aber unser Berichterstatter in Aegypten zu Hause ist, verräth zu unserem Erstaunen auch V. 44 ff.:

horrida sane
Aegyptos, sed luxuria, quantum ipse notavi,
barbara famoso non cedit turba Canopo.

als ob Kanobus, an der Mündung des Nil bei Alexandria, nicht zu Aegypten gehörte! Daher schon Markland '*est Coptus*' statt '*Aegyptus*' vorschlug. Wie vergeblich indessen alle Kunstgriffe der Erklärer und Kritiker sind, um in diese Wirrsale Verstand zu bringen, ist Heinrich nicht entgangen; nicht einmal mit Athetesen, wie sie Francke vorgeschlagen und G. Hermann, Leipz. L. Z. 1822 n. 228 p. 1819, gebilligt, ist dieser Satire zu helfen. Nur weil Francken daran lag, die Zeugnisse über Juvenals Aegyptischen Aufenthalt zu entkräften, hat er V. 44—48 ('horrida — titubantibus') für unecht erklärt. Aber dem Stil der funfzehnten Satire sind sie durchaus angemessen;

nur dafs sie von Juvenal nicht herrühren können, geben wir ihm gern zu.

Der Verfasser hatte von der Antipathie der Tentyriten gegen das Krokodil (Aelian de nat. anim. X 21. 24 Strabo XVII 44) und von der Verehrung der Ombiten für dasselbe Thier (Aelian a. a. O. X 21) oder doch wenigstens von religiösen Differenzen zwischen beiden gehört, denn er giebt sie ohne Nennung des Thiers, um das es sich handelt, nur sehr unbestimmt V. 35 ff. so an:

> summus utrimque
> inde furor vulgo, quod numina vicinorum
> odit uterque locus, cum solos credat habendos
> esse deos quos ipse colit.

Andererseits mag ihm zu Ohren gekommen sein, was ein Zeitgenosse Juvenals, Plutarch (über Isis und Osiris c. 72) von zwei Städten der Heptanomis erzählt: »in unsern Tagen ist der Fall vorgekommen, dafs die Oxyrynchiten, weil die Kynopoliten den Fisch Oxyrynchos afsen, mehrere Hunde fingen, schlachteten und als Opfermahl verzehrten: darüber entstand ein Krieg, worin sie sich gegenseitig übel zurichteten, bis sie nachher von den Römern gestraft und auseinandergebracht wurden.« (Nach der Uebersetzung von Parthey S. 128.) Dafs an eine Identificirung dieser Geschichte, an die schon Salmasius exerc. Plin. p. 452 erinnert, mit der unsrigen nicht zu denken ist, liegt auf der Hand, und ist zum Ueberflufs von Parthey S. 269 ff. auseinandergesetzt. Unser Poet scheint diese und die obigen Notizen über Menschenschlächterei, oder wenigstens ganz ähnliches Material zu seinem Elaborat verwendet zu haben, ohne sich um die geographischen Verhältnisse Aegyptens viel zu kümmern. Jede Beziehung auf die in Rom damals herrschende 'Aegyptomanie', wie sie C. Fr. Hermann entdeckt haben will, fehlt für unsere Augen, und wenn sie auch wirklich irgendwo versteckt läge, so würde damit natürlich für die Person des Verfassers noch gar kein Anzeichen gegeben sein.

Nicht unbeachtet geblieben ist eine gewisse Hinneigung zur Philosophie in der späteren Abtheilung unserer Sammlung, welche der früheren fremd ist. Gegen philosophische Mucker zieht der Anfang der zweiten Satire heftig zu Felde (vgl. III 114 = 116), mit Ironie spielt III 227 = 229 auf die frugale Nahrung der Pythagoreer an, in der siebenten Satire sind unter den Gelehrten die Philosophen auffallender Weise übergangen. Möglich an sich allerdings, dafs ein Capitel über sie vor V. 101 = 104 ausgefallen ist, wie Reifferscheid quaestt. Suetoniann. 422 mit Jahn annimmt; indessen spricht dagegen die Erwähnung des Socrates 199 (205) f. unter den Lehrern der Rhetorik. Wenigstens halte ich eine andere als die althergebrachte von Heinrich wieder aufgenommene Erklärung der Worte 'et hunc inopem vidistis, Athenae nil praeter gelidas ausae conferre cicutae' für unmöglich. Auf den ebengenannten Secundus Carrinas, den Rhetor unter Caligula, der wegen einer Schulrede gegen die Tyrannen verbannt wurde (Cassius Dio LIX 20), können sie natürlich nicht gehen, und Nichts ist zu geben auf die Weisheit des Scholiasten: 'Sec. Carinas veneno perit, cum fugeret paupertatem', der seine eigene Armuth an Kenntnissen mit dieser aus dem Text ersonnenen Notiz zu verhüllen sucht. Wie fade wäre jener Ausfall auf Athen, wenn es nur für den Selbstmord eines verbannten Rhetors verantwortlich gemacht würde! Ist aber Socrates gemeint, so ist, wie Heinrich gesehen hat, die Annahme einer Lücke schon zur relativischen Ausführung des 'hunc' unvermeidlich und mithin die Möglichkeit gegeben, dafs eben an dieser Stelle Juvenal noch andere seiner Nachfolger in der Philosophie genannt hat. Jedenfalls beweist schon dieser Platz unter Sophisten und Rhetoren, den Juvenal nach Aristophanischer und populärer Auffassung dem Athenischen Weisen angewiesen hat, dafs der flamen divi Vespasiani der Speculation schwerlich ein Interesse zugewendet hat, wie er denn auch theils in altgläubiger Weise die Götter, z. B. die Ceres Helvina von Aquinum, zu verehren (vgl. III 317 = 320 und die Dedication des Altars bei Mommsen I. N. 4312; ferner II 122 = 126 ff. VI 1 ff. 401 = 393 ff. X 50 = XI 111 ff.), theils von den Einfällen der Fortuna (VII 191 = 197 III 40 VI 578 = 605 IX 134 = 148) in ganz populärer Weise zu sprechen pflegt, wenn er auch den Glauben an die Unterwelt den Kindern überläfst (II 139 = 149 ff.). In sarkastischer Umkehrung des stoischen Dogma von der Allmacht und der universalen Glückseligkeit des Weisen erklärt er vielmehr den Glücklichen für den Inhaber aller Vorzüge des Körpers und Geistes (VII 184 = 190 ff.): 'felix et pulcher et acer, felix et sapiens et nobilis et generosus' u. s. w. In der elften (zehnten) und dreizehnten Satire dagegen wird die Gottheit der Fortuna entschieden bei Seite geschoben: 'sunt in fortunae qui casibus omnia ponant et nullo credant mundum rectore

moveri' heifst es XIII 70 = 86 f., auf ihrer Seite aber steht der
Verfasser nicht. Ihm ist 'magna quidem, sacris quae dat praecepta
libellis, victrix fortunae *sapientia* (20). Die elfte (zehnte) Satire
schliefst mit den Versen:

> nullum numen habes, si sit prudentia: nos te,
> nos facimus, Fortuna, deam caeloque locamus,

Worte, die mit unverkennbarem Wohlgefallen in der vierzehnten
315 f. unverändert wiederholt werden. Auch lobt er (XI = X 52 f.)
den Democrit, dafs er der Fortuna seine Mifsachtung zu erkennen
gab. Die 'sapientia' dagegen, ein Wort, das der Dichter in der ersten
Hälfte nicht in den Mund nimmt, hält er dort in höchsten Ehren:
'prima docet rectum sapientia' (XIII 189) und ganz in stoischem
Sinne 'numquam aliud natura, aliud sapientia dicit' (XIV 321). Er
nimmt in der elften (zehnten) Gelegenheit zu einem wortreichen
Excurse über die beiden 'sapientes' Democrit und Heraclit (28—53);
spricht sehr geringschätzig von den 'indocti, quorum praecordia nullis
interdum aut levibus videas flagrantia causis' (XIII 181 f.) und lobt
dann höchst würdevoll (184 f.) Chrysippus, Thales und Socrates,
(in dieser Ordnung!) welche Gleichmuth predigen. Nicht nur gedenkt er auch sonst des Diogenes (XIV 309), des Socrates (XIV
319 f.), der Abstinenz des Pythagoras (XV 171 ff.) mit ernsthafter
Anerkennung, sondern er giebt sich sogar (XV 106 f.) mit einigem
Selbstgefühl für einen Schüler des Zenon aus:

> melius nos
> Zenonis praecepta monent; nec enim omnia, quaedam
> pro vita facienda putant: sed Cantaber unde
> stoicus, antiqui praesertim aetate Metelli?

Aber war denn der Sertorianische Krieg, den Metellus geführt hatte,
so lange her? Er ist durch ihn und Pompeius im Jahre 682/72
mit der Eroberung von Calagurris beendigt, zwei Jahre vor Vergils
Geburt, als die philosophischen Studien der Römer längst in Blüthe
standen. Und so ganz verwildert waren doch auch die Spanier
damals nicht mehr. Wenigstens erzählt Plutarch im Leben des Sertorius c. 14, wie die Söhne der Adligen nach Oska in die Schule
gingen und im Griechischen wie im Lateinischen von auserlesenen
Lehrern unterrichtet wurden und wie stolz die Väter auf ihre jungen
Studenten in den togae praetextae waren, die goldene bullae als
Prämien von den Prüfungen heimbrachten. Freilich gehen denn

überhaupt die Studien unseres Philosophen nicht eben tief, wie er selbst vielleicht mit übermäfsiger Bescheidenheit, aber doch immerhin mit auffallendem Adiaphorismus bekennt (XIII 115 = 120 ff.):

> accipe quae contra valeat solacia ferre
> is qui nec cynicos nec stoica dogmata legit
> a cynicis tunica distantia, non Epicurum
> suspicit exigui laetum plantaribus horti;

und ich fürchte fast, es ist ihm V. 186 etwas Menschliches begegnet, wo er als Beweis der Sanftmuth des Socrates (denn das ist doch unzweifelhaft der »greise Nachbar des süfsen Hymettos«) erzählt:

> qui partem acceptae saeva inter vincla cicutae
> accusatori nollet dare.

Es scheinen ihm nämlich zwei bekannte Geschichten durch den Kopf gegangen zu sein: die eine, nach der Socrates von dem Giftbecher den Göttern eine Spende auszugiefsen wünschte, was die zugemessene Dosis nicht erlaubte (Plat. Phaed. 152); und die andere, dafs Theramenes seinen letzten Trunk dem Critias, seinem Ankläger, zubrachte (Xenoph. Hell. II 3, 56)[1]. Eine unklare Reminiscenz aus Cicero's Tusculanen I 40, 96[2]), wo der Gleichmuth beider Männer gepriesen wird, konnte zu obiger Verwirrung Anlafs geben. Denn will man auch 'nollet' mit den Erklärern für 'noluisset' nehmen, so mufs man doch, um die Worte nicht aller historischen Beziehung zu entkleiden (wodurch sie ganz leer würden), wenigstens ein Mifsverständnifs jenes von Cicero erläuterten 'propinare' und einen versteckten Tadel gegen Theramenes annehmen. So könnte denn auch die Lectüre einer Stelle des Seneca de tranquillitate animi 15 zu

---

[1]) Καὶ ἐπεί γε ἀποθνήσκειν ἀναγκαζόμενος τὸ κώνειον ἔπιε, τὸ λειπόμενον ἔφασαν ἀποκοτταβίσαντα εἰπεῖν αὐτόν, Κριτίᾳ τοῦτ' ἔστω τῷ καλῷ.

[2]) Quam me delectat Theramenes! quam elato animo est! etsi enim flemus cum legimus, tamen non miserabiliter vir clarus emoritur. qui cum coniectus in carcerem triginta iussu tyrannorum, venenum ut sitiens obduxisset, reliquum sic e poculo eiecit, ut id resonaret; quo sonitu reddito arridens 'propino', inquit, 'hoc pulchro Critiae', qui in eum fuerat taeterrimus .... lusit vir egregius extremo spiritu .... vereque ei, cui venenum praebiberat, mortem eam est auguratus, quae brevi consecuta est .... vadit in eundem carcerem atque in eundem paucis post annis scyphum Socrates eodem scelere iudicum quo tyrannorum Theramenes. quae est igitur eius oratio? e. q. s.

den fast gleichlautenden Worten der elften (zehnten) Satire den Anstofs gegeben haben. Die Aehnlichkeit ist doch auffallend:

Seneca.	Juvenal.
	V. 28.

<table>
<tr><td>

Democritum potius imitemur quam
Heraclitum. hic enim, quotiens in
publicum processerat, flebat; ille ri-
debat. huic omnia quae agimus mi-
seriae, illi ineptiae videbantur . . . .
humanius est deridere vitam quam
deplorare e. q. s.

</td><td>

iamne igitur laudas, quod de sapientibus
alter
ridebat, quotiens de limine moverat unum
protuleratque pedem, flebat contrarius auctor?
sed facilis cuivis rigidi censura cachinni,
mirandum est unde ille oculis suffecerit
umor.

</td></tr>
</table>

Auch mit der sonstigen Gelehrsamkeit des Verfassers derselben Satire
ist es nicht weit her: sein alberner Bericht über Geburt und Erziehung des Demosthenes 129 ff.:

dis ille adversis genitus fatoque sinistro,
quem pater ardentis massae fuligine lippus
a carbone et forcipibus gladiosque parante
incude et luteo Volcano ad rhetora misit

kann nur aus der allertrübsten Quelle, einem der vielen von Anecdoten-
jägern für Ernst genommenen Komödienspäfse oder dem vulgären
Rhetorgeschwätz entlehnt sein (vgl. Valerius Maximus III 4 ext. 2).
Lächerliche Vorstellungen hat er auch von der Ehrfurcht, welche
bei den Vorfahren der Flaum des Achtzehnjährigen so gut wie der
heilige Bart des Greisen genofs:

tam venerabile erat praecedere quattuor annis,
primaque par adeo sacrae lanugo senectae

(XIII 50 = 58 f.); und dafs die Versäumnifs derselben mit dem Tode
gesühnt wurde ('grande nefas et morte piandum, si iuvenis vetulo
non adsurrexerat et si barbato cuicumque puer' 46 = 54), ist mir
nicht bekannt. Er scheint (XI = X 286 ff.) zu meinen, dafs dem
Pompeius bei lebendigem Leibe der Kopf abgeschnitten sei, wenn er
(abgeschmackt genug) die Hinrichtung eines Lentulus und Cethegus im
Vergleich zu dem Ende des grofsen Imperators für eine geringere
Pein und Strafe hält ('hoc *cruciatu* Lentulus, hac poena caruit
ceciditque Cethegus integer'), und überhaupt scheint er sich in seinen
μυροθῆκαι bedenklich vergriffen zu haben, dafs er den Ausgang
des Catilina und seiner Genossen dem des Pompeius, nicht des

Cicero (114—126) entgegenstellt, dessen Verstümmelung durch den
Popillius so gern in der Rhetorschule behandelt wurde (Seneca
p. 33. 196 *B.*) und auch von unserem Verfasser (120) nicht übergangen ist. Hand und Kopf des »Vaters des Vaterlandes« auf den
rostra (vgl. 121) und der unverkürzte Leichnam des Catilina auf
dem Schlachtfelde wäre wenigstens eine rhetorische Antithese gewesen, die sich hören liefs, obwohl doch überhaupt die Catilina-
rier sich zu Mustern genügsamer Philister schlecht genug eigneten.
Und wie schlecht stimmt überhaupt diese elende Betrachtungsweise
ruhmreicher Thaten eines Cicero und Marius (XI = X 276 ff.) mit
der begeisterten Verherrlichung derselben Männer in der achten Satire 208—225 (236—253) und mit der warnenden Hinweisung
auf Catilina und Cethegus ebenda 203—207 (231—235)! Eine
Vergleichung der Stelle über die Greuel der Calagurritaner (XV 93 ff.)
mit der Declamation bei Valerius Maximus VII 6, 5 ext. 3 zeigt,
dafs auch dies ein willkommener Gemeinplatz der Rhetorik war.
Irrthümlich aber wird das Verfahren von Sagunt hiermit auf eine
Linie gestellt 114:

> nobilis ille tamen populus, quem diximus, et par
> virtute atque fide, sed maior clade Saguntos
> tale quid excusat,

während bekanntlich die Saguntiner ihre Kostbarkeiten auf dem Markt
verbrannt und schliefslich sich selbst auf den Scheiterhaufen geworfen haben (Livius XXI 14, Valerius Maximus VI 6, 4 ext. 1,
Appian Hisp. 12: bei letzterem ist jedoch die Todesart der Einwohner vor der Eroberung anders erzählt).

Haben wir sonach in den historischen Ingredienzien des aus-
gewählten Stoffes den uns überlieferten Juvenal als einen Januskopf
kennen gelernt, der nach der einen Seite in das volle, frische Leben
der Heimath und der Gegenwart blickt, auf der anderen der todten
Vergangenheit und dem Halbdunkel trivialer Schultradition zugewendet ist, so bewährt sich dieser Gegensatz zwischen dem wahren
Satiriker und dem satirisirenden Declamator nicht weniger entschieden in dem Gesammtinhalt und der allgemeinen Richtung der Satiren
im Grofsen und Ganzen.

Jedes der zehn Stücke des Satirikers (um ihn schlechtweg so
zu nennen) giebt ein farbenreiches Bild aus unmittelbarer Anschauung

heraus. In der ersten wird eine Rundschau gehalten über das ganze
Gebiet der Satire. die 'farrago libelli': die zahlreichen Wunden und
Geschwüre des grofsen Körpers, welchem die beizende Behandlung
zugedacht ist, werden in fast athemloser Kürze mit eilendem, aber
scharf treffendem Finger berührt; es drängt sich Bild an Bild, Anklage um Anklage, in Ausrufungen und staunenden Fragen und
hastigen Periodenketten aufgereiht: kaum, dafs sich der Dichter zu
einem Ausruf tiefer Entrüstung, zu einem bitteren Sarkasmus Zeit
läfst. Imposanter konnte er seinen Beruf für diese Gattung nicht
documentiren. Besondere Capitel behandeln dann die folgenden
Stücke. Das zweite den Abfall der modernen Wüstlinge von der
Gröfse der Vorfahren und was aus der Stadt der Scipionen und
des Camillus geworden ist: eine Schule des Lasters für den Erd-
kreis. Dann wird in der dritten Satire ausgeführt, dafs in Rom
kein Auskommen mehr für einen ehrlichen Quiriten zu finden, welchem
Druck und welchen Nöthen ein armer Schlucker, der 'malas artes'
verschmäht, unterworfen ist. Die vierte schildert den kaiserlichen
Staatsrath auf dem Albanum; die fünfte die schnöde Behandlung
des Clienten am Tische seines Patrons. Es folgt in der sechsten
das grofse Strafgericht über die Weiber, in der siebenten die Lage
der Literaten, in der achten das Gebahren der Junker, in der
neunten, vielleicht der launigsten von allen, erscheint der zur Disposition gestellte Parasit, und endlich schliefst die Reihe in der
zehnten (elften) mit dem gemüthlichen pranzo nach gutem altem
Römerstil.

Der Declamator dagegen liebt allgemein moralisirende Themata,
wie sie vor ihm zum Theil Horaz und Persius und vor Allen Seneca, der Philosoph, abgehandelt haben. Dafs alle Wünsche eitel
seien bis auf den einen: 'mens sana in corpore sano', dafs man am
besten thue, den Göttern Alles anheimzustellen (den Inhalt der
elften [zehnten] Satire), hatte im Wesentlichen schon der Verfasser
des zweiten Alkibiades den alten Socrates vortragen lassen. Den
Auszug eines ähnlichen Gespräches giebt Valerius Maximus VII 2
ext. 1. Die Vergleichung zeigt, wie geläufig diese Betrachtung in
der Disposition der Theile wie im Gesammtresultat der Schule gewesen sein mufs:

Valerius.	Juvenal.
Socrates, humanae sapientiae quasi quoddam terrestre oraculum, nihil ultra petendum a dis immortalibus arbitrabatur, quam ut bona tribuerent, quia ii demum scirent quid unicuique esset utile; nos autem plerumque id votis expetere, quod non impetrasse melius foret. etenim densissimis tenebris involuta mortalium mens, in quam late patentem errorem caecas precationes tuas spargis! vgl. Alcib. sec. p. 142 D.	V. 346 ff. uil ergo optabunt homines? si consilium vis, permittes ipsis expendere numinibus, quid conveniat nobis rebusque sit utile nostris. nam pro iucundis aptissima quaeque dabunt di. carior est illis homo quam sibi. nos animorum inpulsu et caeca magnaque cupidine ducti etc.
divitias adpetis, quae multis exitio fuerunt.	12 — 55. sed plures nimia congesta pecunia cura strangulat etc.
honores concupiscis, qui conplures pessumdederunt. vgl. Alcib. sec. 5: πολλοὺς δ᾿ ἂν ἔχοιμεν εἰπεῖν, ὅσοι τυραννίδος ἐπιθυμήσαντες κ. τ. λ.	56 — 113. quosdam praecipitat subiecta potentia magnae invidiae, mergit longa atque insignis honorum pagina etc.
regna tecum ipsa volvis, quorum exitus saepenumero miserabiles cernuntur. vgl. Alcib. sec. 5 p. 142: ὁρᾷς δὴ … ὅσοι στρατηγίας ἐπιθυμήσαντες κ. τ. λ.	133 —187. Kriegsruhm und Herrschsucht: Hannibal, Alexander d. Gr., Xerxes.
Alcib. sec. l. l. εὑρήσεις δὲ καὶ περὶ τέκνων τὸν αὐτὸν τρόπον κ. τ. λ.	289 — 345. formam optat modico pueris, maiore puellis murmure etc.
splendidis coniugiis inicis manus etc.	352. coniugium petimus partumque uxoris etc.

Den Wunsch nach Schönheit, welcher V. 289—345 erörtert wird, hat Pythagoras in den Vaticanischen Excerpten des Diodor (X 23) nicht übergangen[1]). Gegen thörichte Wünsche predigt auch Seneca im sechzigsten Briefe, und denselben Rath, den V. 356 ertheilt: 'orandum est ut sit mens sana in corpore sano', giebt er im zehnten: 'roga bonam mentem, bonam valitudinem animi, deinde tunc corporis'. Will man aber den Unterschied zwischen schulmäfsig erschöpfender Abhandlung und geistreich poetischer Unterhaltung über ungefähr dasselbe Thema beobachten, so mag man das horazische 'nil admirari' (epist. I 6) vergleichen. Selbst Persius

---

1) Ὅτι ὁ αὐτὸς ἔφασκε δεῖν ἐν ταῖς εὐχαῖς ἁπλῶς εὔχεσθαι τἀγαθὰ καὶ μὴ κατὰ μέρος ὀνομάζειν υἱὸν ἐξουσίαν κάλλος πλοῦτον, τἄλλα τὰ τούτοις ὅμοια κ. τ. λ.

in seiner zweiten Satire hat dem trivialen Stoff mehr Leben abzugewinnen gewufst.

Nicht minder allgemein ist das Thema der vierzehnten sogenannten Juvenalischen Satire von der Macht des bösen Beispiels,
das Eltern den Kindern geben. Text und Umrisse derselben, könnte
man meinen, habe die Pädagogik Quintilians I 2, 6 ff. geliefert, dessen
Erziehungsprincip, wie er es unter Anderem im zweiten und dritten
Capitel des zweiten Buches entwickelt ('de moribus et officiis prae-
ceptoris' und 'an protinus praeceptore optimo sit utendum'), recht
eigentlich in dem 'maxima debetur puero reverentia' (74 = 47)
ausgesprochen ist und gewifs durch seine Autorität ein Gemein-
spruch aller Schulmeister geworden war.

Eine Art von Einkleidung wenigstens geben die zwölfte und
dreizehnte Satire. Die Rückkehr eines schiffbrüchigen Freundes soll
gefeiert, ein Anderer, der um ein Darlehn geprellt ist, soll getröstet
werden. Ersteres geschieht durch Schilderung des überstandenen See-
sturms und Betrachtungen über die menschliche Habsucht; Letzteres
durch eine erbauliche Predigt über die Schlechtigkeit der Menschen.
Schiffbruch und Gefahren des Meeres sind wiederum ein beliebter
Gemeinplatz der Rhetorschulen, wie die Bearbeitungen der sechszehnten Controverse bei Seneca sattsam erweisen. Dafs die Rück-
erstattung eines Depositums ein viel erörterter Satz der Schulmoral
wie der Schulrhetorik war, wird man aus Cicero de off. III 25, 95,
Seneca de benef. IV 10 und Quintilian declam. 245 entnehmen dürfen.
Also auch diese beiden Fälle und die daran geknüpften Abhand-
lungen lassen den Rhetor erkennen, nicht unseren Satiriker.

Der Kannibalensatire (XV) endlich kann man eine gewisse gräfs-
liche Plastik freilich nicht absprechen, aber dafs die historische Grund-
lage trotz der chronologischen Angabe V. 27 f. nur fingirt scheine,
ist schon oben hervorgehoben, und der zweite Theil von 93 an
verläuft sich auch in abstracte Erörterungen über den unbestreit-
baren Satz, dafs die Menschen einander nicht fressen sollen, und
den nachgerade erschöpften Gemeinplatz über die Anfänge menschlicher Civilisation (151—158), den z. B. Cicero de inv. I 2 Tusc.
V 2 und mit bescheidenem Mafs freilich auch Horaz sat. I 3, 99 ff.
behandelt haben. Bei diesem neuen Aufgufs ist Nichts interessant,
als dafs der gute Spiefsbürger V. 158 unter den Segnungen bürgerlicher Gesittung auch den ehrwürdigen Thorschlüssel der Stadt nicht

vergessen hat: 'defendier isdem turribus atque una portarum clave
teneri'.

Während wir nun bei dem Satiriker die meisterhafte Rhetorik
bewundern, welche die strotzende Fülle concreten Stoffes geistig
bewältigt und ohne Ueberladung durch eine überaus geschickte Vertheilung und Verschmelzung der einzelnen Töne ein wohlgegliedertes,
übersichtliches Ganze reichsten Inhaltes von überwältigendem Eindruck aufbaut, wird Einem bei den langathmigen Expectorationen
des Declamators zu Muthe, als käme man aus einer Schillerschen
Tragödie in eine sanft einschläfernde Nachmittagspredigt. Es ist die
liebe Saalbaderei, die einen allertrivialsten Gemeinplatz nicht einmal
in sehr schulgerechter Disposition platt und breit tritt. Der Trost-
grund, dafs der an dem Freunde verübte Betrug ein alltäglicher
Unfall sei, wird in der dreizehnten Satire mit einer Beharrlichkeit
immer und immer wieder aufgetischt, die zum Verzweifeln ist: gleich
am Anfange V. 8 f. 'nec rara videmus quae pateris: casus multis
hic cognitus ac iam tritus et e medio fortunae ductus acervo';
hierauf wird der unglückselige Calvinus bis 29 (37) mit höhni-
schen Fragen gehetzt, ob er denn wirklich noch so kindlich von
den Pflichten der Redlichkeit denke, und nachdem ihm von 30
(38) bis 65 (70) demonstrirt ist, dafs das Zeitalter des Saturnus
vorüber sei, mufs er sich von Neuem auslachen lassen, dafs er nicht
weifs, wieviel gröfsere Summen von anderen Meineidigen unter-
schlagen werden. Einen gewaltigen Anlauf mit Aufzählung diverser
Philosophenschulen nimmt der Tröster hierauf 115 (120), als
solle etwas ganz Neues kommen. Aber was ist des Pudels Kern?
121 (126) 'si nullum in terris tam detestabile factum ostendis, taceo'
... 130 (135) 'sed si cuncta vides simili fora plena querella' ...
135 (140) 'ten, o delicias, extra communia censes ponendum' ...?
138 (143) 'rem pateris modicam et mediocri bile ferendam, si flectas
oculos maiora ad crimina', und so geht es weiter bis V. 173!
Ebenso zähe verfolgt den Leser der vierzehnten Satire die Versicherung, dafs die Kinder leicht die Fehler der Eltern nachahmen: 3 ff.
44 (31 ff.) 51 ff. (38 ff.) 78 ff. (51 ff.). In der zwölften werden
die Festanstalten doppelt beschrieben V. 1—14 und 83—92. Bei
dem Unterschiede zwischen den Motiven des Zorns und des Hun-
gers hält sich der Verfasser der funfzehnten Satire fast 40 Verse
auf (93—131), um zu dem Weheruf durchzudringen über Men-

schen, 'in quorum mente pares sunt et similes ira atque fames'. Auffallen müssen auch wörtliche Wiederholungen derselben Verse in verschiedenen Stücken (XI [X] 365 f. = XIV 315 f.; XIII 132/137 = XVI 41), die im Epos und in der Lyrik, allenfalls auch im Lehrgedicht Sinn und Zweck haben mögen, von unserem Satiriker jedenfalls in den früheren Stücken nicht zugelassen und ohne jede ersichtliche Wirkung sind. Der Schiffbruch aus der zwölften Satire (17—82) erlebt eine zweite verkürzte Auflage in der vierzehnten (292—302). Besonders aber sind die vorangehenden Stücke geplündert. XI (X) 226 ist identisch mit I 24 (25); die Phrase 'argenti vascula puri' XI (X) 19 kehrt aus IX 127 (141) wieder, wo freilich der Zusatz 'puri' passender ist: denn dafs man sich Gefäfse von reinem Silber wünscht, ist natürlich, wie aber der wegelagernde Räuber bei Nacht unechtes von echtem unterscheiden soll, scheint weniger klar. »Ein köstlicher Mensch«, ein »Leckerbissen von einem Menschen« ('delicias hominis', wie der Geliebte 'deliciae' heifst) ruft der Dichter VI 25 (47) ironisch aus: dies ist leidlich angewendet XIII 135 (140) 'ten (o delicias) extra communia censes ponendum?' Aber wenn es XI (X) 291 von der Mutter heifst, sie wünsche Schönheit für ihre Kinder 'usque ad delicias votorum', so zerbrechen sich die Erklärer mit Recht den Kopf, was eigentlich damit gemeint sein könne: 'deliciae', scheint es, waren auf alle Fälle nicht der Gipfel, sondern der wirkliche Inhalt dieser Wünsche, gewifs aber sollte eine lächerliche Uebertreibung derselben mit dem Ausdruck bezeichnet werden, der nun freilich sehr unklar gerathen ist. Glücklicher, obwohl auch nicht ohne Wagnifs, ist nach dem Muster der 'pervigiles popinae' VIII 132 (158) 'pervigili toro' XV 43 verbunden, da man doch wohl schwerlich verstehen soll, dafs die Inhaber des Polsters ganze sieben Tage und Nächte gewacht und geschwelgt haben: vielmehr soll man sich, wie es aus dem folgenden Relativsatz scheint, ein Nacht und Tag liegen bleibendes ('nocte ac luce iacentem') denken. Fidenae und Gabii als Typus kleiner Städte figuriren XI (X) 100 wie VI 136 f. (56 f.). Wichtiger ist die Aehnlichkeit gewisser rhetorischer Wendungen. So erinnert die Spottrede an den Freund XIII 25 (33) 'dic, senior bulla dignissime, nescis quas habeat Veneres aliena pecunia?' etc. an die Worte der sechsten Satire (28 f.): 'uxorem, Postume, ducis? dic, qua Tisiphone, quibus exagitare colubris?' Dreimal findet sich die bei den Rednern und

Rhetoren so beliebte und einmal auch VI 230 (306) angewendete
Formel 'i nunc et' mit folgendem Imperativ: XI (X) 166 ('i demens et
saevas curre per Alpes'), 310 ('i nunc et invenis specie lactare tui')
und XII 57 ('i nunc et ventis animam committe'). Die Erinnerung
an die Unschuld des Saturnischen Zeitalters, womit die sechste beginnt (1—24), wird noch einmal ausgebeutet XIII 30—44 (38—52),
und das idyllische Bild von der Berggrotte, wo die derbe Mutter
auf dem Lager von Laub und Thierfellen den grofsen Jungen die
Brust reicht (VI 2—10), ist mit einiger Variation von Neuem verwendet in der vierzehnten 166—171; auch die Lobpreisung an-
tiker Genügsamkeit XIV 160 ff. war gewissermafsen durch X (XI)
22 ff. (77 ff.) vorweggenommen. Die Apostrophe des betrogenen
Calvinus an Jupiter XIII 108 ff. (113 ff.) 'audis, Iuppiter, haec nec
labra moves, cum mittere vocem debueris vel marmoreus vel aëneus?
... ut video, nullum discrimen habendum est effigies inter vestras
statuamque Vagelli' erinnert an II 122 (126): 'o pater urbis, unde
nefas tantum Latiis pastoribus? ... nec quereris patri nec terram
cuspide pulsas nec galeam quassas? vade ergo et cede severi inge-
ribus campi, quem neglegis' (vgl. III 67 VI 401 = 393 f.). Die Mutter
als Kupplerin ihrer Tochter, deren Liebescorrespondenz dirigirend,
wie wir sie aus VI 57 ff. (231 ff.) kennen, tritt XIV 41 ff. (28 ff.)
wiederum auf. Der Zuvorkommenheiten von Erbschleichern, deren
sich ein kinderloser Capitalist zu erfreuen hat, wird XII 93 ff. in
sehr ähnlicher Weise, nur in breiterer Manier gedacht wie V 137 ff.
(132 ff.) und III 218 ff. (220 ff.), während dieser Anhang ohne allen
Schaden oder vielmehr zum Vortheil für das Ganze, das mit V. 92
rund abgeschlossen war, hätte fehlen können.

Also an Reminiscenzen fehlt es nicht: wenn nur Geist und
Charakter nicht so spurlos verflogen wären! Der schneidende Spott,
der bittere Grimm über die entartete Zeit, der tiefe Ernst, der bald
in strömender Beredsamkeit, bald in gediegener Prägnanz, hier mit
vernichtender Schärfe, dort innig und warm, aus gedankenvoller
Seele dringt! vgl. I 41—43 (42—44) 48 f. (49 f.) II 149 ff. (139 ff.)
III 5. 29 ff. 60 ff. 83 ff. 185 ff. (187 ff.) u. s. w. Dafür lesen wir
wässeriges Schulgeschwätz, nicht kalt, nicht warm, ohne Tempera-
ment, ohne Witz, ohne Adel und wahre Gesinnung. Die dreizehnte
Satire ist ein Musterstück in dieser zähen, ledernen, salbungsvollen
und doch ordinären Manier. Der Verfasser will den Ironischen

spielen, fällt aber alle Augenblicke aus der Rolle und in einen trockenen Lehrton. Wie trefflich dagegen, mit wie überlegener Sicherheit weiſs der Dichter der neunten die Ironie durchzuführen! Hier können einzelne herausgehobene Stellen keinen entscheidenden Eindruck geben: sie wollen im Zusammenhang empfunden sein, man muſs frisch von dem intensiven Genuſs der zehn echten Satiren herkommen, um sich der Langenweile recht lebhaft bewuſst zu werden, welche die folgenden hohlen Declamationen ausathmen. Ich lege daher weniger Gewicht auf einige Uebergangsformeln, wie XI = X 54 f. den kathedermäſsigen Abschluſs:

> ergo supervacua aut ne perniciosa petantur:
> propter quae fas est genua incerare deorum? [1])

den Uebergang 273: 'festino ad nostros et regem transeo Ponti', oder die nüchterne Wendung XIV 114 'adde quod hunc, de quo loquor, egregium populus putat', und XV 47 'adde quod et facilis victoria' etc. Aehnliches, obwohl immer geschickter gewendet, kommt auch III 113 (115) 266 (268) V 12 VII 35 (36) VIII 64 (71) vor, während übrigens Juvenal die Fugen seines Baues oft mit bewundernswerther Feinheit zu verkleiden weiſs. Aber man suche in der echten Sammlung ein Seitenstück zu folgender Sentenz XIII 189: 'quippe minuti semper et infirmi est animi exiguique voluptas ultio' oder zu XIV 44 (31):

> sic natura iubet: velocius et citius nos
> corrumpunt vitiorum exempla domestica, magnis
> cum subeunt animos auctoribus,

wo Hermann (vind. Iuv. 18) durch gewaltsame Interpunction: 'exempla, domestica magnis' vergeblich zu helfen sucht; oder zu der

---

[1]) Wenn man vollends statt dieser Lachmannschen Verbesserung sich Madvigs und Jahns Text

> ergo supervacua aut vel perniciosa petuntur:
> propter quae fas est genua incerate deorum

gefallen lassen müſste, so wäre die Trockenheit und Unbehülflichkeit des Uebergangs nur noch auffallender; denn während scheinbar abschließend auf die Eitelkeit oder Verderblichkeit menschlicher Wünsche zurückgeblickt wird, findet sich eben dieses Thema erst im Folgenden recht eigentlich verarbeitet. Passend konnte erst V. 346 am Schluſs statt der Frage 'nil ergo optabunt homines?' jene obige Wendung in einer oder der anderen Fassung eintreten. Der Verfasser war aber in Verlegenheit, wie er von seinem Excurs über den weinenden und den lachenden Philosophen wieder zu seiner 'sententia' zurücklenken sollte, und so schob er dieselbe ohne weitere Vermittelung in ganz schulmäſsiger Form hier ein.

lehrreichen Unterweisung über das Mafs des Vermögens, das sich zu wünschen dem Menschen gestattet sein soll (XIV 316 ff.); oder endlich zu dem sentimentalen Lob der Thränen und der wässerigen Predigt über den Text: »liebet eure Nächsten« (XV 131 — 174), die für eine metrische Verschlemmung der Ermahnungen Seneca's epist. 95, 51 ff. und de ira I 5 gelten könnte. Wir lernen auf einmal durch V. 140 ff. unsern Satiriker als einen Verehrer der Eleusinischen Mysterien kennen, die nach dem von Claudius gemachten Versuche (Suet. Claud. 25) Hadrian in Rom einführte (Aurelius Victor Caes. 14, Salmasius ad Spart. Hadr. 22, Marquardt R. A. IV 90); er spricht V. 147 f. von einem 'communis conditor mundi', der im Beginn der Schöpfung den Menschen aufrechte Stellung und Geist gegeben habe, was mit zum Theil sehr ähnlichen Worten Ovid (metam. I 84 f.) dem Prometheus, Cicero de leg. I 9 der 'natura', de nat. deor. II 56 aber noch ganz altgläubig den 'di' zuschreibt.

Das gnomische und paränetische Element fehlt wahrlich nicht bei Juvenal, aber wie körnig und gediegen ist es ausgeprägt, wie tief empfunden III 54:

tanti tibi non sit opaci
omnis harena Tagi quodque in mare volvitur aurum,
ut somno careas ponendaque praemia sumas.

oder die Empfehlung der Pietät gegen Lehrer VII 201 (207) ff.:

di, maiorum umbris tenuem et sine pondere terram
spirantisque crocos et in urna perpetuum ver,
qui praeceptorem sancti voluere parentis
esse loco!

oder die Definition des Adels VIII 14 f. (19 f.):

tota licet veteres exornent undique cerae
atria, nobilitas sola est atque unica virtus etc.

oder die Widerlegung der trivialen Entschuldigung von Jugendsünden VIII 137 (163):

defensor culpae dicat mihi 'fecimus et nos
haec iuvenes'. esto. desisti nempe, nec ultra
fovisti errorem. breve sit quod turpiter audes;
quaedam cum prima resecentur crimina barba:
indulge veniam pueris.

Männlicher Ernst, von edler sittlicher Wärme durchglüht, fern von Sentimentalität wie von doctrinärer Steifheit, ein scharfes Gefühl für nationale Ehre und Gesittung, stolze, schmerzliche Erinnerung

an die reine, glanzvolle Zeit der Vorfahren, Verachtung unrömischen
Scheinwesens und niedriger Gesinnung, echte Sympathie mit un-
verfälschter Natur und idyllischer Einfachheit, bei aller Zartheit der
Empfindung ein festes Herz, bei dem tragischen Pathos patriotischen
Schmerzes doch dem Humor keineswegs abgewendet, — das sind
Züge des echten Juvenal. Der Declamator hingegen ist ein seichter
Schwätzer, der seine innere Hohlheit mit breitem Wortschwall aus-
staffirt, ein Philister, der unter der Maske des Satirikers alle Augenblicke sein eignes fades, seelenloses Stubengesicht hervorkehrt, der
denkt wie ein Seifensieder und römische Phrasen drechselt; nicht
im Stande einen wahren Gedanken innerlich zu erfassen und mafs-
voll abzurunden, sondern Anschufswaare der Rhetorschule zusammen-
raffend und handwerksmäfsig aus den vulgären Farbentöpfen colo-
rirend, wobei denn freilich die Töne gar bunt und unharmonisch
durcheinanderlaufen, und grelle Lichter mit stumpfem, plumpem
Pinsel aufgetragen sind, wo sie nicht hingehören. Kann sich die
schülerhafte Phantasie des in sein Museum gebannten Lehrlings naiver
verrathen als in der Versicherung, womit die Beschreibung des See-
sturmes XII 22 abgeschlossen wird? 'omnia fiunt talia, tam graviter,
si quando *poetica* surgit tempestas.' Dem ungeschickten Ausdruck
würde 'quam quando', wie Schurzfleisch empfohlen hat, einigermafsen aufhelfen, zugleich aber die Pedanterie des Gedankens nur
in helleres Licht setzen. Sollte es übrigens gar ein »Ausfall auf
die Dichterlinge der Zeit« sein (Jahn Zeitschr. f. Alterthsw. 1837
p. 850), so wäre er sehr ungeschickt, denn wenn dieselben in ihren
Schilderungen die Wirklichkeit so genau trafen, so konnte es ihnen
nur lieb sein, dies anerkannt zu sehen. Mag der Lyriker, der
seinen zärtlich geliebten Freund das Schiff besteigen sieht, ihm
Seufzer über die Verwegenheit des Menschengeschlechtes nachsen-
den: der Satiriker aber, der die Bedürfnisse des praktischen Lebens würdigen soll, scheint mir denn doch stark über die Schnur
zu hauen, wenn er den Kaufmann, der in Geschäften über Meer
fährt, mit Orest oder dem rasenden Ajax (XIV 284 ff.) oder einem
Seiltänzer (265 ff.) vergleicht. Freilich stimmt es zu dieser Anschauung, dafs er XII 57—61 die Zolle berechnet, die den Schiffer
vom Tode trennen. Indessen ist er auch hier nicht Original. Er
hat sich das Wort des Anacharsis (Diog. L. I 8, 103) gemerkt:
μαθὼν τέτταρας δακτύλους εἶναι τὸ πάχος τῆς νεώς, τοσοῦτον

ἔφη τοῦ θανάτου τοὺς πλέοντας ἀπέχειν, verfehlt aber doch nicht
diese Maſsbestimmung gewissenhaft zu modificiren: 'digitis a morte
remotus quattuor aut septem, si sit latissima taeda.' Ein »treffliches
Vergnügen«, das über alle Schauspiele der Flora, Ceres und Cybele
hinausgeht, ist ihm die Beobachtung der Mühseligkeiten und Gefahren, unter denen die Leute sich zu bereichern streben. Juvenal
überläſst die Freuden des Circus allerdings der Jugend (X 129 ff.
= XI 201 ff.), billigt auch nicht die Schwärmereien theatersüchtiger
Damen (VI 140 ff. = 60 ff. 373 ff. = 352 ff.), aber er ist auch kein
Democrit, dem die Beobachtung der menschlichen Thorheiten und
Fährnisse eine 'voluptas egregia' bereitet. Mit ergreifender Wirkung
und vollem Recht erinnert Juvenal an die Greuel der tragischen Bühne,
die bei den Mordthaten einer Pontia wiederkehren (VI 588 ff. = 634 ff.);
aber abgeschmackt ist es und von vollkommener Rohheit des ästhetischen Gefühls zeugt es, wenn die Menschenfresserei der Aegyptier
XV 29 'cunctis graviora cothurnis' genannt wird, weil bei den Tra-
gikern nirgends ein ganzes Volk ein Verbrechen ausübe. Man könnte
sich übrigens auf die Epinausimache, die Ἰλίου πέρσις und ähnliche
Stücke berufen, wo Volk gegen Volk in blutigem Kampfe ist, wenn
es auch nicht gerade zu kannibalischen Excessen kommt.

Der philosophische Declamator hat überhaupt eine wahrhaft grinsende Weltanschauung: er ist der widerwärtigste Pes-
simist, mit kühlem Blute erklärt er die ganze Menschheit für
Schurken und Narren: 'et qui nolunt occidere quemquam, posse
volunt'! XI = X 96. Auf der ganzen Welt gebe es keinen,
der dem Mammon sein Leben vorziehe! (XII 48 f.) Nur verlorenes
Geld wird mit aufrichtigen Thränen beweint, alle übrige Trauer ist
erheuchelt! (XIII 125 ff. = 130 ff.) Kein Knabe, er möge noch so
rein von Natur, noch so edel erzogen sein, könne der Versuchung
des Lasters widerstehen! (XI = X 298 ff.). Das sind Uebertrei-
bungen, welche der Armuth an wahren Beobachtungen und Gedanken, der leeren Wortpinselei in den vier Wänden entspringen.
Er kennt denn auch eigentlich kein anderes Laster als die Habsucht, auf die er immer wieder kommt: sie ist ihm die Quelle aller
Verbrechen und, wie er sich ausdrückt, »kein Fehler des menschlichen Geistes hat mehr Gifte gemischt oder wegelagert öfter mit
dem Eisen, als die grimme Begier nach unmäſsiger Einnahme.«
(XIV 173 ff.) Er verdenkt es dem Vater, daſs er seinen Sohn er-

mahnt, einen Beruf zu ergreifen und sein Brot zu verdienen, Advocat oder Soldat oder Kaufmann zu werden. In Folge dessen läfst er den Burschen falsches Zeugnifs ablegen, die frechsten Meineide leisten, die eigene Frau, weil sie Geld hat, im Schlaf erdrosseln (XIV 189—232). Und doch hat ihm der Vater erst für das sechzigste Jahr Aussicht auf die Stelle eines primipilus gemacht! (197.) Er fällt nämlich aus der Rolle: er satirisirt seine eigenen Ermahnungen. Aber so kleinmüthig und verächtlich denkt der tribunus militum Juvenal vom Beruf des Kriegers nicht. Seine Ermahnungen an die jungen nobiles in der achten Satire (7 = 12. 72 = 79. 143 ff. = 169 ff. 226 ff. = 254 ff.) klingen voller; während unser Rhetor, wenn es hoch kommt, von den Tugenden der Vorfahren Nichts als die Frugalität zu empfehlen weifs (XIV 159 ff.) und alle Garantieen für einen tugendhaften Lebenswandel zu haben vermeint, wenn er Einen mit hohen Wasserstiefeln durch den Schnee waten und gegen kalten Wind ungenirt einen nach innen gekehrten Schafpelz tragen sieht (XIV 186 ff.). Da weifs denn doch Juvenal besser die Schaale vom Kern zu unterscheiden: II 1—13.

Die Armseligkeit des Stoffes und des Charakters durch allerhand erbärmliche Surrogate zu ersetzen ist der Declamator natürlich emsig bestrebt. Er hat seinem Meister mancherlei Handwerksgriffe, auch manche Manier abgemerkt, die er nun auf eigene rohe Faust auszubeuten sucht. Dafs Juvenals Farben grell sind, dafs er das Zartgefühl und die Nerven seiner Leser nicht schont, wenn er das Laster an den Pranger stellt, entspricht seinem Berufe. Mit zorniger Hand reifst er jede Hülle weg, wo es gilt, die nackte Schamlosigkeit zu züchtigen, aber den Ekel ruft er nur dann zur Hülfe, wenn er eine tiefe moralische Erschütterung beabsichtigt. Sein Nachahmer hingegen, der ja, weil er kein Sittenmaler, sondern ein Saalbader ist, im Ganzen weit seltner das Schamgefühl seines Lesers verletzt, quält unseren ästhetischen Sinn weit schlimmer durch geschmacklos carrikirte Kleinmalerei alltäglicher und allbekannter Erbärmlichkeiten. So werden (XI = X 190) die Schäden und Gebrechen des hohen Alters nach den einzelnen Körpertheilen und Organen mit schulmäfsiger Gründlichkeit in nahezu funfzig Versen aufgezählt: die entstellten Züge, die runzlige Haut, die Hängebacken, das Zittern der Glieder und der Stimme, der Kahlkopf, die tropfende Nase, der zahnlose Mund und der üble Athem, die Ohnmacht im Genufs von Speise und Trank und den Freuden der Venus (204—209!), dann mit dem charakteristischen Uebergange 'aspice partis nunc damnum alterius' die Taubheit (210—216), Frost, Fieber und die Unzahl der Krankheiten, Lähmungen an Schulter, Lenden, Rippe, Blindheit an beiden Augen, völlige Hülflosigkeit des Apoplektischen, der wie ein unflügger Vogel gefüttert wird, endlich Blödsinn und so totale Vergefslichkeit, dafs er sich des Freundes nicht erinnert, mit dem er (trotz seines stumpfen Gaumens: 200. 203) vergangene Nacht geschmaust hat, nicht der eigenen Kinder, die er im Testament übergeht und sein ganzes Vermögen einer Maitresse (trotz V. 204 ff.) vermacht.

In der vierzehnten Satire wird dem Vater zu bedenken gegeben, dafs es seine Pflicht sei, um des Sohnes willen das Haus eben so rein von sittlichen Flecken zu halten, wie er es zum Empfang eines Gastes äufserlich säubern lasse. Unter diesen Reinigungsanstalten der Dienerschaft aber werden uns neben Staub und Spinneweben auch die Unflätbereien von Hausthieren nicht erspart, die Atrium und Porticus verunzieren (62 ff. = 64 ff.). Recht in seinem Element ist der Verfasser, wo er die kleinen Knausereien ('minimas sordes') eines Geizhalses herzählt (126 ff.). »Er kasteit die Bäuche der Sclaven mit unbilligem Scheffel, selbst hungernd, denn er kann sich nicht entschliefsen, alle muffigen Brocken des schimmligen Brodes zu verzehren; gewohnt mitten im September Haché vom vorigen Tage aufzuheben und zur nächsten Mahlzeit unter Siegel zu verwahren ein Bohnengericht mit dem Rest einer Makrele, die schon vom Sommer gelitten hat, oder mit einem halben und fauligen Häring, und die Fäden des Schnittlauchs gezählt zu verschliefsen.« Mehr kann man in diesem Genre vom Schreibpult aus schwerlich leisten. In solchen abstracten Hyperbeln, die auszudüfteln recht eigentlich eine Schulaufgabe ist, hat unser Declamator eine ganz besondere Stärke. »Ich möchte warten, wer an einen Freund, an dem Nichts nach seinem Tode zu verdienen ist, eine kranke und die Augen schliefsende Henne wenden mag — 'verum haec nimia est inpensa', keine Krähe wird je für einen Vater zum Opfer fallen. Dagegen wenn die reiche Gallita und Pacius, die keine Erben haben, ein Fieberchen spüren, so wird die ganze Vorhalle mit feierlichen Votivsprüchen bekleidet, man gelobt Hekatomben, womöglich von Elephanten (folgt nun der zwölf Verse lange Excurs über sie), ein

Anderer wird geloben die gröfsten und schönsten seiner Sclaven zu
opfern, wird selbst Knaben und den Stirnen von Mägden die Opfer-
binde anlegen und, wenn er eine heirathsfähige Iphigenie zu Hause
hat, sie dem Altar überliefern, wenn er auch nicht die heimliche
Sühne einer tragischen Hirschkuh zu hoffen hat« (XII 95—120).
Und nachher (127) heifst diese imaginäre Opfertochter geradezu
'iugulata Mycenis', als ob Agamemnon Erbschleicher gewesen wäre.
»Wenn heutzutage«, so heifst es XIII 55—65 (60—70), »ein Freund
ein anvertrautes Pfand nicht ableugnet, wenn er einen alten Blase-
balg, den er geliehen, mit allem Rufs zurückgiebt, so ist das eine
unnatürliche Redlichkeit ('prodigiosa fides'), die feierlich gesühnt werden mufs. Wenn ich einen trefflichen und rechtschaffenen Mann sehe,
so vergleiche ich dieses Wunderzeichen einem doppelgliedrigen Knaben
oder Fischen, die unter dem Pfluge gefunden sind, und einem träch-
tigen Maulthier, und ich bin bekümmert, als ob es Steine geregnet
und ein Bienenschwarm in langem Zuge auf dem Tempelgiebel sich
niedergelassen hätte, als ob der Flufs in purpurnem Strudel oder
von einem Milchwirbel erbrausend ins Meer geflossen wäre.« Das
heifst doch Gründlichkeit! Wie flüchtig und unberedt hat doch Juvenal
in der zweiten Satire 117 f. (122 ff.) seine Sache gemacht! Er
erwähnt ein wirkliches monstrum, die Hochzeit des Gracchus mit
einem Hornisten, und fügt nun hinzu:

> o proceres, censore opus est an haruspice nobis?
> scilicet horreres maioraque monstra putares,
> si mulier vitulum vel si bos ederet agnum.

Ergötzlich ist die Schilderung der Gewissensqualen, die dem Betrüger
für die Unterschlagung von 'decem sestertia' angedroht werden (XIII
211 ff.): ewige Angst, die auch bei Tische nicht aufhört; die Speise
bleibt ihm im Halse und zwischen den Zähnen stecken, Setinerweine
spuckt er aus, kostbarer alter Albaner schmeckt ihm nicht, bei noch
besserem runzelt er die Stirn, als hätte er hitzigen Falerner ge-
trunken. Bei Nacht, wenn die Sorge ihm einen kurzen Schlaf ge-
gönnt hat und die auf dem ganzen Lager umhergewälzten Glieder
endlich ruhen, sieht er gleich den Tempel und den Altar der be-
leidigten Gottheit, und, was seinen Geist in ganz besonderen Angst-
schweifs versetzt, er sieht dich (den betrogenen Freund) im Traume,
dein ehrwürdiges Bild in übermenschlicher Gröfse ('tua sacra et
maior imago humana') setzt dem Geängsteten zu und zwingt ihn

zum Geständnifs. Das sind die Leute, die bei jedem Blitze zittern und erblassen, die, wenn es donnert, beim ersten Murren des Himmels ohnmächtig werden ... hat ihnen dieses Gewitter Nichts geschadet, so fürchten sie sich desto mehr vor dem nächsten. Eine Krankheit halten sie für 'saxa et tela deorum' und wagen keine Gelübde für ihre Genesung u. s. w. (bis 235). Soll das eigentlich Humor oder Pathos sein? Jedenfalls ist es äufserst ermüdend und gequält. Mit kleinlich gräfslicher Wollust werden die widerwärtigen Einzelnheiten des Faustkampfes zwischen Ombiten und Tentyriten ausgeführt (XV 54 ff.): wenige Backen sind ohne Wunde, kaum Einer oder Keiner im ganzen Kampf hat eine heile Nase. Ueberall in den Haufen (und zwar sind es so viele Tausende, 'tot rixantis milia turbae' 61) konnte man halbe Gesichter sehen, andere (nämlich entstellte) Antlitze und Knochen, die aus den zerrissenen Wangen hervorgähnten, und die Fäuste voll vom Blute der Augen. Und dann V. 78 ff. die eigentliche Kannibalenmahlzeit, und der Letzte, der zu kurz gekommen ist und mit den Fingern das Blut von der Erde auftunkt, um sich schadlos zu halten (90 f.)! Auch bei dem Bericht über die furchtbare That der Calagurritaner genügt es ihm nicht, an das wirklich Geschehene zu erinnern, sondern er muthet ihnen noch aus eigenen Mitteln das Allermonströseste zu: 'membra aliena fame lacerabant, *esse parati et sua*' (102 f.)!

Was aus einem jungen Menschen, der zu früh ermahnt ist, einen Beruf zu ergreifen, für ein Scheusal werden kann, haben wir schon oben mit Staunen wahrgenommen (XIV 211 ff.). Auch der Haustyrann, der »keine Sirene mit Peitschen vergleicht«, (d. h. dem der Peitschenknall über dem Leibe der Sclaven reizender klingt als Sirenengesang) erhitzt die Phantasie unseres Poeten über Gebühr: er ist ihm der Antiphates und Polyphem seines zitternden Laren (scheint also seine Dienerschaft zu fressen), und fühlt sich nur dann glücklich, wenn Einer vom Marterknecht mit glühendem Eisen gebrannt wird wegen zwei (gestohlener?) Leintücher (XIV 31—35 = 18—22). Schier Unglaubliches leistet der neidische Gutsnachbar, der immer weiter um sich greift (140—144): gelingt es ihm um keinen Preis den Nachbaracker zu kaufen, so schickt er bei Nacht seine mageren Ochsen auf das grüne Kornfeld und läfst sie nicht eher nach Hause kommen, als bis in die grimmen Bäuche die ganze Saat verschlungen ist, als wäre sie niedergemäht (145—149). Schade, dafs unser Fritz Reuter diesen Zug nicht für seinen Pomuchelskopp verwendet hat! Rührend ist dann der Epilog (151 ff.):

> dicere vix possis quam multi talia plorent
> et quot venales iniuria fecerit agros.
> sed qui sermones, quam foede bucina famae!

Aber allzu tiefsinnig die Rechtfertigung des Habsüchtigen: »aus dem schlechten Rufe mach' ich mir Nichts. Ich will lieber eine Bohnenschote für mich ('tunicam mihi malo lupini'), als von der ganzen Nachbarschaft gelobt sein und wenig ernten ('quam si me toto laudet vicinia pago exigui ruris paucissima farra secantem' 153—155). 'tunicam lupini, pro re vilissima', sagt Ruperti. Also der Sinn wäre: ich will mich um den Preis eines schlechten Namens mit dem Geringsten begnügen, wenn ich nur nicht arm bin; ich will mit einer Bohnenhülse zufrieden sein, wenn ich nur nicht wenig Korn zu schneiden habe. Sollte das nicht Unsinn sein? Weber freilich übersetzt:

> um der Nachbarn Lob in dem ganzen
> Gau ringsum nicht geb' ich die Hülse nur einer Lupine,
> Soll ich von ärmlichem Gut blutwenigen Dinkel nur abmähn.

Aber damit ist eben dem schiefen Ausdruck aufgeholfen, dessen Ungehörigkeit sich an Parallelstellen wie Horaz serm. I 1, 66 'populus me sibilat, at mihi plaudo ipse domi, simul ac nummos contemplor in arca', oder dem Spruch eines griechischen Tragikers bei Seneca epist. 115, 14 (Nauck adesp. 384) 'sine me vocari pessimum, ut dives vocer' messen läfst.

An allerhand Bambocciaden sind diese Stücke höchst ausgiebig: der Knabe mit tausend Hofmeistern auf der einen und ebensovielen auf der andern Seite (XIV 12 f.), die Tochter, welche beim Herzählen der mütterlichen Liebhaber trotz der höchsten Eile dreifsigmal Athem schöpfen mufs (39 ff. = 26 ff.); der zärtliche Vater, der mit weinerlicher Stimme schwört, er wolle das Haupt seines Sohnes in Essigbrühe gekocht (wie einen Schweinskopf) verzehren (XIII 83 f.); der um 10000 Sestertien Betrogene, der vor Wuth »in schäumenden Eingeweiden erglüht« (XIII 14 'spumantibus ardens visceribus'); der schiffbrüchige Kaufmann, dem sein Korn und Pfeffer versunken ist, den Geldbeutel in der Linken und mit den Zähnen festhaltend, während er mit den Wellen kämpft (XIV 297); der Stier, der fetter

als Hispulla ist (XII 11), wobei man nicht weifs, ob man das Thier
oder die Dame mehr bedauern soll; der rufsige und triefäugige
Vater des Demosthenes in der Schmiede (X 130 ff.). Es wird gut
sein zur Vergleichung an die Präcision Juvenalischer Hyperbeln zu
erinnern, wie II 15 'supercilio brevior coma' (von den heuchlerischen
Stoikern); Corbulo (ein Athlet) 'vix ferret tot vasa ingentia', als
der Sclav dampfende Schüsseln auf dem Kopf über die Strafse trägt
(III 249 = 251); ein Lastwagen mit Steinblöcken ist umgestürzt
und hat die Fufsgänger zermalmt: 'obtritum vulgi perit omne cadaver more animae' (258 f.); sie trinkt, als wäre eine lange Schlange
in ein tiefes Fafs gefallen (VI 106 f. = 431 f.); 'penem maiorem
quam sunt duo Caesaris Anticatones' (259 = 338, wo natürlich an
die Schriftrolle zu denken ist); die gelehrte Schwätzerin 'una labo-
ranti poterit succurrere lunae', ohne weitere Blechmusik (512 = 443).

Es ist dem loseren Stil der Satire angemessen, Periode und
Gedanken gelegentlich durch eine Parenthese zu unterbrechen. Diese
Freiheit, in der sich Horaz so behaglich ergeht, benutzt Juvenal,
um beifsende Anmerkungen, oft allgemein sententiösen Inhaltes, bisweilen auch um pikante Nebenumstände einzuschieben: 1 47 (48)
60 f. (61 f.) 99 f. (100 f.) II 83 III 19 f. (15 f.) VI 552 (165) VII
174 f. (179 f.) VIII 66 f. (73 f.) IX 23 (24) 35 (37) 54 (58) 103 ff.
(110 ff.). Nie jedoch wird dadurch der innere Zusammenhang seiner
Darstellung gestört: jene Parenthesen greifen stets ergänzend oder
erweiternd oder schärfend in denselben ein. Der Nachahmer läfst
es sich eifrig angelegen sein, dieses Beiwerk ebenfalls anzubringen,
aber nur zu oft fällt er entweder mit einem scurrilen schlechten
Witz oder einer schiefen Sentenz, die nicht zur Sache gehört, aus
dem Ton.

Die alberne Skepsis über den Thränenvorrath des Heraclit
(X 31 f.) haben wir schon berührt. V. 173--178 hat er bereits
die Kriegsanstalten des Xerxes nach Herodot aufgezählt, um mit
179 auf seine Rückkehr von Salamis zu kommen:

> ille tamen qualis rediit Salamine relicta?

eine Frage, die er erst 185 von Neuem aufwirft und beant-
wortet, nachdem er die Geifselung der Winde und die Fesselung des
Meers nachgeholt und hier noch spöttisch 183 eingeschoben hat:

> mitius id sane, quod non et stigmate dignum
> credidit. huic quisquam vellet servire deorum!

Die Brandmarkung und die ausdrückliche Hinweisung auf Sclaven-
behandlung durfte dem an Vollständigkeit gewöhnten Rhetor nicht
fehlen.

Wie passend in der zwölften Satire an einer sonst sehr ernst-
haften Stelle der Steuermann, welcher im Sturme den Mast kappt,
mit dem sich selbst verstümmelnden Biber verglichen wird, bleibe
dahingestellt: jedenfalls gehört das parenthetische Lob seiner medicinischen Intelligenz V. 36 'adeo medicatum intellegit inguen' ('me-
dicatus' nur noch durch Ovid her. XII 165 zu belegen, während
'medicamen' wiederholt von Juvenal gebraucht wird) nur für den
hierher, welcher der Versuchung, eine naturgeschichtliche Notiz gut
oder schlecht anzubringen, nicht widerstehen konnte. — Bei Gelegenheit der etwas renommistischen Beschreibung des Hafens von
Ostia, in den das Schiff endlich einläuft (renommistisch wegen der
hyperbolischen Phrase, dafs die in das Meer hineingebauten Molen
»Italien weit hinter sich lassen«), kann sich unser Freund nicht
enthalten, eine abschätzige Bemerkung über natürliche Häfen zu
machen (78): 'non sic igitur mirabere portus quos natura dedit',
deren Zweck und Ziel mir verborgen ist. XIII 115—118 (120—123)
genügte vollkommen, um auszudrücken: »du kannst mit meinem
Trost, obwohl ich kein studirter Philosoph bin, immer vorlieb nehmen.« Er will aber den Namen eines unwissenden Arztes anbringen,
und so setzt er beiläufig das sehr problematische Gleichnifs hinzu
119 f. (124 f.):

> curentur dubii medicis maioribus aegri,
> tu venam vel discipulo committe Philippi,

als ob alle unzweifelhaft Kranken sich ohne Gefahr Pfuschern an-
vertrauen dürften. Kurz darauf (126—129 = 131—134) wird wiederum nur nochmals ausgeführt, was eben (124—126 = 129—131)
gesagt war, dafs die Trauer um verlorenes Geld tiefer gehe als um
Todte. Es soll witzig sein, wenn weiterhin 148 (153) vom Tem-
pelschänder, der den Schenkel des vergoldeten Hercules abkratzt
und selbst das Gesicht des Neptun, der dem Castor das Goldplätt-
chen abzieht, zum Ueberflufs noch hinzugefügt wird:

> an dubitet solitus totam conflare tonantem?

was doch in der That wieder in das Bereich rhetorischer Märchen
gehört. Vgl. ferner XIV 78—80 (51—53) 117.

Auch die funfzehnte Satire ist reich an solchen Nebenwerken:
10 f. der sarkastische Ausruf über die Heiligkeit der Leute, denen
ihre Götter im Garten wachsen; 44—48 die Anmerkung über
die Schwelgerei Aegyptens, von Francke, G. Hermann und Heinrich
ausgeworfen; 69—71 der ganz überflüssige Vergleich der jetzigen
Generation mit der homerischen: 83—87 die Beglückwünschung
des Feuers, dafs es nicht zum Kochen von Menschenfleisch gemifs-
braucht ist, welche zum Theil (86 f. 'elemento — reor') selbst Orelli
und C. Fr. Hermann als Interpolation verwarfen (vgl. Kempf a. a. O.
24 f.); 110—112 die Notiz über die gegenwärtige Verbreitung
griechischer Bildung, namentlich der Beredsamkeit; endlich 117 f.
der Zweifel an der Glaubwürdigkeit der Poeten, der sogar ohne
jede Störung des Metrums herausgeschnitten werden könnte.

Die glänzende Rhetorik Juvenals kargt weder mit Bildern noch
mit Worten: aber etwas Anderes ist quellender Reichthum an Lich-
tern und Tönen, die einander steigern und zur Gesammtwirkung
verhältnifsmäfsig beitragen, ein Anderes der blofse Redeschwall, der
dasselbe bis zur Ermüdung doppelt und dreifach, ja zehnfach wiederholt[1]). Wie und zu welchen Zwecken Juvenal aufzählt, mögen Beispiele lehren wie die folgenden: III 41—48 ('quid Romae faciam?
mentiri nescio' etc.) 76 f.:

> grammaticus rhetor geometres pictor aliptes
> augur schoenobates medicus magus, omnia novit
> Graeculus esuriens: in caelum, iusseris, ibit.

188—190 (190—192): vier Landstädte, die jede mit einer indi-
viduellen Bezeichnung als sicherer Aufenthalt statt Rom genannt
werden. Er macht es kurz 53 (57): ein asiatischer Bursche, um
höheren Preis erkauft, als die Einnahme des kriegerischen Tullius
betrug und des Ancus

> et, ne te teneam, Romanorum omnia regum
> frivola

---

[1]) Ich unterschreibe ganz Hermanns Worte praef. XI: 'neque enim sententiae
tantum sed singula quotquot sunt verba Iuvenalis lectorem vel advertunt vel ad-
vertere debent (?), ne inanem strepitum vel abundantiam arguat, ubi largissima
acuminis et copia et elegantia latet;' und p. XII: 'nullam facile orationis partem
otiosam manere patitur, sed suam cuique vocabulo vim, suum acumen ita impertit,
ut quae apud alios scriptores coniuncta demum unam sententiam efficiant, apud hunc
communem omnibus sententiam tot imaginibus quot verba habeat multiplicent', —
sehe aber nur nicht ein, wie dieses Lob auf die späteren Satiren passen soll.

Ferner III 7—9. 30—33. 69 f. 100—103. 104—107. 108—111
(109—112). 146—149 (148—151). VI 373 ff. (352 ff.) VII 224 ff.
(229 ff.) VIII 27 ff. (32 ff.) IX 97 ff. (104 ff.). Er hütet sich, die
Reihen zu erschöpfen, und liebt es, jeder Uebersättigung durch einen
witzigen Abschlufs entgegenzuwirken: z. B. III 9. 78—80. 107 =
108[1]. 111 = 112. Aber auf welche Proben setzt der Declamator
unsere Geduld, theils in dem vergeblichen Bemühen scherzhaft zu
sein, theils um Worte zu machen! Von der endlosen Aufzählung
der Prodigien, womit bewiesene fides XIII 59—65 (62—70) verglichen
wird, war schon die Rede; auch von den abgeschmackten Seiten-
hieben, die bei Abschätzung der zahlreichen Krankheiten des Alters
in sieben Versen (XI = X 220—226) geführt werden, wobei es ohne
alle vernünftige Anordnung bunt durcheinander geht: denn die Sünden der Oppia und der Maura waren jedenfalls nebeneinander zu
nennen, nicht durch Fremdartiges V. 221 f. auseinanderzureifsen.
Bei Aufzählung der Schwüre eines Meineidigen XIII 77—82 wird
schonungslos das ganze Arsenal des Olymps geplündert: Strahlen
des Sonnengottes, Tarpejische Blitze, der Spiefs des Mars, die Ge-
schosse Apollons, Pfeile und Köcher der Diana, der Dreizack Nep-
tuns, der Bogen des Hercules, die Lanze der Minerva und der ganze
Rest des himmlischen Zeughauses. Ebenso erschöpfend ist die Aufzählung der Kriegstropäen, die sich ehrgeizige Soldaten, und zwar,
um ja Nichts zu übergehn, 'Romanus Graiusque et barbarus induperator' wünschen (XI = X 133—139), während man doch von
Triumphbögen (136) barbarischer Feldherrn Nichts gehört hat. Nie
begnügt er sich mit einem Beispiel. Es möchte noch hingehn,
wenn die Wahrheit, dafs der Arme sicherer vor Räubern ist als
der Reiche, nicht nur durch die Majestätsprocesse unter Nero, sondern auch durch gewöhnlichen Strafsenraub anschaulich gemacht
wird, aber dafs beide Fälle (XI = X 15—18 und 19—22) wie nach
derselben Schablone dargestellt sind, ist ungeschickt. Die Ermahnung zur Nächstenliebe wird unterstützt durch Hinweisung auf
Schlangen, Löwe, Eber, Tiger, Bär (XV 159—164). Wie sehr
auch dieser Gemeinplatz von Moralisten und Rhetoren cultivirt wurde,
zeigen die Parallelstellen bei den Auslegern. Zur Erhärtung des
Satzes, dafs von der Erziehung in der Jugend die Entwickelung des

---

[1]) Wo an eine Art water-closet zu denken sein möchte.

Charakters abhängt, wird der Storch (XIV 16—18 = 74—76), der
Geier (19—22 = 77—80), der Adler (23—27 = 81--85) bemüht
und des breitesten gezeigt, womit sie ihre Jungen speisen und zu
welcher Nahrung sie dieselben hierdurch für ihr weiteres Leben
anhalten. Das ist freilich immer noch lehrreicher, als wenn uns
V. 96—106 mit sorgfältiger Ausführung des jüdischen Ritus und
Gesetzes die interessante Mittheilung gemacht wird, dafs die Söhne
von Juden wiederum Juden zu sein pflegen. Es ist nicht genug,
zu sagen, dafs der im Zorn zum Himmel schreiende Freund den
Stentor besiegen könne, sondern er mufs auch noch dem homerischen Ares verglichen werden (XIII 107 = 112). Der Vater wird
von seinem hoffnungslosen Söhnchen im Laster übertroffen werden
'ut Aiax praeteriit Telamonem, ut Pelea vicit Achilles' (XIV 213 f.).
Kleinlich, matt, ungeschickt und verworren ist auch XI = X 90 ff.
Willst du, heifst es da, gegrüfst werden wie Sejan, ebensoviel besitzen und jenem ('illi' statt 'huic') die höchsten Amtsstühle ('summas
curules') schenken, jenen zum Befehlshaber über Heere machen, für
den Vogt des Fürsten . . . gelten

(vis certe) pila cohortes
egregios equites et castra domestica? quidni
haec cupias? etc.

Mit 'tutor haberi principis' 92 f. hätte Juvenal geschlossen: unser
Rhetor läfst aber noch die ganze Armee nach ihren militärischen
Abtheilungen, die Legionen, die Reiterei und die Prätorianer vor
dem Oberbefehlshaber der kaiserlichen Garde im Parademarsch vorbei-
defiliren. Freilich hätte für die Legionen die Bezeichnung 'cohortes'
vollkommen genügt: indessen eine Verslücke war noch zu füllen und
so müssen denn wohl die Manipeln der triarii oder pilani aushelfen,
ohne freilich zu wissen, wie sie zu dem ungewohnten Namen 'pila'
statt 'pili' kommen, besonders da sie keineswegs ausschliefslich das
pilum als Waffe führen, sondern gemeinsam mit den hastati und prin-
cipes, und zwar erst seit Marius, während ihnen früher die hasta
eigenthümlich war. Uebrigens ist dies noch die Erklärung, welche
sich der Verfasser am ehesten gefallen lassen kann. Andere trauen
ihm gar zu, dafs er den, welchen nach der Stellung Sejans gelüsten
soll, den er bereits zum 'tutor principis' erhoben hat, nochmals von
unten auf, vom centurio zum tribunus legionis und praefectus equitum und schliefslich zum praefectus praetorii avanciren läfst.

In der Breite glaubt unser Declamator überhaupt nicht genug thun zu können. Am glänzendsten ist ihm dies gelungen XII 62—67, wo er in sechs stattlichen Zeilen den einfachen Vordersatz: »nachdem das Unwetter sich gelegt hatte«, ausführt, als wäre er einer jener recitirenden Epiker, vor denen Juvenal (I 7 ff. III 9) Reifsaus nahm: »aber nachdem das Meer eben dalag, nachdem die Aussichten des Schiffers günstig und das Geschick mächtiger war als Wind und See, nachdem die Parcen mit gnädiger Hand bessere Fäden spinnen, heiter und weifsen Gespinnstes Wolle bereitend ('postquam Parcae meliora benigna pensa manu ducunt hilares et staminis albi lanificae'), und ein Wind, nicht viel stärker als ein mäfsiger Luftzug, zur Hand ist —¹).« Wo andere Leute mit einem Wort oder einem Satzglied auskommen, braucht der Declamator principiell zwei oder drei, um die Masse aufzuschwemmen:

XI = X 29: quotiens de limine moverat unum
              protuleratque pedem
      88 f.:   hi sermones
              tunc de Seiano, secreta haec murmura vulgi
     104 f.:   qui nimios optabat honores
              et nimias poscebat opes
     115: incipit optare et totis quinquatribus optat
     189: hoc recto voltu, solum hoc et pallidus optas.
XII 15 f.: ob reditum trepidantis adhuc horrendaque passi
              nuper et incolumem sese mirantis amici.
      48: sed quis nunc alius, qua mundi parte quis audet
              argento praeferre caput?
    110 die Elephanten:
                   siquidem Tyrio parere solebant
              Hannibali ... ac dorso ferre cohortes
              partem aliquam bellique et euntem in proelia turrem.
 XIII 54: credebant quo grande nefas et morte piandum,
              si iuvenis vetulo non adsurrexerat et si
              barbato cuicumque puer.

---

¹) Wer mit solchem Geschwätz Stellen wie III 26 -- 28 VII 51—54 (53—56) 131—133 (135—137) vergleichen kann (Lupus vindiciae Iuvenalianae. Bonnae 1864 p. 22), zeigt, dafs er über Färbungen des Ausdrucks zu urtheilen nicht gelernt hat. Was denn auch der Wust von Beispielen sattsam beweist, womit auf S. 22 f. des Dichters Hang zu leeren Tautologieen belegt werden soll. Uebrigens erfordern diese »Rechtfertigungen«, die mir erst nach Abschlufs meiner Arbeit bekannt geworden sind, eine eingehende Behandlung nicht, da sie gröfstentheils in die leere Luft fechten.

XIV 23 (81):

> famulae Iovis et generosae — aves (nämlich die Adler).

89:         Graecis longeque petitis
> marmoribus

110:    fallit enim vitium specie virtutis et umbra,
> cum sit triste habitu vultuque et veste severum,

(womit man vergleichen mag II 11 f.:

> hispida membra quidem et durae per brachia setae
> promittunt atrocem animum, sed etc.)

Nun folgt eine der zähesten Auseinandersetzungen über den 'avarus', der 'tamquam frugi' gelobt werde (111):

> tamquam parcus homo et rerum tutela suarum
> certa magis quam si fortunas servet easdem
> Hesperidum serpens aut Ponticus;

man sollte hoffen, endlich erlöst zu sein, aber nein:

> adde quod hunc, de
> quo loquor, egregium populus putat adquirendi
> artificem; quippe his crescunt patrimonia fabris
> (sed crescunt quocumque modo) maioraque fiunt
> incude adsidua semperque ardente camino.

Und in diesem inhaltsvollen Parallelismus geht es weiter

122:        iuvenes hortatur ut illam
> ire viam pergant et eidem incumbere sectae.

217:        cum rodere barbam
> coeperit et longi mucronem admittere cultri,

wo der gemeine Pöbel sagen würde: »wenn er erst anfangen wird, sich zu rasiren.«

Es genügt nicht XV 55 zu versichern, 'vix cuiquam — toto certamine nasus integer', sondern es muſs diese allzubescheidene Negation noch verstärkt werden: 'vix cuiquam aut nulli'. Der alte Haſs zwischen Ombiten und Tentyriten ist 'vetus atque antiqua simultas, immortale odium et numquam sanabile vulnus' (33 f.). Die Noth der Calagurritaner wird ebenfalls vierfach eingeschärft (95 f.):

> fortunae invidia est bellorumque ultima, casus
> extremi, longae dira obsidionis egestas.

Nicht genug, daſs alle Menschen und Götter den »Bäuchen, die Furchtbares und Unmenschliches gelitten haben«, Absolution ertheilen sollen: auch den Manen der Verzehrten wird noch groſsmüthige

Verzeihung zugemuthet. Die Stelle verdient wegen ihrer muster-
haften Schwerfälligkeit wörtlich hier zu stehen (103 ff.):

> quisnam hominum veniam dare quisve deorum
> ventribus abnuerit dira atque immania passis
> et quibus illorum poterant ignoscere manes,
> quorum corporibus vescebantur?

Neben so kurzweiligen Pleonasmen wimmelt es noch von allerhand Tautologieen im Kleinen, denen auch nur eine leise Schattirung
des Gedankens abzugewinnen der subtilsten Synonymik schwerlich
immer gelingen wird. Ich kann den Leser nicht mit einem Register
verschonen, für dessen absolute Vollständigkeit ich indessen hier so
wenig als bisher einstehen will.

XI = X 9 f. torrens dicendi copia — et — facundia
» 57 longa atque insignis honorum pagina
» 94 pila cohortes
» 97 praeclara et prospera (glückliche Umstände)
» 112 sine caede ac vulnere pauci
descendunt reges et sicca morte tyranni
» 129 dis ille adversis genitus fatoque sinistro
» 143 gloria paucorum et laudis titulique cupido
» 191 deformem et taetrum ante omnia vultum
» 243 haec data poena diu viventibus, ut renovata
semper clade domus multis in luctibus inque
perpetuo maerore et nigra veste senescant.
» 296 filius autem
corporis egregii miseros trepidosque parentes
semper habet
» 348 quid conveniat rebusque sit utile nostris
» 351 caeca magnaque cupidine
» 361 Herculis aerumnas — saevosque labores
XIII 9 casus multis hic cognitus ac iam
tritus et e medio fortunae ductus acervo
(einmal unfigürlich und zweimal in verschiedenen Bildern dasselbe.)
» 13 minimam exiguamque malorum
particulam
» 125 (130) maiore domus gemitu, maiore tumultu
planguntur nummi
» 187 f. plurima felix
paulatim vitia atque errores exuit omnes[1]):
prima docet rectum sapientia.

---

[1] Möglich allerdings, daß der Verfasser 'omnes' zum Folgenden bezogen
haben will, wo es aber nicht weniger müßig stehen würde, da die 'sapientia' als

XIII 189	quippe minuti
	semper et infirmi est animi exiguique voluptas
	ultio
XIV 44 (31)	velocius et citius
» 92 f.	imminuit rem,
	fregit opes
» 136	cum furor haud dubius, cum sit manifesta phrenesis
» 236	qui paupertatem levet attollatque propinqui
» 267	Corycia semper qui puppe moraris
	atque habitas
XV 24 f.	nondum ebrius et minimum qui
	de Corcyraea temetum duxerat urna
» 40	inimicorum primoribus ac ducibus
» 41	laetum hilaremque diem
» 47	victoria de madidis et
	blaesis atque mero titubantibus
» 50	flores multaeque in fronte coronae
» 78 f.	in plurima sectum
	frusta et particulas
» 82	longum usque adeo tardumque putavit
» 86 f.	elemento gratulor et te
	exultare reor
	(wo also das Feuer plötzlich angeredet und ihm zugemuthet wird,
	vor Freude aufzuhüpfen)
» 89	ne quaeras et dubites an —
» 95	bellorumque ultima, casus
	extremi
» 101	maciem et tenues miserantibus artus
» 104	dira atque immania passis
» 118 f.	ulterius nil
	aut gravius cultro timet hostia
» 126	inbelle et inutile vulgus
» 129 ff.	nec poenam sceleri invenies nec digna parabis
	supplicia his populis, in quorum mente pares sunt
	et similes ira atque fames

Lehrmeisterin keineswegs Allen zu Theil wird. Sein Ungeschick verräth sich auch in dem Mangel eines Gegensatzes zu dieser 'sapientia': denn die Meinung scheint doch zu sein, dafs eine glückliche Natur die gröberen Laster und Fehler mit der Zeit praktisch schon von selbst überwindet, während zur eigentlichen tieferen Erkenntnifs des Guten erst die Philosophie verhelfe.

XV 134 f.   causam dicentis amici
squaloremque rei

» 145   exercendis capiendisque artibus apti
(soll 'capiendis' soviel heifsen als 'percipiendis' oder 'discendis', so
müfste es dem 'exercendis' wenigstens voraufgehn.)

» 147   prona et terram spectantia

» 151 f.   migrare vetusto
de nemore et proavis habitatas linquere silvas.

Man mag dieses oder jenes Beispiel für sich genommen als unverfänglich betrachten, die Mehrzahl aber ist der Art, dafs sie unter die Kategorie einer vernünftigen Amplification des Ausdrucks nimmermehr fallen; und dem Gesammteindruck, dafs es dem Urheber solcher Phrasen in erster Linie um Worte zu thun ist, nicht, wie es dem ernsten Satiriker geziemt, um Sachen, dem wird sich der einsichtige Leser nicht entziehen. Er vergleiche nur auch hier wieder den echten Stil Juvenals. Er verschmäht keineswegs eine Verdoppelung des Ausdrucks, wo derselbe reicher, schärfer, eindringlicher dadurch wird, aber ich getraue mich in jedem Falle nachzuweisen, dafs wirklich ein neuer und bedeutungsvoller Zug oder wenigstens ein wirksamer Accent dadurch gewonnen ist: vgl. III 26. 50. 269 ff. (271 ff.) IV 87 (125) VI 11. 21. 38 (268). 60 (234). 63 (237). 222 f. (298 ff.) 430 (532) VII 5. 226 (232) VIII 120 (146) XI = X 68 f. (127 f.). Das ist wirkliche Kraft und Fülle des Stils; jener Wortschwall hingegen, der sich als »natürlicher Redeflufs des Greises« nicht beschönigen läfst, soll nur die innere Armseligkeit umhüllen, die eben dadurch nur augenfälliger wird. Ein sicheres Kennzeichen des ganz verschiedenen Ursprungs ist ferner der Umstand, dafs es in den echten Satiren durchweg gelingt, durch Ausscheidung von Interpolationen, die zum Theil sogar durch handschriftliche Winke als solche bezeichnet werden, Präcision und richtigen Zusammenhang wiederherzustellen, während die unechten jedes Versuchs, ihnen selbst durch die ausgedehntesten Athetesen aufzuhelfen, entschieden spotten: in ihnen ist wirklich Alles aus einem Gufs, und Jahn hat sehr wohl gethan, nur den einen Vers XIV 229 ('et qui per fraudes patrimonia conduplicare') einzuklammern, der kaum in die Construction, gar nicht in den Gedankenzusammenhang pafst, und in mehreren Handschriften (*a b c d f g*)

fehlt. Er ist mit Sicherheit als Rest oder Ansatz zu einer Dittographie bereits von Ruperti und Pinzger ausgeschieden.

Oft genug indessen verläfst den Declamator sein bischen Rhetorik vollständig, so dafs seine Verse ganz erbarmungswürdig ab-
magern und, um nur überhaupt bestehen zu können, auch die elen-
deste Stütze nicht verschmähen. So ist ihm offenbar der Athem
ausgegangen in folgenden Zeilen:

XI = X 196 f. plurima sunt iuvenum discrimina, pulchrior ille
      hoc atque ille alio, multo hic robustior illo

»   314 f.   exigit autem
      interdum iste dolor plus quam lex ulla dolori
      concessit

»   358 f. qui spatium vitae extremum inter munera ponat
      naturae, qui ferre queat quoscumque labores

XII 24   genus ecce aliud discriminis audi
      et miserere iterum, quamquam sint cetera sortis
      eiusdem pars dira quidem, sed cognita multis etc.

Eine eingehende Schilderung des V. 19—22 erwähnten Schiffsbrandes
hat sich der Poet zu unserem Erstaunen versagt. Er mufs in seinen
Musterbüchern, auf die er so naiv in Bezug auf die 'tempestas' ver-
weist, nichts Verwendbares gefunden haben. Das 'genus aliud discriminis' gehört übrigens zu demselben 'discrimen', nämlich dem Schiffbruch: es soll nur ein neues Stadium der Gefahr, ein neuer
'modus' gemeint sein.

Nur mit der Armuth scheint zu entschuldigen

XV 75   terga fuga celeri *praestant instantibus* Ombis.

Man wäre versucht *praebent* zu corrigiren, wenn nicht 'terga praestare' bei Tacitus Agric. 37 stände, so dafs zu befürchten ist, unser
Poet habe jene Zusammenstellung gerade für pikant gehalten.
Elendes, unbehülfliches Wortgeklapper ist die ganze Stelle über
die Calagurritaner 93 ff.:

      Vascones, haec fama est, alimentis talibus olim
      produxere animas: sed res diversa, sed illic
95   fortunae invidia est bellorumque ultima, casus
      extremi, longae dira obsidionis egestas.
      huius enim, quod nunc agitur, miserabile debet
      exemplum esse cibi, sicut modo dicta mihi gens
      post omnes herbas, post cuncta animalia quidquid
100   cogebat vacui ventris furor hostibus ipsis
      pallorem ac maciem et tenues miserantibus artus

membra aliena fame lacerabant, esse parati
et sua.

Derselbe Fall wird mit unerträglicher Schwerfälligkeit und doch
undeutlich kurz hintereinander mit 'illic', mit 'huius quod nunc agitur' u. s. w. und mit 'modo dicta mihi gens' bezeichnet. Ich kann
nicht einmal das mühselige 'huius quod nunc agitur exemplum cibi'
construiren: es müfste heifsen 'hoc — exemplum' oder 'huius, qui
nunc agitur'. Dafs 'sicut' geradezu für 'siquidem' steht, scheint den
Erklärern (Francke ausgenommen, der 97 f. für unecht hielt und
'usum barbarum vocabuli sicut' notirte) keinerlei Bedenken erweckt
zu haben. Aber das einzige Beispiel dieses Gebrauchs, das ich
kenne, ist doch sehr verschieden. Bei Plautus nämlich im Gloriosus
fordert Palästrio den Pyrgopolinices auf, die Philocomasium gehen
zu lassen, entsprechend dem Wunsche der Schwester und der
Mutter, die gekommen sind, um sie zu holen:

> quin tu illam iube abs te abire quo lubet: sicut soror
> eius huc gemina venit Ephesum et mater accersuntque eam.

Hier aber steht der mit 'sicut' eingeführte Satz in reinem Causal-
verhältnifs zum Hauptsatz, nicht in dem der Congruenz. Die schwäch-
liche Anaphora 'sed res diversa, sed illic' verräth wieder den Prä-
ceptor. Endlich: nicht 'fortunae invidia est', sondern 'fuit' mufste
es heifsen.

Den Vers zu füllen, müssen allerhand bedeutungslose Flick-
worte dienen:

XI = X 3   vera bona atque illis *multum* diversa
» 18   obsidet aedes
       tota cohors
» 150   quem non capit Africa ...
       rursus ad Aethiopum populos
» 354   ut tamen *et* poscas aliquid — orandum est (für *etiamsi*)

XII 76 mit 'porrectaque brachia *rursum*' ist Suetons Beschreibung
(Claud. 20) 'circumducto dextra sinistraque brachio' jedenfalls sehr
undeutlich wiedergegeben. Der Verfasser scheint mit 'rursus' nur
einen sehr unbestimmten Begriff beliebiger Ausdehnung zu verbinden.

XIV 77 (50)   nam si quid dignum censoris fecerit ira
       corripies nimirum et castigabis acerbo
» 82 (55)   clamore ac *post haec* tabulas mutare parabis.
» 111   *nec dubie* tamquam frugi laudetur avarns

XIV 188   peregrina ignotaque nobis

ad scelus atque nefas, *quaecumque est*, purpura ducit

XV 140   terra clauditur infans *et* minor igne rogi

Zu demselben Zwecke werden Archaismen und langgedehnte Worte beliebt, z. B.

XI = X 138   induperator (ohne dafs ein Motiv zu feierlicher Rede oder zur Parodie vorläge.)

XV 157   defendier

XIII 82   armamentaria caeli;

besonders dispondeische Worte XIII 187 'accusatori', XV 136 'circumscriptorem', X 277 'et mendicatus', 280 'si circumducto', XIII 79 (80) 'per calamos venatricis', XI = X 106 'quorum corporibus vescebantur', XIV 202 'ablegandae Tiberim ultra' und Anderes, was später seine Erwähnung finden wird. Ob auch die britannischen 'bascaudae' XII 46 und die maurischen 'attegiae' XIV 196 vorzugsweise deshalb Platz gefunden haben, weil sie gerade in den Vers pafsten, oder ob sie den geographischen Studien des Verfassers ihre Stelle verdanken, weifs ich nicht.

Ein Wort, das allezeit aufhelfen mufs und dem trocknen, abstracten Stil unseres Schulpedanten recht bequem sein mufste, ist 'pars':

XI = X 209   aspice partis

                      nunc damnum alterius

» 213   qua parte theatri

XII 26   sortis

                      eiusdem pars dira quidem

» 48   qua mundi parte

» 52   iactatur rerum utilium pars maxima

» 110   partem aliquam belli

XIII 13   malorum particulam

» 131 (136)   decies lectis diversa parte tabellis

» 152 (157)   haec quota pars scelerum

» 186   partem acceptae ... cicutae

XIV (20) 78   partemque cadaveris

» 106   partem vitae non attigit ullam

XV 3   crocodilon adorat

                  pars haec, illa pavet — ibim

» 73   pars altera promere ferrum audet

» 85   summa caeli raptum de parte

» 133   haec nostri pars optima sensus.

Wenn I 26 ein Crispinus 'pars Niliacae plebis' oder der ahnenlose Plebejer vom Junker VIII 44 'vulgi pars ultima nostri' genannt oder dem Parasiten ein Bettlerlager, 'tegetis pars dimidia brevior' 8, empfohlen wird, so fühlt Jeder, welche Kraft auch in dieses Wort gelegt werden kann.

Es geht aber dem Declamator nicht nur Geist und Geschmack, feineres Stilgefühl und Herrschaft über die Mannigfaltigkeit in Farben und Tönen einer freien und lebendigen Darstellung ab: in der Noth, seinen Vers wohl oder übel zu Stande zu bringen, verfällt er bald in Unklarheit, bald in Härten und Verkehrtheiten des Ausdruckes, ja er thut bisweilen der Sprache geradezu Gewalt an. Im Folgenden gebe ich ein Verzeichnifs anstöfsiger Stellen:

XI = X 28   iamne igitur laudas, quod de sapientibus alter ridebat etc.

Hier fängt der öfter erwähnte Excurs über Democrit und Heraclit an: man weifs also noch nicht, wer die 'sapientes' und wieviele ihrer sind. Wer spricht nun so: »von Weisen der Eine« statt »von zwei Weisen der Eine«?

XI = X 34   quamquam non essent *urbibus illis* praetexta et trabeae etc.

Von den Heimathsstädten der beiden, Abdera und Ephesus, ist oben nirgends die Rede gewesen.

XI = X 152   hic est, quem non capit Africa ......

additur imperiis Hispania, Pyrenaeum
transilit; opposuit natura Alpemque nivemque,
diducit scopulos etc.

Die Subjecte laufen bunt durcheinander. Unklar in dieser Beziehung ist auch XV 42:   tempore festo

alterius populi rapienda occasio cunctis
visa inimicorum primoribus ac ducibus, ne
laetum hilaremque diem, ne magnae gaudia cenae
sentirent,

nämlich 'alter populus', nicht etwa die 'primores inimicorum'.

XI = X 323   quid enim ulla negaverit udis

inguinibus? sive est haec Oppia sive Catulla
deterior: *totos habet illic femina mores;*

soll heifsen: ihre ganze Moralität ist in den 'inguina' versunken! Und worauf geht 'haec'? Oder ist »unsere wohlbekannte« Freundin

Oppia gemeint? Heinrich erklärte diesen Vers für matt und eingeschoben.

Xl = X 326   quid profuit immo
Hippolyto grave propositum, quid Bellerophonti?
erubuit nempe *haec* ceu fastidita repulso
nec Sthenoboea minus quam Cressa excanduit, et se
concussere ambae.

Hier bemerke man zunächst die zarte Variation des zornigen Erröthens
und Erblassens, beides geht dann so zu sagen auf in dem Dritten,
der gemeinschaftlichen Erschütterung. Aber wer erröthet, da Phädra
und Sthenoböa erblassen und keine Dritte zur Hand ist? An dem
'haec' hat Ruperti mit vollem Recht Anstofs genommen: nur darf
man es nicht emendiren wollen. Es war unserem Poeten zu schlicht
zu sagen, was man zur Noth von den beiden verschmähten Frauen
hätte verstehen können: 'erubuit haec non minus quam illa', oder,
was ganz klar gewesen wäre, mit Weglassung des vorhergehenden
Verses: 'non Sthenoboea minus' etc. So vermischt er zierlicher
Weise beides, was wir nun mühsam so auseinanderzulegen haben:
'erubuit haec, scilicet Sthenoboea (die Nachstellerin des zuletzt genannten Bellerophon), nec minus excanduit quam Cressa', als Phädra,
so dafs nicht nur 'se concutere', sondern auch 'excandescere' beiden
zugetheilt, 'erubescere' dagegen (aus unbekanntem Grunde) nur der
Sthenoböa zugetheilt wird. Bemerkenswerth ist ferner '*se concutere*'
für 'concuti', wenn auch Florus 1 36 (III 1) geschrieben hat: 'non
leviter se Numidia concussit'; '*ceu*' wie 'ut' als explicative Partikel,
was Juvenal (VI 494 = 573 VII 231 = 237 IX 2) wie Andere nur
in Vergleichungen kennt, während doch das erlittene 'fastidium' nicht
etwa ein eingebildetes, sondern ein sehr reelles ist; endlich das bei-
spiellose '*repulso*' statt des Substantivs 'repulsa', was C. Fr. Hermann aus *pw* aufgenommen hat. Ich glaube indessen, der Verfasser hat es vermieden, weil ihm das Particip 'fastidita' daneben
unbequem war. Haupts Vermuthung 'erubuit nempe hac — repulsa'
thut ihm, fürchte ich, zu viel Ehre an: dann wäre 'hac' nur überflüssig.

Xl = X 358   qui *spatium vitae extremum* inter munera ponat
naturae

soll heifsen: 'summam senectutem'. Denn wie jung der Mensch
auch sterben mag, einen »letzten Tag« schenkt ihm die Natur immer.

4 *

XII 40   atque alias (sc. vestes), quarum generosi graminis ipsum
infecit natura pecus, sed et egregius fons

Er wollte die schönsten Kleider ins Meer werfen, ein Purpurgewand,
»und andere, deren Vieh selbst die Natur des edeln Grases gefärbt
hat«, nämlich Kleider von andalusischer Wolle, deren natürliche
rothe Farbe die Schaafe der dortigen Weide verdanken u. s. w. Das
Vieh der Kleider! Auf die beiden einsylbigen Wörtlein 'sed et' mag
hier nur im Vorübergehen hingedeutet werden.

XII 55   se explicat angustum

vielmehr 'ex angustiis' oder 'periculis': der Schiffer durch Fällen des
Mastes, was dann zu der geistreichen Bemerkung führt, es sei der
Gipfel der Gefahr, wenn man Schutzmittel herbeischaffe, die voraus-
sichtlich das Schiff kleiner machen werden ('discriminis ultima, quando
praesidia adferimus navem factura minorem'). Daß der bedrängte
Schiffer auf stürmischem Meer gegen allen Sprachgebrauch ein
'angustus' genannt wird, hat schon früh Anstofs erregt: ihm verdanken wir die nicht unverständige Conjectur im cod. Gaybacensis:
'hac re explicat angustum'. Indessen wäre auch dies höchstens passend, wenn das Schiff etwa auf einer Sandbank säfse und wieder
flott gemacht würde.

XII 70   tunc gratus Iulo
atque novercali sedes praelata Lavino
conspicitur sublimis apex

Die Construction, wonach zwischen 'gratus Iulo' und 'sublimis apex'
die 'sedes praelata' eingeschoben ist, wird von Heinrich als ein »merk-
würdiges Beispiel« eines Hyperbaton bezeichnet. Juvenal hat sich
kein zweites erlaubt, auch nicht die Verbindung von zwei Adjectiven
mit einem Substantiv ohne Copula: 'gratus sublimis apex'. Oder will
man 'atque' als Copula zwischen 'gratus' und 'sublimis' ansehen, so
dafs die Wahl der Residenz durch die Höhe des Albanerberges
motivirt wäre?

XIII 204   reddidit ergo metu, non *moribus*

statt 'bona fide', nämlich Glaucus, der in Folge des Orakelspruchs
das 'depositum' zurückgab. Die Erklärer scheinen diesen Gebrauch
von 'mores' für selbstverständlich zu halten: aber ich möchte wissen,
wer je so gesprochen hat. Man wird doch nicht etwa Properz

V (IV) 11, 101 vergleichen wollen, wo die verstorbene Gattin des
Paullus in ihrem Scheidegrufs sagt: 'moribus et caelum patuit' oder
Lucan's I 161 'rebus mores cessere secundis' oder Seneca, der
Agam. 112 die Clytämnestra klagen läfst: 'periere mores ius decus
pietas fides'.

XIV 221   *quibus* illa premetur
                  per somnum digitis!

Sollte dieses 'quibus' nicht lächerlich sein?

XIV 241   dilexit Thebas, si Graecia vera, Menoeceus,
             in *quorum* sulcis legiones ... nascuntur.

Auch hier haben spätere Correctoren (ς) mit der sehr wohlfeilen
Aenderung 'quarum' nachgeholfen. Der ganze »spafshafte Zusatz«,
wie ihn Heinrich belobt, bis 243 ist aber offenbar gegen die Wahr-
haftigkeit der Griechen gemünzt, also 'quorum' auf die in 'Graecia'
wohnenden Graeci zu beziehen. Immer aber bleibt, abgesehen von
der Abgeschmacktheit dieser ganz und gar nicht zur Sache gehö-
rigen altklugen Randbemerkung, der Ausdruck albern: 'Graecia — in
quorum sulcis' statt: 'Graeci, apud quos in sulcis'.

XV 108   melius nos
             Zenonis praecepta monent; nec enim omnia, quaedam
             pro vita facienda *putant*.

Der Diaskeuast, der '*putat*' schrieb (ς), fühlte die ganz unnöthige
Härte sehr wohl, und Francke, der die Worte 'nec ... putat' als
unecht verwarf, verkannte ebensowenig, wie unwürdig in solcher
Form jener verwässerte Brocken Stoischer Philosophie (vgl. Seneca
epist. 72) des Dichters sei, von dem die herrlichen Zeilen VIII 76 f.
(83 f.) geschrieben sind:

             summum crede nefas, animam praeferre pudori
             et propter vitam vivendi perdere causas.

Besonders ist es die Proprietät des Ausdrucks, für die der
Verfasser dieser Stücke wenig Sinn hat. Aufser den wenigen schon
gelegentlich berührten Beispielen nehme ich an folgenden Anstofs:

XI = X 46   *defossa* in loculis quos sportula fecit amicos.

Nicht die vergrabene, sondern die aus der Tiefe des Kastens hervor-
geholte ('deprompta') Sportel hat die Quiriten zu Hausfreunden gemacht. Will man aber das »Vergraben« vom Einsacken des Empfan-
genen verstehen, so waren nach Juvenals Ansicht wenigstens (I 116 ff.

vgl. 94 ff. III 124 ff. = 126 ff.) die Clienten in Rom kaum in der Lage, das empfangene Gratial in die Sparcasse zu legen: vgl. Fried-länder Darstellungen aus der Sittengesch. Roms S. 253.

XI = X 20   nocte iter ingressus gladium *contumque* timebis.

Wie kommt der Sarmatenspiefs (Statius Achill. II 416, Silius Ital. XV 684, Valerius Flaccus VI 162) in die Hände des Italischen Strafsen-räubers? Beides, den 'contus' und 'gladii', giebt Tacitus ann. VI 35 den Sarmaten: sollte der Verfasser beides von hier entlehnt haben?

XI = X 53   cum Fortunae ipse minaci
             mandaret laqueum mediumque ostenderet *unguem.*

Wie wenig der gute scholasticus den Sinn der angedeuteten Ge-berde verstanden hat, mag Martial zeigen II 28:

             rideto multum, qui te, Sextille, cinaedum
             dixerit, et *digitum* porrigito medium

und VI 70, 5 'ostendit *digitum,* sed inpudicum' und Priapea 56:

             derides quoque, fur, et impudicum
             ostendis *digitum* mihi minanti.

Der Fingernagel war bei dieser Symbolik ohne Bedeutung.

XI = X 57   quosdam ... *mergit* longa atque insignis honorum
             pagina.

Als ob die Marmor- oder Bronzeplatte mit den Titeln, die am Postament der Statue angebracht ist, dem zu Stürzenden wie ein Mühlstein am Halse hinge und ihn in die Tiefe zöge! Ein Versinken in dem Uebermaafs von Glück, in der wuchernden Saat des Bürger-krieges, in der Schuldenmasse, — das Alles giebt ein vernünftiges Bild. Aber ebenso verkehrt wie das obige ist

XIII 8   iacturae te mergat onus,

denn die 'Last des Verlustes' ist ein undenkbarer Begriff: man wird leichter, wenn man Geld einbüfst, wie sollte man also dadurch ver-sinken?

XI = X 89   secreta haec murmura *vulgi.*

Es sind aber offenbar Gespräche der 'proceres', die 81—88 mit-getheilt waren, dem 'vulgus' kommen 67—72 zu.

XI = X 108   quid Crassos, quid Pompeios *evertit?* ...
             . . . .
             summus nempe *locus* nulla non arte petitus

Wie kann der höchste Stand oder der Gipfel der Macht Jemanden zu Boden stürzen? Das Streben danach wohl, aber nimmermehr kann der 'summus locus' gleichsam von seiner Höhe herabsteigen und sich selber untergraben, um den Hinaufgeklommenen zu Falle zu bringen.

XI = X 120 *ingenio* manus est et cervix caesa.

Ebenfalls eine allzukühne Metapher: das eigene 'ingenium' Cicero's hat ihm Hand und Kopf abgeschlagen. Wer aber gar wie Ruperti meint, es sei beides dem 'ingenium' (im Körper Cicero's) widerfahren durch die Hand des Popillius, der macht das Bild noch unfafsbarer, berücksichtigt auch nicht, dafs 119 geradezu gesagt ist, der übersprudelnde Quell des Genie's habe den Cicero wie den Demosthenes zu Tode gebracht ('leto dedit').

XI = X 128 quem mirabantur Athenae
torrentem et pleni moderantem frena theatri:

Demosthenes zugleich als Waldstrom und kühner Wagenlenker, und das 'theatrum' nicht als Local der Volksversammlung, sondern als die ungeberdige, schwer lenkbare Menge selbst. Dafs 'theatra tota exclamant' oder 'reclamant' (Cic. or. 51, 173 de or. III 50, 196) wird Niemanden Wunder nehmen, aber die »Zügel des vollen Theaters regieren« ist doch eine gewagte Vorstellung.

XI = X 257 atque alius, cui *fas* Ithacum lugere natantem.

Wieso denn 'fas'? Wodurch soll der arme Laertes seine Einsamkeit verdient haben? Doch nicht durch sein hohes Alter, an dem er nicht schuld ist? 'fatum' würde ich verstehen.

XII 54 illuc
recidit ut malum ferro summitteret

könnte man sich gefallen lassen, wenn er willen- und absichtslos auf dieses Mittel »verfiele«, so aber würde 'refugit' das Angemessenere sein, — wenn es in den Vers passen wollte.

XII 84 sertaque delubris et farra *imponite* cultris

Ein hartes Zeugma: »aufsetzen« pafst wohl zu den Kränzen, aber nicht zu der 'mola salsa', womit die Opfermesser bestreut werden sollen.

XIII 68 (73) quid si bis centum perdidit alter
hoc *arcana* modo?

Es scheint fast, als ob man 'in arca deposita (arcaria)' verstehen solle, besonders da es gleich darauf heifst:

maiorem tertius illa
summam, quam patulae vix ceperat angulus *arcae*

Soll die heimliche Summe eine heimlich anvertraute sein, so ist der Zusatz überflüssig, da die Unterschlagung des Depositums nicht leichter zu verschmerzen ist, wenn dasselbe öffentlich dem Freunde anvertraut war.

XIII 104 (109)   nam cum magna malae *superest* audacia causae, creditur a multis fiducia.

Es ist von dem frechen Betrüger die Rede, der wegen Meineides belangt wird. Die Frechheit ist sein Anwalt in der schlechten Sache: denn das bedeutet hier 'superest' nach dem Sprachgebrauch, den Gellius I 22 am Anfang und am Schluſs des Capitels tadelt: 'inroboravit inveteravitque falsa atque aliena verbi significatio, quod dicitur *hic illi superest*, cum dicendum est advocatum esse quem cuipiam causamque eius defendere. atque id dicitur non in compitis tantum neque in plebe vulgaria, sed in foro, in comitio, apud tribunalia — — — memini ego praetoris, docti hominis, tribunali me forte assistere atque ibi advocatum non incelebrem sic postulare, ut extra causam diceret remque, quae agebatur, non attingeret. tunc praetorem ei, cuia res erat, dixisse, advocatum eum non habere: et cum is, qui verba faciebat, reclamasset *ego illi V. C. supersum*, respondisse praetorem festiviter *tu plane superes, non ades.* — — — cavenda igitur est non inproprietas sola verbi, sed etiam pravitas ominis, si quis senior advocatus adulescenti *superesse se* dicat.' Juvenal hat sich diesen Miſsbrauch nicht zu Schulden kommen lassen. Sueton freilich läſst schon den Augustus (c. 56) so sprechen. Anders ist XII 237 zu verstehen:

cum scelus admittunt, superest constantia; quid fas
atque nefas, tandem incipiunt sentire peractis
criminibus

d. h. während der Ausübung des Verbrechens haben sie nur zu viel Festigkeit, nach und nach meldet sich aber das Gewissen.

XIII 242   quando recepit
eiectum semel *attrita* de fronte pudorem?

Die »wundgeriebene Stirn« statt des üblichen 'perfricata' ist ein neues Beispiel für den hyperbolischen Stil dieser Satiren. Wie aber durch Reiben die Schaam herausgeworfen werden kann, ist unfafsbar: vertrieben mag sie werden, 'expulsum' konnte stehn, sogar unbeschadet des Verses.

XV 63   saxa *inclinatis* per humum quaesita lacertis
        incipiunt torquere.

Man bengt die Knice, den Leib, den Nacken, um Steine auf dem Boden zu suchen, die Arme aber werden gesenkt: '*demissis*' mufste es heifsen. Eine verzweifelte Construction wäre die von Kempf S. 29 empfohlene, 'inclinatis' als Dativ mit 'quaesita', 'lacertis' aber mit 'torquere' zu verbinden.

XV 88   sed qui mordere *cadaver*
        sustinuit, nil umquam *hac carne* libentius audit.

Alles Fleisch, das wir essen, rührt von einem 'cadaver' her: hier ist 'cadaver' geradezu für 'corpus humanum' gebraucht.

Eine besondere Betrachtung verdient der Gebrauch der Epitheta.

XI = X 31   *rigidi* censura cachinni.

Das Beiwort der Starrheit und Strenge, das der 'censura', dem 'censor', den 'mores', der 'innocentia' und ähnlichen Eigenschaften wohl zukommt, ist hier um so unpassender dem Lachen gegeben, da man doch die Heiterkeit des Democrit weder als ein maskenhaft stehendes Grinsen noch als ein vernichtendes Hohngelächter auffassen wird. Unser Satiriker freilich übertreibt wieder einmal, wenn er 33 von ihm sagt: 'perpetuo risu *pulmonem agitare* solebat', was der wackere Philosoph sowenig hätte durchführen können, als Heraclit seine ewigen Thränen.

XI = X 112   *sicca* morte

nach Analogie von 'siccus ensis' gesagt. Aber mit weit besserem Recht würde, wer leugnen wollte, dafs Wenige eines nüchternen Todes sterben, sich dieses Ausdruckes bedienen. Zum Glück schützt unsern Poeten hier die oben gerügte Tautologie ('sine caede ac vulnere') vor einem Mifsverständnifs, aber er hat auch mit seinem 'sicca' nicht im Geringsten mehr gesagt, während doch zu verwundern ist, dafs er nicht allgemeiner versichert: wenige Tyrannen sterben eines natürlichen Todes. So scheint er Erdrosselung und Vergiftung, zwei Todesarten, die doch ziemlich viel Tyrannen applicirt sind, ganz vergessen zu haben.

XI = X 132   *luteo* Volcano

Schwarz, rufsig mag der Schmiedegott heifsen, aber mit 'lutum' hat er Nichts zu thun.

XI = X 281 wird Marius glücklich gepriesen, wenn er beim Herabsteigen vom Triumphwagen ('cum de Teutonico vellet descendere curru' 282) animam exhalasset *opimam.*

Die umständliche Umschreibung 'circumducto captivorum agmine et omni bellorum pompa' läfst nicht zweifeln, dafs man bei 'opimam' an die 'spolia opima' denken soll, aber ehe man sich dazu entschliefst, mit welchen widerwärtigen Nebenvorstellungen hat man bei dem Aushauchen jenes »fetten Athems« zu kämpfen!

XII 82   *garrula* ... narrare pericula (schwatzhaft von den Gefahren erzählen)

XIII 88 (93) *irato* ... sistro (die Klapper der erzürnten Isis)

» 91 (96)   *locupletem* ... podagram (das Podagra der Reichen)

» 94 (99)   *esuriens* Pisacae ramus olivae (der Olympische Siegespreis, bei dem man hungert)

» 229   *vigili* cum febre (das schlafraubende Fieber)

XIV 10   *cana* monstrante gula (unter Anweisung des grauköpfigen Vaters, der ein 'gulosus' ist: vgl. XV 90 'an prima voluptatem gula senserit')

XV 51   *ieiunum* odium (Hafs von Seiten der Nüchternen).

Das sind Kühnheiten, von denen die Mehrzahl über das Maafs des in diesem poetischen Genre Erlaubten hinausgeht, und zu denen Juvenal kaum ein einziges Beispiel liefert, nämlich V 152 (158)

mimus quis melior 'plorante gula'?

wo vielleicht ein wirklicher Mimentitel citirt ist.

Während derselbe aber überhaupt in Metonymieen sehr sparsam ist, gehört diese Figur zu den entschiedenen Liebhabereien des Declamators. Aus den Juvenalischen Satiren sind nur noch folgende Stellen anzuführen:

I 116 (117)   sed cum *summus honor* finito computet anno (der Consul und Prätor)

III 35   notaeque per oppida *buccae* (Blechmusikanten)

V 89   retibus adsiduis penitus scrutante *macellu* proxima (die Marktleute)

VI 219 ff. (295 ff.) hinc fluxit Aminsos et Sybaris sollers, hinc et Rhodos et Miletos atque coronatum et petulans madidumque Tarentum

(das Ausland mit seinen üppigen Sitten ergofs sich über Rom.) Gerade diese Metonymie der Städte- und Ländernamen für die Einwohner liebt der Declamator über die Maafsen: 'Graecia mendax' XI = X 174, 'si Graecia vera' XIV 240, 'totus Graias nostrasque habet orbis Athenas' XV 110, 'Saguntos tale quid excusat' 114, und sogar, wie Mercier unzweifelhaft richtig aus 'omnes' und 'omnibus' hergestellt hat, 'instantibus Ombis' 75 als Verfolger derer, 'qui vicina colunt umbrosae Tentyra palmae'. Weitere Beispiele der Metonymie in unseren vier Declamationen sind:

XI = X 45   illinc cornicines, hinc *praecedentia* longi
          agminis *officia* et niveos ad frena Quirites

wo beiläufig wieder auf die beliebte Verdoppelung des Ausdrucks zu achten ist.

XII 13   laeta set ostendens Clitumni pascua *sanguis*
          iret et a grandi *cervix* ferienda ministro

wo Ruperti mit Recht anstiefs.

XII 112   quin illud *ebur* ducatur ad aras

(der Elephant, eine Uebertragung, gegen deren Ungeheuerlichkeit poetische Freiheiten, wie der Gebrauch von 'ebur' für eine elfenbeinerne Leier oder Flöte oder Säbelscheide oder die sella curulis oder eine Elfenbeinstatue, gar nicht aufkommen).

XII 128   vivat Pacuvius quaeso vel *Nestora totum* (d. h. ganze 3 Men-
          schenalter) [1]

XIII 24 (33)   quanto Faesidium laudat *vocalis* agentem
          sportula (seine Clienten)

XIV 14   a magna non degenerare *culina*,

d. h. von dem Vater, der ein grofser Küchenheld war.

XIV 37 (24)   inscripta *ergastula*

d. h. gebrandmarkte Zuchthäusler. Innerhalb der Grenzen des Erlaubten hält sich noch Plinius n. h. XVIII 4, 21, wenn er klagt, dafs jetzt die Felder 'vincti pedes, damnatae manus inscriptique voltus exercent' und es für natürlich erklärt 'ergastulorum non eadem emolumenta esse quae fuerint imperatorum': und XVIII 6, 36 'coli rura ab ergastulis pessumum est'; noch weniger bedenklich ist was Florus II 18 (IV 8) sagt: 'cum insuper ergastula armasset'.

XIV 124   cogit minimas ediscere *sordes*,

die kleinsten Kunstgriffe schmutzigen Geistes. Der »kleinste Schmutz« ist übrigens in diesem Falle vielmehr der gröfste.

---

[1] Ruperti vergleicht Martial X 24, 11; es ist ihm aber etwas Menschliches begegnet. Denn die Worte 'post hunc Nestora nec diem rogabo' bedeuten: nach diesem, nämlich dem vollendeten achtzehnten Jahre von heute an gerechnet ('vitae tribus areis peractis'), werde ich den Nestor auch um keinen Tag mehr bitten.

XIV 174   nec plura venena
miscuit aut ferro grassatur saepius ullum
humanae mentis *vitium*

XV 30   a Pyrra quamquam omnia *syrmata volvas*

soll heifsen: wenn du auch alle Tragödienmanuscripte von der Zeit
der Pyrrha an durchblätterst. »Tragische Schleppen wälzen« ist weit
unerträglicher als der Ausdruck Martials (IV 49, 8): 'Musa nec insano syrmate nostra tumet.' Hier liegt doch noch eine fafsbare Vorstellung zu Grunde: die Muse in übermäfsig bauschigem 'syrma'.

XV 110   nunc totus Graias nostrasque habet orbis *Athenas*

Das griechische und unser Athen, d. h. die Bildung von Athen und
Rom, 'Romanas literas et Graecas', sagt der Scholiast ganz richtig.

XV 160   parcit
cognatis maculis similis fera

»ein wildes Thier schont seine Verwandten, die es an der Aehnlichkeit der Flecken erkennt.«

Ist nach allen diesen Proben, die in ihrer Gesammtheit zu beurtheilen sind, der Verfasser der fünf Satiren von einer κακοζηλία,
die dem Juvenal fern lag, nicht freizusprechen, haben sich Härten
und mannigfache Ungeschicklichkeiten seiner Schreibart herausgestellt,
ist bewiesen, dafs sein Gefühl für die Proprietät des lateinischen
Ausdrucks ein stumpfes war, so werden einige sprachliche Einzelnheiten, die nachzuholen sind, die Ueberzeugung von der grofsen Kluft
zwischen den früheren und späteren Satiren nur befestigen können.

XI = X 107   unde altior esset
casus et inpulsae *praeceps immane* ruinae.

Heinrich vergleicht Statius silv. I 4, 51 'subiti praeceps iuvenile pe-
ricli'. Auch Apuleius metam. IV 5 sagt 'altissimum praeceps'. Ein
Beispiel dieser oder einer ähnlichen Substantivirung findet sich in
den unzweifelhaft echten Satiren nicht, wohl aber in der zwölften
V. 32, wo viel gewagter 'arboris *incerto*' von der Gefahr des Schiffes
oder vielmehr dem Schwanken des Mastbaumes gesagt ist. 'arbor'·
für 'malus' ist wohl in Nachahmung Vergils gesetzt, der freilich
weit besser verbindet Aen. V 504 'arbore mali'; 'incerta maris et tempestatum, fortunae, belli', die Wechselfälle des Meers, des Glückes,
des Krieges sind bekannt, auch von der Unsicherheit des Alters läfst
sich sprechen; aber wie wenig hierdurch der obige Gebrauch von

'incertum' und die Verbindung mit 'arboris' entschuldigt wird, haben alle Kritiker gefühlt, die sich gegen die Anerkennung dieser von der handschriftlichen Ueberlieferung wie von dem Zusammenhange geforderten Lesart sträuben. 'ne enim elegantissimum poetam *incertum arboris* pro vacillatione vel ut barbare loquar incertitudine mali dixisse credamus, tota orationis poeticae dignitas vetat, nec quae Cramerus ad schol. p. 462 ex Ictis suis eius significationis exempla[1]) attulit — Taciti enim *incerta maris et tempestatum* prorsus aliena sunt — quidquam efficiunt nisi ut intelligamus, quomodo labentis linguae aetate talis depravatio oriri potuerit' schreibt C. Fr. Hermann Rh. Mus. II 583. Was es mit der 'Eleganz' unseres Dichters und seinem edlen poetischen Stil auf sich hat, bemühen wir uns eben zu untersuchen. Ueberliefert ist nun einmal einstimmig 'arboris' und in *padyhw* 'incerto': man stellt die Regeln der diplomatischen Kritik auf den Kopf, wenn man die handgreifliche alte Correctur 'incertae' (oder 'incerte' Pς) als die echte Lesart adoptirt, und aufserdem verfällt man noch viel verzweifelteren Interpretationskünsten, deren genauere Darlegung man bei Hermann nachsehen mag. Der Satz heifst vollständig:

> cum plenus fluctu medius foret alveus et iam
> alternum puppis latus evertentibus undis
> arboris incertae nullam prudentia cani
> rectoris conferret opem, decidere iactu
> coepit etc.

Da soll nun 'arboris incertae' weit nachhinkende Apposition zu 'puppis' sein und 'arbor' gar Schiff bedeuten, oder 'periculo' zu den Genetiven ohne Weiteres ergänzt, oder sie sollen wie 'plenus fluctu' als Prädicat zu 'alveus' gefafst werden, wobei dann auch noch das Asyndeton der Verba 'foret' und 'conferret' hinzunehmen ist, oder endlich 'puppis incertae' soll zusammengehören und als nähere Bestimmung (wie 'incerta salutis') der Genetiv 'arboris' von 'incertae' abhängen! (vgl. Hermann vindic. Iuven. 15 f.) Und alle diese unmöglichen Erklärungen lassen 'decidere' 33 ohne Object[2]). Die Unentbehrlichkeit des Dativs

---

[1]) 'Incertum aetatis ac restitutionis' Papinian. Dig. XLVI 1, 48 'incertum navigationis' Theodos. nov. 39.

[2]) Dasselbe gilt von dem mühseligen Vorschlage von Bernhard Lupus (vindic. Iuven. 7), der V. 30 nach 'iam' ein Komma setzt, dann 32 'arboris incertae' wie 'plenus fluctu foret' als Prädicat zu 'alveus' fafst, und 33 'cum ferret' schreibt.

hat Jahn anerkannt, der nach Lachmanns Conjectur (zu Lucrez VI 743) in den Text setzte: '*arbori incertae* nullam prudentia cani rectoris *cum ferret* opem', mit einer metrischen Finesse, für deren Anerkennung auch in den echten Satiren ein Anhalt fehlt (vgl. L. Müller 285 f.). Aber auch 'cum ferret' ist die interpolirte Lesart: 'conferret' haben *P*ς, was man sich bei unserem Dichter gefallen lassen muſs, wenn es auch durch den Sprachgebrauch nicht hinlänglich gerechtfertigt ist. Man konnte sagen entweder 'prudentia *nihil conferebat ad* levandam navem' oder 'levandae navi' oder '*nullam p. opem ferebat* oder *adferebat* navi'. Die letztere Wendung 'cum ferret opem' schien wegen der V. 30 vorausgeschickten Copulativpartikel, die sich mit der Anaphora schlecht verträgt, nicht rathsam, und so machte der wackere Versschmied wieder einmal aus der Noth eine Tugend, deren Verantwortung wir ihm denn auch für das Uebrige anheimstellen mögen.

XII 37   'fundite quae mea sunt' *dicebat* 'cuncta' Catullus.

Für das Imperfectum weiſs ich keinen Grund; denn nach 52 wird ja dieser Befehl wirklich ausgeführt.

XII 47   multum
              caelati, biberat *quo* callidus emptor Olynthi

'quo, ex quo', »poetisch« bemerkt Heinrich. Aber ich möchte wissen, welcher Satiriker 'quo' für 'unde' gebraucht hat. Unser Stilist freilich gestattet sich auch sonst die Weglassung der Präposition:

XII 103   nec Latio aut usquam sub nostro sidere talis
              belua concipitur, sed *furva gente* petitur

statt 'a furva g.' Desgleichen

XV 154   tutos *vicino limine* somnos
              ut coplata daret fiducia,

Schlaf, dem von der Schwelle des Nachbars keine Gefahr droht: denn wollte man 'vicino limine', das Nachbarhaus, als Ursache der Sicherheit fassen, so würde nicht das gegenseitige Vertrauen dieselbe gewähren, sondern vielmehr der Arm eines Andern, also der Kriegszustand noch fortdauern. Und mit dem bloſsen Ablativ hat ja 'tutus' auch der Verfasser des 'bellum Alexandrinum' c. 1 verbunden, freilich nicht Juvenal III 108 (109) IX 125 (139) X = XI 87 (146). So wage ich auch XV 64 die handschriftliche Lesart 'domestica *seditione* tela' nicht in 'seditioni' zu ändern, zumal da aus dem Scholion 'conpetentia, vicina furori. nulla nam sic sunt domestica rixantibus tela ut saxa' noch keineswegs mit Sicherheit hervorgeht, dafs der Commentator wirklich den Dativ gelesen hat. Ob man lieber 'in' ergänzen oder den Ablativ von 'domestica' abhängen lassen will wie etwa von einem 'consueta', stelle ich dahin.

Schliefslich ist noch ein Blick auf Prosodie und Metrik zu werfen.

In der vierzehnten Satire V. 9 ist '*ficedulas*' choriambisch gemessen im Widerspruch mit der Analogie dieser Wörter und mit Martial XIII 5 ('cerea quae patulo lucet ficedula lumbo'). Lachmann zum Lucrez p. 204 hat 'ficellas' verlangt, was freilich sonst nicht vorkommt: aber dafs Juvenal das erstere nicht schreiben konnte, geben wir ihm gern zu.

Dafs in 279 'sed longe *Calpe* relicta' die Ablativendung eines griechischen Namens der ersten Declination verkürzt ist, bemerkt schon Priscian p. 732 P. mit grofser Verwunderung. So ganz unerhört freilich, wie er meint, ist eine solche Messung nicht, aber sie tritt erst bei Ausonius und Sidonius Apollinaris auf in vereinzelten Beispielen: 'harpe Leucate Mitylene' (L. Müller de re m. 340, der unsere Stelle nicht berücksichtigt). Oder soll man als Nominativ die von Philostratus vita Apollon. V 1 gebrauchte Form Κάλπις statuiren und den Ablativ 'Calpe' mit der Analogie von 'Baete amni' bei Livius XXVIII 22 oder 'Sicore' bei Caesar de b. c. I 40 u. ä. schützen? Jedenfalls ist diese Flexion den übrigen Schriftstellern fremd. 'Hesperiam Calpen' sagte Lucan Phars. I 555, den Priscian citirt (wo Bentley's Anm. zu vergleichen ist), 'Calpen Herculeam' Silius Ital. V 395, 'Ibera Calpe' Seneca Herc. Oet. 1253, desgleichen Avienus an mehreren Stellen, Paulinus carm. X 230, Mela Plinius Solinus Marcianus Capella Ampelius.

Zu erwähnen ist ferner die dactylische Messung von '*Vascones*' XV 93 und '*Britones*' 124, die nur, was die kurze Schlufssylbe betrifft, in 'Suessones' bei Lucan I 423 einen Rückhalt hat. Die Verkürzung der Mittelsylbe der Οὐάσκωνες (Strabo p. 155. 161) dagegen läfst sich nur durch späte Beispiele belegen. (Prudentius peristeph. I 94, Paulinus carm. X 212.) Daher schon früh der Emendationsversuch, 'est' fortzulassen (in ⊂), während Britannicus 'ut' auswerfen wollte. Wie man aber zu Juvenals Zeit in Rom den Namen der 'Britones' aussprach, lehrt Martial XI 21, 9: 'quam veteres bracae Britonis pauperis'.

Auf besondere Eleganz des Versbaues macht Juvenal keinen Anspruch:

I 78 f. = 79 f. si natura negat, facit indignatio versum,
    qualemcumque potest, quales ego vel Cluvienus.

Auch sind die ihm unzweifelhaft angehörigen Satiren keineswegs gleichmäfsig gebaut. Man mufs sich daher vor übereilten Schlüssen hüten. So ist z. B. das Verhältnifs der Spondeen ein sehr ungleiches: 4 spondeische Füfse hintereinander am Anfange des Verses finden sich in

der	1. Satire	10	unter	168	Versen,	also ein Verhältnifs			= 1 : 16/17
„	2. „	7	„	160	„	„	„	„	= 1 : 23
„	3. „	11	„	319	„	„	„	„	= 1 : 29
„	4. „	5	„	116	„	„	„	„	= 1 : 23
„	5. „	4	„	158	„	„	„	„	= 1 : 39/40
„	6. „	34	„	615	„	„	„	„	= 1 : 18
„	7. „	11	„	237	„	„	„	„	= 1 : 21/22
„	8. „	12	„	247	„	„	„	„	= 1 : 20/21
„	9. „	5	„	136	„	„	„	„	= 1 : 27
„	10.(11.) „	4	„	136	„	„	„	„	= 1 : 34

Also ein Schwanken um mehr als das Doppelte. Bisweilen häufen sie sich in unmittelbarer Nähe: I 151 (154) 153 (156), III 43. 45, VI 45 (277) 48 (281), 332 (482) 334 (484), 392 (384) 394 (386), 463 f. (583 f.), VIII 16 (21) 18 (23), 77 (84) 79 (86), 219 f. (247 f.), IX 134 f. (149 f.). Keineswegs immer, wenn auch ziemlich oft, sind die Spondeen durch eine gewisse Färbung des Inhaltes motivirt. Letzteres ist aber in viel geringerem Grade der Fall in der 11 (10)ten und 12ten bis 15ten, während die Beispiele von 4 spondeischen Füfsen hier im Ganzen genommen zahlreicher sind, nämlich

in der	11.(10.)	Satire	27	unter	366	Versen,	also das Verhältnifs		= 1 : 13/14
„	„ 12.	„	7	„	130	„	„	„	= 1 : 16/17
„	„ 13.	„	8	„	248	„	„	„	= 1 : 30
„	„ 14.	„	21	„	331	„	„	„	= 1 : 15/16
„	„ 15.	„	11	„	174	„	„	„	= 1 : 16/17

Aehnlich ist es mit den σπονδειάζοντες. Nimmt man mit L. Müller de re m. 270 an, dafs III 49 und VII 205 (211) 'cui' pyrrhichisch gemessen ist, so sind frei von versus spondiaci die zweite (in 160), die siebente (in 237), die neunte (in 136 Versen); je einen haben die erste (unter 168), die vierte (unter 116), die fünfte (unter 158), die achte (unter 247 Versen); dagegen hat die dritte drei (unter 319), die zehnte (elfte) vier (unter 136, und zwar je zwei ziemlich nahe beieinander), und endlich die sechste acht (unter 615 Versen). Das Verhältnifs schwankt also zwischen

$$0:237 \quad 1:168 \quad 1:116 \quad 1:76$$
$$1:247 \quad 1:158 \quad 1:106 \quad 1:34$$

Davon kommen aber die meisten auf Eigennamen, griechische: 'Heracleas' I 51 (52), 'aut Hermarchus' III 118 (120), 'et Miletos' VI 220 (226), 'et Bernices' 303 (156), und römische: 'Atellanae' VI 151 (71), 'Popparana' 315 (462), 'Agrippinae' 483 (620), 'aut Spartani' VIII 190 (218), ferner auf griechische Appellativa: 'conopeo' VI 160 (80), 'femineum ceroma' 526 (246), 'aper et pygargus' X = XI 79 (138); mit Spondeus auch im vierten Fufs 'inaequales berullo' V 34. Uebrig bleiben hiernach nur der etwas feierlich gefärbte Vers III 9 'in vallem Egeriae descendimus et speluncas', ferner VI 104 (429) 'intestino', X = XI 74 (133) 'cultellorum', IV 50 (87) 'aut nimboso', X = XI 13 (68) 'et montani', 16 (71) 'et servatae', und endlich der schlechteste von allen III 271 (273) 'ad cenam si', zu dessen Rechtfertigung indessen geltend gemacht werden kann, dafs Juvenal das Bedenkliche, welches ein unbedächtiger Abendausgang in Rom habe, auch durch den Vers andeuten wollte.

In den fünf Stücken, deren Untersuchung uns beschäftigt, haben die elfte (zehnte) und vierzehnte Satire vier spondiaci, die drei übrigen je einen, also

$$1:83 \quad (XIV)$$
$$1:91/92 \quad (XI = X)$$
$$1:130 \quad (XII)$$
$$1:174 \quad (XV)$$
$$1:249 \quad (XIII)$$

Eigennamen aber sind nur 'Pyrenaeum' XI = X 151 und 'divitiae Narcissi' XIV 329, sonstige Fremdwörter keine, die übrigen Beispiele: 'corruptoris' XI = X 304, 'extinguendus' 332, 'testamento' XII 121, 'adquirendi' XIV 115, 'quadringenta' 326, 'vicinorum' XV 36; ferner 'hi sermones' XI = X 88, 'quod vindicta' XIII 191, 'aut ingratae' XIV 165.

Uebrigens ist in der Wahl der Wortfüfse der Verfasser dieser Declamationen bisweilen doch gar zu ungeschickt. Zwei spondeische oder anapästische Wortfüfse hinter einander sind bei Juvenal häufig, selbst drei Anapästen wie 'grande operae pretium faciat' XII 127 finden sich noch I 45 (46) 'cum populum gregibus comitum', VI 133

(350) 'nec melior silicem pedibus', nicht ganz ähnlich IX 27 (28) 'inde operae pretium: pingues'. Viel häfslicher sind drei spondeische Wortfüfse hintereinander wie XIV 27 'quam primum praedam rupto gustaverat ovo', oder XV 85 'quem summa caeli raptum de parte Prometheus': aber auch hierfür findet sich ein Beispiel VI 332 (482) 'aut latum pictae vestis considerat aurum', das sich sogar 334 (484) wiederholt: 'et caedit, donec lassis caedentibus', aber vielleicht ist der lahme und eintönige Rhythmus hier mit Absicht gewählt. Dagegen ist II 62 'de nobis post haec tristis sententia fertur' durch die Vertheilung des zweiten Spondeus unter zwei einsylbige Wörter gemildert. Auch nach einem anapästischen noch zwei spondeische Wortfüfse kommen im Anfange des Verses vor, z. B. 'cum virides gemmas collo circumdedit' VI 309 (458). Aber drei Spondeen nach dem Anapäst wie 'inde habuit. tantó maiór famaé sitis est quam' XI = X 140 sind unerhört. Auch weifs ich kein Beispiel im Juvenal für ein dispondeisches Wort nach der Cäsur wie XV 106 'quorum corporibus vescebantur? melius nos'. Und gleich häfslich sind am Schlufs des Verses zwei spondeische mit einem anapästischen Wortfufs, worauf dann ein einsylbiges Wort folgt: 'quem tua simplicitas risum vulgo moveat. cum' XIII 27. Ebenso beispiellos bei Juvenal sind vor einem anapästischen Wortfufs mit darauf folgendem einsylbigen Versschlufs steigende Wortfüfse wie XIII 157 'numero vix sunt totidem quot' und 225 'non quasi fortuitus nec ventorum rabie, set'.

Den Hiatus hat Juvenal sehr selten und zwar nur in der Cäsur und bei starker Interpunction:

I 151	ingenium par materiae? unde illa priorum
II 26	si fur displiceat Verri, homicida Miloni
III 70	hic Andro, ille Samo, hic Trallibus aut Alabandis
V 152	quis melior plorante gula? ergo omnia fient
VI 318 (468)	incipit agnosci, atque illo lacte fovetur

Denn interpolirt ist VI [274] 'in statione sua atque expectantibus illam': corrupt VIII 213 (241) 'nominis ac tituli, quantum in Leucade, quantum' (wo 'vix' für 'in' von C. Fr. Hermann hergestellt ist) und 98 (105) 'inde Dolabellae atque hinc Antonius. inde' (von Lachmann durch 'atque dehinc' verbessert). Vor einer Parenthese in der semiternaria steht der Hiatus

| XII 36 | testiculi (adeo medicatum intelligit inguen); |

in der Hauptcäsur ohne Interpunction

XV 126   hac saevit rabie iubelle et inutile vulgus;

ohne Interpunction und zwischen denselben Vocalen

XIV 76 (49)   sed peccaturo obstat tibi filius infans

und XI = X 281   bellorum pompa animam exhalasset opimam.

Als cäsurlose Verse hebt B. Lupus p. 9 selbst hervor

XI = X 358   qui spatium vitae extremum inter munera ponat

XIV 108   inviti quoque avaritiam exercere iubentur.

Also einige Härten hat doch auch der Versbau des Declamators vor dem des Satirikers voraus.

Im Uebrigen aber ist die nachgewiesene Kluft zwischen den beiden ungleichen Hälften unserer Satirensammlung der Art, dafs es hoffentlich Niemandem als denkbar erscheinen wird, derselbe Mann habe gleichzeitig und nebeneinander gleichsam in beiderlei Spielarten sich versucht: er habe nicht nur Meister- und Stümperhaftes so zu sagen in einem Athem geliefert, sondern auch chamäleonartig innerhalb derselben Gattung Anschauungen, Richtung und Interessen gewechselt, heute das flammende Schwert des Lucilius zückend, morgen triefend von der abgestandenen Weisheit eines Aretalogus. Es fragt sich also weiter: darf man demselben Manne so verschiedene Leistungen in verschiedenen Lebensperioden zutrauen? Der naheliegende Gedanke an Jugendversuche wird von vornherein abgeschnitten durch das Zeugnifs der ersten Satire, welche sich als das Antrittsprogramm unseres Satirikers unwiderleglich zu erkennen giebt. Er ist bereits über das Alter des 'iuvenis' (24 = 25) hinaus, die Verurtheilung des Marius Priscus vom Jahre 100 p. Chr. liegt hinter ihm (48 = 49): aus jeder Zeile spricht der gereifte Geist, der auf der Höhe seiner Kraft stehende Meister. Auf rhetorische Schulübungen seiner Jugend blickt er zurück (14 = 15) in einer Weise, die jeden Gedanken daran verbietet, dafs er etwa in einer schwachen Stunde jene Schulhefte sollte hervorgesucht und neben den reifen Früchten seiner Muse wie Stroh zur Füllung dem Publicum vorgesetzt haben. Zum Ueberflufs enthalten die dreizehnte und funfzehnte Satire Zeitbestimmungen, welche jeden Zweifel hierüber heben. Da nämlich der Freund, welchen der Verfasser der dreizehnten Satire tröstet 16 f.

iam post terga reliquit
sexaginta annos, Fonteio consule natus,

Fonteius aber im Jahre 59 und 67 p. Chr. Consul war, so kann dieselbe nur entweder 119 oder 127 p. Chr., also in der letzten Periode Juvenals geschrieben sein wollen. Die funfzehnte Satire berichtet 'nuper consule Iunco gesta' (27), d. h. ein Ereignifs des
Jahres 127 p. Chr. Bei der Gleichheit in Stil und Richtung der
fünf Satiren XI = X und XII — XV, die ich nachgewiesen zu haben
glaube, ist an eine Entstehung derselben zu verschiedenen Zeiten
nicht zu denken. Es bliebe also die Annahme, dafs Juvenals Griffel
im hohen Alter zu diesen Machwerken sich herabgelassen habe.

Allein tief in das Greisenalter Juvenals reichen nothwendig zum
Theil auch diejenigen Stücke, welche einen Abstand von der vollendeten Kunst und dem in der ersten Satire ausgeprägten Charakter
derselben keineswegs erkennen lassen, wie denn überhaupt keine der
zehn Eklogen I—IX und XI = X ein stufenweises Werden oder Ab-
nehmen der künstlerischen Kraft verräth. Wenn die erste, wie un-
leugbar, bereits einige Zeit nach dem Jahre 100 geschrieben ist, so
dürfte die Abfassung der übrigen jedenfalls einen guten Theil der
Regierungszeit Trajans in Anspruch nehmen, wenn man auch darauf
verzichten mag, die Erwähnung der Kriege in Armenien und Syrien
VIII 143 (169) auf die Ereignisse der Jahre 114—116 (Cassius Dio
68, 17 ff.) zu beziehen. Diese ebenso sorgfältig als reich compo-
nirten Gemälde, in denen jeder einzelne Zug von einer fein berech-
nenden Kunst zeugt, sind nicht aus dem Aermel geschüttelt: es sind
langsam gezeitigte Früchte, die auch gewifs nicht auf einmal, sondern in gemessenen Pausen veröffentlicht sein werden. Dafs die
überlieferte Eintheilung in Bücher (wonach die fünf ersten Satiren
das erste, die sechste allein das zweite, die siebente, achte, neunte
das dritte Buch füllen, während die elfte (zehnte) mit ihren beiden
Nachbarn einem vierten, die dreizehnte bis sechszehnte einem fünften
Buch anheimfallen) — dafs diese Eintheilung auch nur zum Theil
auf Juvenals eigene Anordnung zurückgeht und mit der successiven
Herausgabe seiner Arbeiten zusammenhängt, wird nirgends bezeugt.
Sehr wahrscheinlich, dafs sie ebenso wie die Ueberschriften der
einzelnen Stücke nur von der willkürlichen Bestimmung eines Diaskeuasten herrührt, der soviel wie möglich ungefähr dieselbe Vers-
zahl in je einem Buche zu vereinigen suchte.

Wenn nun aller Wahrscheinlichkeit nach Juvenal bis in die
sechziger Jahre seines Lebens sich die markige Frische und den

vollen Grundton seines dichterischen Charakters gewahrt hatte: läfst
sich, wenn man nicht etwa eine Gehirnerweichung annehmen will,
glauben, dafs dieser tragische Ernst zehn Jahre später sich in seichtes,
halb altkluges, halb scurriles Geschwätz, dieser taktvolle Sinn für
das Bedeutende und Wesentliche in geschmack- und inhaltslose Pin-
selei verwandeln und dafs der so Verwandelte sowenig Erinnerung
an sein besseres Ich und in so hohem Alter noch so schreibfertige
Finger besessen haben werde, um in dem neuen elenden Ton noch
etwa 1250 Verse zu fabriciren und mit den Producten seiner besseren Zeit zu vereinen[1])? Eine solche Annahme wird noch unglaub-
licher, wenn man auf die Lebensumstände Juvenals in seiner letzten
Zeit einen prüfenden Blick wirft. Ich hoffe in der Vorrede zu meiner
Ausgabe erwiesen zu haben, dafs nur diejenige Tradition Glauben
verdient, wonach er in seinen letzten Lebensjahren als Achtziger,
also unter Hadrian, in die Verbannung geschickt wurde, und zwar
in die ägyptische Pentapolis, unter dem Schein militärischer Aus-
zeichnung als praefectus cohortis. Und wenn er im zweiundacht-
zigsten Jahre unter Antoninus Pius dort gestorben ist, so mufs er
kurz vor dem Tode Hadrians selbst, frühestens etwa um das Jahr
136 oder 137 bei dem Kaiser in Ungnade gefallen sein. Er zog
sich aber dieselbe zu durch Verse über die Allmacht gewisser Schauspieler bei Hofe, die ehemals auf den Pantomimen Paris unter Domitian gemünzt, aber damals in weiteren Kreisen nicht bekannt geworden waren. Mit der Zeit aber war der Ruf des anfangs schüchtern

---

[1]) Einen sehr bedeutenden Abstand zwischen beiden Hälften giebt selbst Hermann in seiner apologetischen Charakteristik praef. X zu, deren Erwägung dem
geneigten Leser wohl ohne Weiteres anheimgestellt werden darf: 'postquam in
prioribus novem satiris philosophiae vix ullam aut notitiam aut respectum pro-
didit, soli denique, ut ita dicam, externae (?) veritati intentus verecundiam et
pudorem, internae bonitatis signa, passim non laesit minus quam defendit, a decima inde plane mutatus non indignationem tantum reprehendendique acerbitatem
sed sapientiam simul atque honestatis studium prae se fert, utque minus sibi in
verborum lusibus (!) irrisionisque aculeis placet, ita castigationis rigorem persua-
sionis et doctrinae temperamento moderatur: quo in studio etsi hinc inde pro
pristino poetici spiritus ardore vel scholasticam Stoici gravitatem offert ipsosque
acerrimi ingenii sensus tamquam magistri alicuius dictata perfert, facile tamen
ignoscimus seni strenuo et amabili, qui licet aetatem quasi baculo levet, caput
tamen numquam demittit neque magni oris sonitus comprimi patitur, sed vel octo-
genarius in nefarias superstitiones peregrinarumque religionum foeditatem eadem
iracundia invehitur, qua olim popularium luxuriam, vanitatem, avaritiam notavit'.

auftretenden Satirikers mächtig gewachsen: während er früher kaum
vor einer mäfsigen Zuhörerzahl zu recitiren gewagt hatte, erntete
er jetzt den rauschenden Beifall eines sehr zahlreichen Publicums,
das seine Sachen zwei- und dreimal von Neuem zu hören begehrte.
Hierdurch ermuthigt, so erzählt die Biographie[1]), fügte er auch jene
früheren Spottverse gegen Paris, die er noch unter Domitian, d. h.
vor seinem öffentlichen Auftreten als Satiriker unter Trajan, verfafst
hatte, der siebenten Satire (81—83) ein. Nun aber hat C. Fr. Hermann ('de Iuvenalis satirae septimae temporibus disp.' Gott. 1843)
überzeugend erwiesen, dafs der Cäsar, dessen gnädige Fürsorge für
die Vertreter der Wissenschaft und schönen Literatur dieses Gedicht
in so warmen Worten rühmt, kein Anderer als Trajan sein kann.
Es wäre der schwärzeste Undank gewesen, erst von Hadrian eine
glücklichere Zeit der Musen zu datiren und zu behaupten, dafs
bisher berühmte Dichter und Literaten aller Art unbeachtet ver-
kommen wären. Andererseits ist dem Verfasser auch die Tactlosig-
keit und Absurdität nicht zuzutrauen, dafs er in demselben Stück,
in dem er den Kaiser als Beschützer der Camenen dankbar pries,
sich einen scharfen Seitenhieb auf Pallastintriguen, die hinter den
Coulissen ihren Ausgang hatten, erlaubt hätte; ebensowenig wie es
wahrscheinlich ist, dafs ein Fürst, der sich sagen durfte, dafs zu
seinem Lob und Ruhm das ganze Gedicht geschrieben war, durch
einige zweideutige Zeilen sich so hätte in Harnisch jagen lassen,
dafs er an dem Verfasser, in dem er doch einen dankbaren Verehrer
zu erkennen weit mehr Grund hatte, eine so grausam höhnische
Rache genommen hätte. Hieraus folgt, dafs erst bei einer zweiten
Auflage derselben Satire, unter einem anderen Kaiser als für den
sie ursprünglich bestimmt war, jene Verse aufgenommen sein können. Jetzt erst, durch Vergleichung des späteren Textes mit dem
früheren, mufste Hadrian auf den Verdacht geführt werden, dafs ein
Hieb auf seine Regierung beabsichtigt sei, der um so verletzender
war, wenn er in Betracht zog, dafs dieselbe hierdurch in gewisser
Beziehung mit der des Domitian auf eine Linie gestellt würde.

---

[1]) 'Diu ne modico quidem auditorio quicquam committere est ausus, mox
magna frequentia magnoque successu bis ac ter auditus est, ut ea quoque quae
prima fecerat inferciret novis scriptis: *quod non dant proceres, dabit histrio. tu
Camerinos et Baream, tu nobilium magna atria curas? praefectos Pelopea
facit, Philomela tribunos.*'

Wenn aber Juvenal noch als Achtziger diesen Stachel heraus-
kehrte, so scheint er derselbe geblieben zu sein, der er vor Zeiten
war. Es beschäftigten ihn immer noch die realen Verhältnisse und
Begebenheiten der Gegenwart und Roms, und der Geschmack an
seinen Satiren war auch dem Publicum nicht abhanden gekommen,
wenn er sich aufgefordert fühlte, eine neue Ausgabe seiner Werke
zu veranstalten.

Es bleibt nun die letzte Zuflucht, dafs er unsere fünf Declamationen im Exil geschrieben hat, wodurch denn wenigstens erklär-
licher würde, warum die Heimath und das frische Leben derselben
so auffallend in den Hintergrund treten; und wirklich rühmt sich
ja der Verfasser der funfzehnten Satire der Autopsie Aegyptens V. 45.
Aber sollen wir glauben, dafs ein höherer römischer Officier, der
zwei Jahre in Aegypten stationirt war, und sich noch obendrein
auf seine Beobachtungen beruft, in der Landeskunde so unwissend
sein konnte, wie der Verfasser jenes elenden Gedichtes, der über
die Lage zweier Städte wie Ombi und Tentyra und über Canopus
sich in gröbster Unklarheit befindet? Auch widerspricht ja die
schon berührte chronologische Angabe (27) positiv einer solchen
Hypothese: wenigstens müfste 'nuper' von einer Vergangenheit von
etwa zehn Jahren gelten dürfen. Und noch bestimmter ist ja das
Datum der dreizehnten Satire durch V. 17 auf die Jahre 119 oder 127
fixirt. Wären aber auch die übrigen aufserhalb Roms geschrieben,
so sollte man von einem Manne wie Juvenal erwarten, dafs er
diesen Umstand nicht verschwiege, wenigstens nicht die Miene an-
nähme, als lebte er in Rom, was doch oft genug, z. B. in der
zwölften und vierzehnten durchgängig geschieht. Und warum hat
sich der achtzigjährige Verbannte, der diesen Schlufsact seines Lebens gewifs nicht als ein Glück ansah, die Gelegenheit entgehen
lassen, in dem Capitel über Gebrechen und bittere Erfahrungen des
Alters (XI = X 188—288) des eigenen harten Schicksals Erwähnung zu thun, dem er durch früheren Tod entgangen wäre? Das
hätte ergreifender gewirkt als die Beispiele von Priamus Mithridat
Crösus Marius Pompeius und Cicero.

Das einzige Stück, welches so zu sagen einen Anflug vom
Lagerleben an sich trägt, ist die bisher übergangene sechszehnte
Satire, das Lob des Soldatenstandes, und auch die Behandlung

dieses Thema's können wir uns weit cher als Juvenalisch gefallen lassen. Der derbe übermüthige Landsknechtton ist sehr wohl getroffen, die Darstellung ist präcis und zeigt, dafs der Verfasser mit den militärischen Privilegien und Licenzen aus nächster Anschauung bekannt ist. Natürlich haben wir nur ein Bruchstück vor uns, denn es erschöpft ja das Thema bei Weitem nicht und schnappt auf einmal ab, als ob die Parce hier mit dem Lebensfaden des Dichters auch das Gespinnst seines letzten Werkes abgeschnitten hätte. Dennoch ist wunderbarer Weise gerade die Echtheit dieses Fragments schon in alter Zeit von der Mehrheit der Kenner verworfen worden, wie die Scholien bezeugen und auch die schwankende Stellung in den Handschriften (sie steht in *bcvz* vor XV) zu verrathen scheint. Die Gründe dieses Urtheils sind uns freilich sowenig als die Namen seiner Vertreter bekannt, und vielleicht ist es nur der jähe oder vielmehr der fehlende Schlufs gewesen, welcher der Anerkennung des Gedichts schadete.

Jedenfalls dürfen wir Act nehmen von der hierdurch constatirten Thatsache, dafs man den Verdacht fremder Zuthaten zu der echten Juvenalischen Sammlung schon früh hegte. Ferner dürfen wir folgende Alternative stellen. Entweder die sechszehnte Satire ist die letzte von Juvenal im ägyptischen Lager geschriebene: dann beweist sie, dafs er auch damals noch unfähig war, Stümperarbeiten wie die fünf Declamationen zu liefern, welche also zu keiner Zeit von ihm geschrieben sein können. Oder die sechszehnte Satire rührt nicht von Juvenal her: dann haben wir ein sicheres Beispiel des Betruges vor uns und sind um so mehr berechtigt, den übrigen Vorrath scharf auf seinen Ursprung anzusehn. Hier aber kommt nun die Notiz der Biographie hinzu: '*in exilio ampliavit satiras et pleraque mutavit*'. Unglaublich! Der alte kranke Mann, '*senio et taedio vitae confectus*', sollte sich in der Libyschen Oase unter den Strapazen des Lagerlebens, fern von den Eindrücken der Heimath, die der eigentliche Schauplatz seiner Dichtungen war, mit einer so gründlichen Umarbeitung der Satiren befafst und der geistigen Kraft seiner letzten paar Lebensjahre zugetraut haben, dafs es ihr gelingen würde, Werke, die in ihrer alten Gestalt ihm den vollen Beifall seiner Landsleute eingetragen hatten, unter so durchweg ungünstigen Bedingungen zu noch höherer Vollendung zu bringen?

Dennoch aber ist in jenen thörichten Worten das unschätzbare Zeugnifs enthalten, dafs es in Rom nach dem Tode Juvenals zwei in Umfang und Redaction bedeutend verschiedene Textausgaben seiner Werke gab, eine kürzere, wie sie der Dichter selbst noch in Rom veröffentlicht hatte, und eine beträchtlich erweiterte, die angeblich in seinem ägyptischen Nachlafs gefunden war. Nach den bisherigen Auseinandersetzungen scheint nun Nichts wahrscheinlicher, als dafs ein speculativer Buchhändler und ein hungriger Poet niedrigen Ranges sich zu dem lucrativen Geschäft zusammenthaten, eine solche postume Ausgabe zu veranstalten, die bei der Vorliebe des Publicums für den verstorbenen Satiriker, die durch sein Exil und die Veranlassung dazu natürlich nur noch gesteigert war, auf schnellen gierigen Absatz sichere Aussicht und im schlimmsten Falle Nichts zu befürchten hatte. Es hat der unverfälschten Ueberlieferung der Juvenalischen Satiren keineswegs genutzt, dafs sie auch in den Zeiten der einreifsenden Barbarei zahlreiche und eifrige Leser fanden. Wenn Zeitgenossen des Ammianus Marcellinus (XXVIII 4) im vierten Jahrhundert, selbst solche, die sonst Literatur und Wissenschaft »wie Gift verabscheuten«, den Juvenal allein unter allen Dichtern ihrer Lectüre würdigten, so wird man ihnen die Fähigkeit, Echtes von Unechtem zu unterscheiden, nicht zutrauen wollen: viel wahrscheinlicher ist es, dafs die apokryphe Ausgabe wegen ihres dickeren Volumens an diesen Liebhabern besonders gute Kunden fand. In dieser Zeit erst, und besonders im fünften und sechsten Jahrhundert, scheinen auch die Grammatiker angefangen zu haben, unseren Dichter in den Kreis ihrer Studien zu ziehen: Servius, Macrobius, Priscian und seine Schüler sind die ältesten Zeugen unseres Textes: ihnen reihen sich die Scholiasten des Horaz, Lucan, Persius, Statius an, die ebensowenig als der alte Erklärer Juvenals selbst Anspruch auf Auctorität in Sachen der höheren Kritik machen können. In welcher Gestalt oder welchen Gestalten also man in den ersten drittehalb hundert Jahren nach dem Tode des Dichters seinen Nachlafs in und aufser Rom gelesen hat, ist uns völlig unbekannt: dafs nach Konstantinopel, wo wir jedenfalls die Quelle unserer Ueberlieferung zu suchen haben, eher eine Abschrift der »completen«, modernen, als der authentischen alten durch den Buchhandel gekommen sein werde, ist durchaus wahrscheinlich. Dann aber kam das Mittelalter, dessen mönchischem Gaumen ohne Zweifel die erbaulichen Predigten des 'ethicus' ungleich glatter eingingen als jene unverhüllten Sittenschilderungen: hätte sich bis dahin noch ein Exemplar des unverfälschten Textes erhalten, so mußte es jetzt unvermeidlich durch die Fluth der Abschriften der anderen Gattung verdrängt werden.

ZWEITES CAPITEL.

Interpolationen.

_____

Es stände aber freilich schlimm um unsere Hypothese, wenn wir die zehn Satiren des echten Juvenal vollständig so als sein Werk hinnehmen müfsten, wie sie uns überliefert sind. Denn alle jene Fehler und Schwächen, um derentwillen wir die fünf Declamationen verworfen haben, finden sich auch in ihnen verstreut, und diese Flicken sind jenen zusammenhängenden Arbeiten so ähnlich, dafs, wenn sie dort ihren Platz behaupten könnten, wenn man sich gefallen lassen müfste, dafs der Dichter in einem und demselben Stück zugleich Meister und Stümper, witzig und albern, gediegen und flach, präcis und breit wäre, man sich denn auch nicht wundern dürfte, dafs die Untugenden dieses seltsamen Individuums in fünf dickleibigen Producten zur Alleinherrschaft gelangt wären. Zu einer Anerkennung dieses Prodigiums sind wir aber keineswegs gezwungen. Nicht nur giebt uns die erwähnte Notiz von der nachträglichen »Erweiterung« und durchgreifenden »Veränderung« der Satiren das unbestreitbare Recht, auch in den echten Stücken Interpolationen zu vermuthen: selbst unsere verhältnifsmäfsig so junge Ueberlieferung bietet uns in Handschriften und Scholien noch manche weiter unten zu benutzenden Beweise, dafs die ungeschickt freche Hand von Interpolatoren oft die schönsten Stellen nicht verschont hat. Aufserdem haben neuere Kritiker[1] noch eine stattliche Menge von Versen in Verdacht gezogen,

_____

[1] Einverstanden bin ich mit
Dobree zu I [14] VI [323]
Heineke zu III [281]
Heinrich zu IV [78] V [66] VI [335 f.] [444] [460] VII [181] X (XI) [99] [161]

ohne freilich zu ahnen oder zuzugestehen, dafs die Fälschung in viel gröfserem Umfange sich eingeschlichen hat.

Was nämlich jene Industrieritter unter »Erweiterung« verstanden, lehrt am anschaulichsten der Eingang der vierten und elften Satire.

Dafs die Erzählung von der Staatsrathssitzung auf dem Albanum (IV 1—116 = 37—154) für sich allein ein vollkommen abgerundetes Ganze bildet, hat noch Niemand geleugnet. Die ihr voraufgehende Strafrede über die Schlemmerei des Crispinus, die selbst Häckermann für einen späteren Zusatz zu halten geneigt ist, als einen wesentlichen Bestandtheil und das Erzeugnifs besonders feiner Composition anzuerkennen, war der neuesten Interpretationskunst vorbehalten. Nägelsbach hat nämlich ermittelt (Philol. III 470 ff.), Juvenal greife zunächst aus der Mitte der Höflinge ein besonders verächtliches Exemplar heraus, ohne indessen von dessen grofsartiger Lasterhaftigkeit mehr als seine frivole Verschwendung ins Auge zu fassen, und zeige dann im Haupttheil, wie es mit solchen Creaturen kaiserliche Majestät treibe. So erscheine der prunkende Schlemmer als das erbärmliche Spielzeug kaiserlicher Laune, und die Schlechtigkeit dieser Creatur stelle wiederum den Werth des Herrschers ins Licht, der sie erhoben. Ausgewählt sei gerade der Fischkauf des Crispinus, weil er dem Vorfall bei Hofe ähnlich sei.

Recht schön. Wenn aber der Dichter solche Intentionen hatte, warum hat er denn Alles gethan, um sie vor dem Leser zu verstecken? Warum tritt denn Crispinus im Conseil nur so ganz bescheiden mit kaum zwei Zeilen auf (70 f. = 108 f.), ohne auch nur einmal das Wort zu ergreifen? Warum spielt er nicht vielmehr als Kenner des Fischmarktes eine Hauptrolle, statt von amomus zu schwitzen? Warum hat der Dichter mit keiner Sylbe an jene Einleitung erinnert und auf den beabsichtigten Zusammenhang hingewiesen? Uebrigens für die Illustration des Satzes »wie der Herr so

C. Fr. Hermann zu VIII [202 f.]

Jahn zu III [104] V [140] VII [51] IX [119 f.]

Lachmann zu VIII [124]

Manso zu VIII [111 f.]

Pinzger zu III [113] VII [15] IX [5] [79 f.]

Pithoeus zu IX [123]

Ruperti zu VIII [194]

Struve zu I 154 = 157.

die Diener«, der ja natürlich der ganzen Erzählung zu Grunde liegt, hat der Satiriker deutlichere und unmittelbarer wirkende Mittel in Anwendung gebracht: die herrliche Charakteristik der einzelnen im Vorzimmer versammelten Höflinge und die Schilderung der Verhandlungen im Conseil. Konnte zur Vervollständigung oder gar zur geistigen Vertiefung dieses Gemäldes ein besonderes Capitel über die Verschwendung eines untergeordneten Gliedes dieser Gesellschaft etwas beitragen? Und fühlt man nicht, dafs die köstliche Ironie der Scene, die der Erzähler unerschütterlich festhält, höchst unangenehm und unkünstlerisch gestört wird durch den positiven, nüchternen Ausdruck moralisirender Entrüstung, der die Einleitung auch im Ton so auffallend vom Folgenden unterscheidet?

Das eigentliche Band aber, welches beide Theile zusammenhalten soll, ist ein ganz anderes, vom Verfasser des ersten selbst mit deutlichen Worten in [28 ff.] angegebenes:

> quales tunc epulas ipsum glutisse putemus
> induperatorem, cum tot sestertia partem
> exiguam et modicae sumptam de margine cenae
> purpureus magni ructarit scurra Palati etc.

worauf unmittelbar mit Anrufung der Calliope zur Erzählung vorgeschritten wird. Wer diesen albernen Vergleich zog, hatte die Pointe der folgenden Hofscene, die zum Ueberflufs noch in den Schlufsversen 106 = 144 ff. ausdrücklich ausgesprochen war, gröblich verkannt. Von diesem falschen Gesichtspunkte aus zimmerte er ein klägliches Seitenstück zurecht, das sich wahrlich wie ein Bettlerfetzen ausnimmt, der als Kragen auf einen Purpurmantel gesetzt ist.

Nicht einmal in sich ist er leidlich zusammengefügt. Die Aufzählung der übrigen gröberen Laster des Crispinus bis [10] hat ebensowenig mit dem Folgenden zu thun als das ganze Stück Arbeit mit der echten Satire. Dann tappt der Verfasser mit dem plumpen Uebergang 'sed nunc de factis levioribus' in das kahle, mit keinerlei Detail, kaum mit einem kümmerlichen Witz ausgestattete Factum hinein, den Kauf eines sechspfündigen Fisches um 'sex milia', das sofort [18 ff.] zu einer langweiligen Strafpredigt über lästerliche Verschwendung führt. Selbst die letzten drei Zeilen, in denen sich der Dichter unter Anrufung der Musen zur folgenden Erzählung zu räuspern vorgiebt [34 — 36], sind abgebrochen.

Und nun das Einzelne.

Ecce iterum Crispinus, et est mihi saepe vocandus
ad partes

»Zum zweitenmal«: nach der ersten, allerdings bitteren, aber doch auch nur vorübergehenden Erwähnung I 25—28 = 26—29. Aber die Drohung, ihn noch oft auf die Bühne zu rufen, ist aus unbekannten Gründen unerfüllt geblieben. 'viduas tantum *spernatur* adulter' [4]: mag dieses Verbum in archaistischem und archaisirendem Stil hier und da gebraucht sein (vgl. Döderlein Syn. II 178), der Redeweise Juvenals und seiner Zeitgenossen war es schwerlich geläufig. Was hilft einem solchen Ungeheuer der Reichthum? heifst es dann 5 ff. 'nemo malus *felix*' etc. Die '*felicitas*' pflegt Juvenal sonst mit der Moral nicht zu vermengen; sie beruht nicht auf dem guten Gewissen, sondern sie steht in den Sternen geschrieben: VII 184—196 = 194—202 (vgl. IX 121 = 135).

> *felix* et pulcher et acer,
> *felix* et sapiens et nobilis et generosus
> — — — — — distat enim, quae
> *sidera* te excipiant modo primos incipientem
> edere vagitus et adhuc a matre rubentem etc.

Der Verfasser der dreizehnten Satire freilich nennt 21 f. '*felices*'

> qui ferre incommoda vitae
> nec iactare iugum vita didicere magistra,

und rühmt 187 von dem '*felix*', dafs er

> plurima — paulatim vitia atque errores exuit omnes.

In der vierzehnten 119 setzt er wenigstens 'animi' hinzu:

> et pater ergo animi felices credit avaros.

Ueberhaupt entspricht dieser trockene Präceptorstil nicht der Art, wie sich Juvenal über den Werth der Tugend gegenüber äufseren Glücksgütern ausspricht. Entweder giebt ihm seine Entrüstung einen sprühenden Fluch über den Uebelthäter ein:
I 41 ff. (42 ff.)

> accipiat sane mercedem sanguinis et sic
> palleat etc.

oder er leugnet in bitterer Ironie jede Gemeinschaft zwischen Redlichkeit und Wohlergehen:

I 47 = 48

> quid enim salvis infamia nummis?

I 69 = 74

> probitas laudatur et alget

I 111 f. = 112 f.

> quandoquidem inter nos sanctissima divitiarum
> maiestas

oder sein Ton, wo er positiv wird, hat einen Klang, der sich von
dem des Interpolators wie Gold von Blei unterscheidet:

III 54 ff.   tanti tibi non sit opaci
        omnis harena Tagi quodque in mare volvitur aurum,
        ut somno careas ponendaque praemia sumas
        tristis et a magno semper timearis amico.

Von reinem Ungeschick im Ausdruck eines sehr wohlfeilen Gedankens
zeugt die verzwickte und daher auch bisher nur mangelhaft erklärte
Stelle, welche den Uebergang zum Fischkauf vermitteln soll:

IV [11 — 15]   sed nunc de factis levioribus: et tamen alter
        si fecisset idem, caderet sub iudice morum
        (nam quod turpe bonis, Titio Scioque, decebat
        Crispinum): quid agas, cum dira et foedior omni
        crimine persona est?

Die Meinung soll sein: wenn ich das im Folgenden zu erzählende
Factum (keine Mehrzahl von 'facta') als ein minder gravirendes be-
zeichne, so lege ich eben nur den Maaßstab des Crispinus an, dessen
Persönlichkeit eigentlich jeder Berufung auf Moral spottet; bei jedem
Anderen, von dem man nicht wie bei Crispinus das Schlimmste gewohnt wäre, würde schon diese That genügen, um den Ruf seiner
Sitten zu vernichten. Also 'si fecisset idem' ist ja nicht auf den
Incest mit der Vestalin [9 f.] zu beziehen, sondern auf das zu be-
richtende Beispiel von Schlemmerei. Die ästhetische Rechtfertigung
des zerhackten und verzwickten Satzgefüges möge den Vertheidigern
der Echtheit überlassen bleiben. Der Gedanke, obwohl so noch am
haltbarsten, ist sowohl in sich schief als im Zusammenhang des
ganzen Stückes durchaus unzweckmäßig. Denn was thut denn der
Verfasser im Folgenden anders, als daß er den 'iudex morum' gegen
den eben erst absolvirten Crispinus herauskehrt. also beweist, daß
er seinerseits dieses 'factum' keineswegs als ein 'levius' ansehe? Wen
man sich übrigens unter dem »Sittenrichter« eigentlich zu denken
habe, ob einen beliebigen ehrsamen Quiriten wie unsern Interpolator,
oder den officiellen praefectus morum, den Kaiser, ist schwer zu
sagen. Letzterer wird schwerlich nur bei Crispinus Gnade für Recht
und zwar aus dem Grunde haben ergehen lassen, weil er schlimmere
Sünden verübe. Man bemerke ferner, wie genau es der dürr abstracten Manier unseres Fälschers entspricht, daß er die Kategorie
der 'boni' [13] exemplificirt mit — zwei Namen, die bekanntlich in

den Schriften der römischen Juristen für jeden beliebigen Fall als
Statisten figuriren, so dafs sie hier geradezu gar Nichts zu bedeuten
haben als eine Versfüllung.

Die Altklugheit ist ein bezeichnender Charakterzug unseres
Freundes: er liebt es, seine Skepsis gegen Mythen und Wunder-
geschichten zur Schau zu tragen, überführt, wo sich Gelegenheit
findet, mit einer gewissen Miene der Ueberlegenheit die Griechen
der Lügenhaftigkeit, und kann auch hier der Versuchung nicht widerstehen, der Fama gegenüber den Weisen zu spielen:

[15] mullum sex milibus emit
aequantem sane paribus sestertia libris,
ut perhibent qui de magnis maiora locuntur.

Und doch fällt die ganze Predigt, die er nun zu halten denkt, unter
den Tisch, wenn die Sünde, die er züchtigt, vom Gerücht übertrieben
ist. Uebrigens wird den Habitués des Fischmarktes jener Preis wenig
imponirt haben, da unter Tiberius für drei mulli 30000 (Suet.
Tib. 34), und von dem Schlemmer P. Octavius für einen fünftehalb-
pfündigen (der freilich schon für 'ingentis formae' galt) 5000 (Seneca
ep. 95, 42), unter Caligula von dem Consularen Asinius Celer für
einen von unbekannter Gröfse 7000 (Macrobius Sat. III 16, 9) oder
gar 8000 (Plin. n. h. IX 31, 67) Sestertien bezahlt waren.

In der mit [18] beginnenden Verurtheilung jener Ausgabe wird
die so oft verwendete Figur des Erbschleichers wiederum behelligt.
Es soll natürlich Ironie sein, dafs seine Speculation auf das Testament des 'senex orbus' belobt wird; worin aber die noch gröfsere
Feinheit oder Zweckmäfsigkeit der Berechnung ('ratio ulterior') bei
dem Galan der 'magna amica' besteht, wenn er derselben einen
mullus zu solchem Preise ersteht, wird nicht erklärt. Dafs der
gewandte 'heredipeta' schlechtweg 'artifex' [18] genannt wird, ohne
unmittelbare Hinzufügung der Sphäre, in welcher sich seine Kunst
bethätigt, ist, soviel ich weifs, beispiellos. Die Musterung der Fälle,
in denen jene Ausgabe gerechtfertigt wäre, hat sich schnell erschöpft;
schon [22] wird abgeschlossen: 'nil tale expectes: emit sibi. multa
videmus, quae miser et frugi non fecit Apicius' klagt dann unser
Aretologus: »ja, ja, wir erleben heutzutage viel Dinge, die der
arme frugale Apicius nicht verübt hat.« Nach dem, was uns Seneca
(ad Helvid. consol. 10. 8), Plinius (n. h. X 68) und Cassius Dio
LVII 19 über diesen 'nepotum omnium altissimus gurges' berichten,

der 100 Millionen Sestertien 'in culinam coniecit', konnte er sich doch wohl mit Crispinus und Consorten messen, und er würde das wie sehr auch relativ gemeinte Lob der Frugalität gewifs mit stolzer Bescheidenheit zurückgewiesen haben. Lächerlich ist [25] die Entrüstung, dafs der 'verna Canopi' um so hohen Preis 'squamam' gekauft habe. Diese 'pars pro toto' (schol.) wird denn doch der Gescholtene in keiner Weise gelten lassen, der Schuppen und Gräten gern seinem Tadler umsonst überlassen wird.

Weniger gewagt war die Behauptung, dafs für geringeren Preis ein Fischer als Sclave hätte erstanden werden können: sie bedurfte des schüchternen 'fortasse' [25] nicht, besonders wenn doch nachher zuversichtlich erklärt werden sollte, dafs man um die gleiche Summe Güter in der Provinz haben könne. Ganz unerträglich aber und nicht einmal unserem Stümper zuzutrauen ist [27] der Zusatz

sed maiores (sc. agros) Apulia vendit.

So viel Rhetorik hatte er denn doch wohl gelernt, dafs er eine Steigerung beabsichtigt haben mufs, die ganz verloren ging durch die müfsige Bemerkung, »übrigens noch gröfsere Güter sind für diese Summe in Apulien zu haben«, nämlich, wie man sagt, wegen der Vernachlässigung der dortigen Agricultur und Entwerthung des Bodens in Folge davon. Und doch gehört es zu den Attributen nicht der Armuth, sondern des Reichthums, 'praedia Apula' (IX 51 = 55) zu besitzen, und Horaz (carm. III 16, 26) rühmt den 'impiger Appulus' und den Kornsegen, den er in seine Scheuern birgt. Dafs freilich in unmittelbarer Nähe der Stadt ein Gut noch höheren Werth hatte als eins von derselben Gröfse in Apulien (Seneca epist. 87, 7), wo eben wegen der ausgedehnten Felder eine gewisse Stille und Einsamkeit (Martial X 74, 8) sein mochte, thut dem keinen Eintrag und beweist keineswegs, dafs die apulischen Aecker unter allen Umständen die wohlfeilsten auch nur in Italien, geschweige denn gar im Verhältnifs zu denen in der Provinz sein mufsten. Jahn hat aus der Bemerkung des Scholiasten 'Apulia carius agros vendit' mit Recht geschlossen, dafs derselbe 'maioris' las, wie auch in einer Münchener Handschrift steht, eine Lesart, die sich schon durch den deutlichen Gegensatz zu 'minoris' [25] empfiehlt, womit 'tanti' [26] in erster Stufe gesteigert ist. Aber das Metrum und der Gedanke fordern über diese Spur hinauszugehn. Mit geringer Veränderung habe ich hergestellt: nec maioris se Apulia vendit

6

»ja eine gröfsere Summe ist nicht einmal erforderlich, um Apulien zu kaufen.« Das mag nun eine sehr übertriebene Hyperbel sein, wenigstens aber entspricht sie doch der Intention des Schriftstellers.

Nun kommt er auf den 'induperator' (29) mit derselben archaisirenden Dehnung des Namens, die uns schon in der zehnten (elften) Satire 138 aufgestofsen ist:

> quales tunc epulas ipsum gluttisse putamus
> induperatorem etc.

Nicht 'putamus', sondern 'putabimus' war zu sagen; der Diaskeuast der interpolirten Handschriften hat wenigstens 'putemus' corrigirt. Von den Schlemmereien des Domitian aber wissen unsere Quellen wenig zu sagen. Die parteiisch gefärbten Andeutungen des jüngeren Plinius im Panegyricus 49 bestätigen in ihrem Kern eigentlich nur, was Sueton Dom. 21 berichtet: 'prandebatque ad satietatem, ut non temere super cenam praeter Matianum malum et modicam in ampulla potiunculam sumeret. convivabatur frequenter ac large, sed paene raptim; certe non ultra solis occasum nec ut postea comissaretur'. Das sieht doch nicht nach einer 'gula' aus, die Crispinus und Apicius in ehrerbietiger Ferne hinter sich gelassen hätte. Und wie ist es mit den vorigen Auslassungen, wie mit sich selbst zu vereinigen, dafs jener mächtige Fisch zu gleicher Zeit eine 'exigua pars' »vom Rande der Mahlzeit« und diese 'cena' dennoch [30] eine 'modica' genannt wird?

Dafs die Würde eines 'princeps equitum', die [32] dem ehemaligen Häringshändler zugeschrieben wird, ohne Weiteres identisch sei mit dem Amt des praefectus praetorii, geht freilich keineswegs aus dem Beispiel des Seius Strabo hervor, der nach Tacitus ann. I 7 'praetoriarum cohortium praefectus', nach Velleius Paterculus II 127 'princeps equestris ordinis' war. Vielmehr wird der princeps iuventutis gemeint sein, wie Cassius Dio einen πρόκριτον τῆς νεότητος (LXXVIII 17) auch einmal πρόκριτον τῆς ἱππάδος (LXXI 35) nennt: vgl. Marquardt hist. equit. Rom. 75, Becker R. A. II 1, 288. Und so mag der Scholiast Unrecht haben, dafs der 'praefectus praetorii' Crispinus Rufius unter Claudius und Nero gemeint sei, den der Verfasser der vierten Satire keinesfalls unter den Höflingen Domitians aufführen wollte.

Die scherzhafte Anrufung der Musen dagegen [34 ff.]

incipe, Calliope! licet et considere; non est
cantandum, res vera agitur. narrate, puellae
Pierides! prosit mihi vos dixisse puellas

kann ich mich nicht enthalten für läppisch zu erklären. Es ist dasselbe haltungslose Taumeln zwischen Ironie und altkluger Nüchtern-
heit, dasselbe Ungeschick, einen Ton festzuhalten und rein durchzuführen, dieselbe Neigung zu salzlosen Späfsen, von der wir uns
schon oft überzeugt haben, dafs sie unseren Pseudo-Juvenal unverkennbar von dem echten unterscheidet.

Eine auffallende Familienähnlichkeit mit dem eben besprochenen
Prolog zur vierten Satire zeigt der zur zehnten (elften). Inhalt und
Zweck auch dieses schönen Gedichtes ist sehr einfach: es rundet
sich, wenn man die ersten fünfundfunfzig Verse abschneidet, zu einer
immer noch umfangreichen Einladungsepistel, in der nach dem Eingange, welcher in das Thema, die Darstellung echt bürgerlicher Frugalität, einführt, zunächst der Küchenzettel folgt (9—21=64—76);
hieran schliefst sich mit einem natürlichen Uebergange ('haec olim
nostri iam luxuriosa senatus cena fuit') ein Rückblick auf die gute
alte Zeit, ihre Unschuld in Bezug auf die Künste der Küche (22—34
=65—89), sowie allen Luxus im Hausgeräth (35—58 = 90—119),
wogegen über die thörichten Ansprüche der eleganten Gegenwart auf
kostbares Tafelgeschirr gespottet wird (59—70 = 109 f. 120—129).
So kommt der Dichter wieder auf sein bevorstehendes Mahl zurück,
um die Einfachheit des Geschirrs, der Bedienung, der Tischunterhaltung mit idyllischem Behagen zu schildern (70—112 = 129—182),
und mit der herzlichen Einladung an den Freund zu schliefsen, dafs
er alle Sorgen daheim lassen und recht früh zu der traulichen Fest-
mahlzeit kommen möge. Man kann diese Satire für die liebens-
würdigste von allen erklären, die am meisten horazische Laune und
Gemüthlichkeit hat. Der Verfasser ist in behaglicher Feststimmung,
der Vergleich der Gegenwart mit der Vergangenheit ist mehr weh-
müthig als bitter oder zornig, das Gefühl, in dem Asyl seiner
eigenen Häuslichkeit vor allen Störungen des thörichten Zeitalters
geborgen zu sein, das Bewufstsein edlere Freuden zu geniefsen als
denen die Menge nachjagt, läfst das Blut des Satirikers für heute
ruhiger fliefsen, glättet die drohende Stirn ein wenig und läfst die
Grazien des Humors um die Lippen des ernsten Römers spielen. Die
'vilica', die den Rocken verläfst und Spargel sticht (14=69), der

6*

Consular von ehemals, der zum Geburtstagsbraten seines Freundes geladen eine Stunde eher Feierabend macht und mit dem Karst über der Schulter vom Berge herbeieilt (27 ff. = 82 ff.), das erzbeschlagene Ruhebett mit dem bekränzten Eselskopf als Zierrath, an dem die muthwilligen Bauernjungen ihr Spiel treiben (39 ff. = 96 ff.); und besonders die echt latinischen Burschen mit dem kurzen, schlichten Haar, die zu Ehren des Gastes heute frischgekämmt bei Tische aufwarten, vor allen der Ganymed mit dem unschuldigen frischen Knabengesicht, der Sohn des Rinderhirten, der nach der Mutter und der Hütte auf dem Berge und der Bockheerde so herzliche Sehnsucht hat (89 ff. = 148 ff.), — das sind Bilder von idyllischer Wärme und Schalkhaftigkeit, die durch einige scharfe Seitenhiebe auf die Unnatur der Gegenwart (96 ff. = 156 ff. 101 ff. = 162 ff.) nur noch gehoben werden.

Sehen wir uns nun an, was diesem Kunstwerk vorn angehängt ist. Eine Predigt folgenden Inhalts. »Der Vornehme, wenn er gut ist, gilt für elegant, der Arme (Rutilus) für unsinnig. Nichts lächerlicher als ein armer Apicius. Die ganze Stadt unterhält sich von Rutilus, der es so weit gebracht hat, dafs er unter die Gladiatoren gehen will [1—8]. Ferner sieht man viele Schlemmer, die tief in Schulden stecken [9—13], das Theuerste ist ihnen das Liebste [14—16]: so verpfänden sie allmählig ihren ganzen Hausrath und kommen endlich bis zum Gladiator herunter [17—20]. Also nicht für Jeden pafst das üppige Leben: bei Rutilus ist es zu tadeln, dem reichen Ventidius macht es Ehre. Man mufs seine Mittel und überhaupt bei allen Geschäften, in der Ehe, im Senat, im Kriege, auf der Rednerbühne seine Kräfte kennen, kurz im Gröfsten und Kleinsten, selbst beim Fischkauf [21—38]. Denn wenn man bei kleinem Beutel zu viel für den Gaumen draufgehen läfst, so kommt man herunter, verschlingt sein Vermögen, mufs zuletzt auch den Ring vom Finger weggeben und wird zum Bettler [38—43]. Die schlimmste Gefahr für den Ueppigen ist ein hohes Alter [44 f.]. So geht's stufenweise: man borgt und verzehrt das Geborgte, dann macht man sich aus dem Staube nach Bajä, um Austern zu essen, schämt sich nicht und gränt sich nicht [46—55].«

Und an dieses verworrene lederne Gewäsch schliefst sich plötzlich:

experiere hodie, numquid pulcherrima dictu,
Persice, non praestem vita nec moribus et re,

> si laudem siliquas occultus ganeo, pultes
> coram aliis dictem puero, sed in aure placentas.

Der Verfasser jener Einleitung macht also den Anspruch, dafs man sie für die von Juvenal bezeichneten 'pulcherrima dictu' gelten lassen solle. Aber schade, dafs sie ein Lob der Frugalität, wie es der Dichter versteht, keineswegs enthält. Ihre Weisheit lautet vielmehr in aller Plattheit so: wer es lang hat, lass' es lang hängen, und wem es knapp geht, der strecke sich nach der Decke; eine Accommodationstheorie, die der ernsten Römergesinnung Juvenals und dem übrigen Inhalt dieser Satire so fremd ist wie die Denkungsart von Gevatter Schneider und Handschuhmacher der eines edel gebildeten Menschen. Und diese Lehre, die mit den ersten acht Versen bereits erledigt war, wird in immer neuen Aufgüssen, Exempeln und Warnungen in fünfundfunfzig Versen breit getreten, bis ihr unverhofft auf einmal der Athem ausgeht. Die aufgeführten Personen sind leere Namen. 'Per Atticum vero divitem vult intelligi *quemlibet*, per Rutilum autem pauperem' sagt der Scholiast sehr bezeichnend. Der Verschwender Rutilus [2. 5. 21] ist uns ebenso unbekannt wie der gestrenge Hausherr gleichen Namens XIV 31 (18) und die bucklige Rutila XI = X 294 f. Der reiche Lebemann Ventidius, der [22] belobt wird, ist doch hoffentlich nicht der reich gewordene Postmeister Ventidius Bassus (Gellius XV 4), dessen VII 193 (199) Erwähnung geschieht. Wenigstens Juvenal, der I 23 f. (24 f.) über seinen ehemaligen Barbier ergrimmt ist, 'patricios omnis opibus cum provocet unus', wird das Gebahren eines Emporkömmlings, von dem unter Cäsar auf den Gassen gesungen wurde:

> concurrite omnes augures, aruspices!
> portentum inusitatum conflatum est recens:
> nam mulas qui fricabat, consul factus est

schwerlich so sehr in der Ordnung gefunden haben. Dagegen ist es interessant, den Apicius [3] wiederzufinden, der schon dem Erweiterer der vierten Satire [23] hat dienen müssen. Wie denn auch der Eifer gegen die Verschwender des Fischmarktes beiden Poeten gemeinsam ist [37 f.], und die so zu sagen vergleichende Moral: nur dafs jener dem Laster, dieser dem Reichthum einen Ueberschufs von besonderer Nachsicht angedeihen läfst IV [11 ff.] X = XI [1 ff. 21 ff.]. Beiden scheint das Problem des Lebens in der Regulirung des Küchenzettels und in der Philosophie des Geldbeutels aufzugehen.

Aus der achten Satire 172—182 (198—210) kennen wir bereits den jungen Wüstling, der als Gladiator seinen edlen Namen schändet. Wie eine matte Copie davon nimmt sich der obscure Rutilus [5—8. 20] aus. Und dafs dem Autor derselben jenes Original vorschwebte, geht fast mit Evidenz daraus hervor, dafs es von Rutilus heifst, er wolle sich an den Fechtmeister verdingen

[7]   non cogente quidem, sed nec prohibente tribuno;

worin denn wohl ein feiner Vorwurf gegen den Kaiser liegen soll, der nicht kraft seiner tribunicia potestas gegen solchen Unfug einschreite, wenn er auch nicht geradezu dazu zwinge, wie z. B. Nero, an den eben die achte Satire an jener Stelle 167 (193) erinnert hatte:

vendunt nullo cogente Nerone.

Indessen ist jener Vorwurf, abgesehen davon, dafs er hier gar nicht zur Sache gehört, während dort der Schimpf durch die Betonung der freien Selbstbestimmung bedeutend gesteigert wird, auch an sich nicht ohne Bedenken. Erstens in der Form, da jeder Kaiser zwar tribuniciam potestatem besafs, keiner aber sich 'tribunus' genannt hat[1]). Ferner in der Sache: dem Volkstribunen hätte ein auxilium zugestanden z. B. gegen den ruchlosen Quästor Balbus, der in Gades einen freien römischen Bürger Fadius zum Gladiatorenkampf prefste und dessen Berufung auf sein Bürgerrecht durch den schnödesten Feuertod in der Fechtschule verhöhnte (Cic. ad fam. X 32, 3). Dieser Rutilus aber macht ja freiwillig seinen Contract mit dem lanista. Hiergegen hätte der Kaiser höchstens in seiner Eigenschaft als censor oder praefectus morum einzuschreiten gehabt, wie denn Verbote und Bestrafungen gegen das Auftreten von Rittern und Senatoren in der Arena aus der Kaiserzeit berichtet werden (vgl. Friedländer Rh. Mus. X 555 Anm. 2).

Eine arge Uebertreibung aber liegt in der Behauptung, unser Rutilus sei 'scripturus leges et regia verba lanistae'. Unter diesen »königlichen« Bedingungen standen oben an Ruthen, glühendes Eisen, Fesseln ('auctoramenti verba sunt: uri, vinciri ferroque necari' Seneca ep. 37, 1). Dafs die dem Gladiator gewährte reichliche Mast

---

[1]) Cassius Dio LIII 32 τὸ γάρ τοι ὄνομα αὐτὸ τὸ τῶν δημάρχων οὔθ' ὁ Αὔγουστος οὔτ' ἄλλος οὐδεὶς αὐτοκράτωρ ἔσχεν. Vgl. Becker-Marquardt R. A. II 3, 298.

und sonstige diätetische Pflege, an die allein unser in diesem Ideenkreise vorzugsweise heimischer Scribent gedacht zu haben scheint, Gegenstand eines besonderen Contractes war, ist kaum wahrscheinlich, da doch dieselbe im Interesse des lanista selbst lag. Die günstigen Bedingungen, die ein tiro sich ausmachte, können sich nur auf dereinstige Belehnung mit der rudis und vielleicht noch eine sonstige Dotation oder Versorgung bei der Entlassung bezogen haben: ob diese aber je bis zu dem Glanze von 'regia verba' sich verstiegen, möchte ich sehr bezweifeln[1]).

'Multos *porro* vides', fährt [9] fort, indessen ist wiederum nur von verschwenderischen und verschuldeten Feinschmeckern ganz derselben Kategorie wie Rutilus die Rede: es war also 'praeterea' gemeint. Ungeschickt ist [11] die copulative statt der adversativen Verbindung:

> quos saepe elusus ad ipsum
> creditor introitum solet expectare macelli
> *et* quibus in solo vivendi causa palato est;

'et quibus' statt 'quibus tamen'. Der lauernde 'creditor' erinnert an VII 104 ff. (108 ff.), der Ausdruck 'vivendi causa' an das classische Wort VIII 77 (84).

Sehr verrätherisch sind die folgenden Zeilen [12 f.]

> egregius cenat meliusque miserrimus horum
> et cito casurus iam perlucente ruina.

Verglichen nämlich wird die Mahlzeit dieser Herren mit der ihrer Gläubiger, aber ein Ablativ, dieses deutlich zu machen, wird vermifst. Den seltsamen Comparativ 'egregius' erkennt zwar Priscian p. 600 P. an, aber ohne einen anderen Beleg als diese si dis placet Juvenalische Stelle, mit der keineswegs Archaismen wie die von ihm beigebrachten 'egregiissima' (Pacuv.), 'strenuior' (Plautus und Lucilius), 'industrior' (Cato, Gracchus, Plautus), 'innoxior' (Cato), 'perpetuius' und 'perpetuissimus' (Cato), 'arduius' und 'arduissimus' (Cato) zu vergleichen sind. Ueber die schlechte Vulgata bei Lucrez IV 467, die bei Lachmann stillschweigend aus den Handschriften verbessert

---

[1]) Unmöglich ist Webers Uebersetzung:
   Nicht vom Tribunen gezwungen, doch eben so wenig gehindert,
   Regeln und herrische Worte des Fechtschulmeisters zu zeichnen.

ist ('nam nil aegrius est' für 'egregius'), verlieren wir kein Wort.
Aus der Ciceronischen Rede de domo sua 11, 27 ist der monströse
Comparativ 'industrius' von Lambin entfernt, der 'illustrius' verbessert hat, was auch in den Baiterschen Text aufgenommen ist. Mag
Seneca de clem. 1 13, 2 'noxior' geschrieben haben, dem Quintilian
aber mit Haase zu Reisigs Vorlesungen § 112 p. 172 einen Comparativ 'propitius', der unserem 'egregius' freilich ganz gleich stehen
würde, zuzumuthen, berechtigen die beigebrachten Stellen IV 2, 27
und VII 1, 12 keineswegs: an der ersteren derselben läfst die Stellung 'ut *propitius iudex* defensionem — audiat' an der richtigen
Verbindung nicht zweifeln, in der zweiten empfiehlt der Zusammenhang den Positiv: 'ut id de quo laturus est sententiam iudex audire
propitius incipiat'. Der Richter soll von Anfang an günstig ge-
stimmt werden: eine Steigerung der Gunst im Anfange ist nicht
angebracht. Beidemal aber würde Quintilian, hätte er den Comparativ gemeint, um das Verständnifs zu sichern, nicht 'ut', sondern
'quo propitius' geschrieben haben, was er freilich in dem von Haase
verglichenen Satze IV 2, 24 'ut iudex ad rem accipiendam fiat con-
ciliatior docilior intentior' nicht nöthig hatte. Mit Recht ist daher
auch X 1, 91 die Ueberlieferung 'propius audirent' gegen das von
Haase vorgeschlagene 'propitius' von Bonnell festgehalten, auch ist
sie durch die Vergilische Bitte Aen. I 526 'propius res aspice nostras'
und VIII 78 'propius tua numina firmes' mehr als geschützt. So
bleibt nur die Auctorität Tertullians, der 'de carne Christi' 7 med.
und anderwärts 'necessarius aliquid' und 'necessarior' geschrieben hat:
aber was hat der römische Dichter mit dem africanischen Kirchen-
vater gemein? So grofs wie zwischen diesem Paar mag eben auch
die Aehnlichkeit zwischen Juvenal und seinem Interpolator sein.

Dafs nun zu diesem trefflichen 'egregius' noch ein zweiter Comparativ 'meliusque' hinzugefügt ist, giebt zwar dem Leser einen nütz-
lichen Wink zum Verständnifs, belästigt ihn aber doch wieder mit
einer durchaus nichtssagenden Tautologie. Dafür wird denn freilich
durch ein kühnes Bild im folgenden Verse unsere Phantasie vollauf
beschäftigt: der Schuldner als baufälliges Haus (wie wir von einem
wankenden Handlungshause sprechen), an dem die Fugen bereits
klaffen, so dafs der Einsturz, d. h. der Bankerott hindurchbleuchtet.
Man kann kaum vermeiden, an defecte Kleider zu denken, die indessen der Poet sicher nicht im Sinne gehabt hat.

Die Versicherung, dafs der drohende Einsturz ihm nicht den
Appetit verdirbt, wird uns hierauf [14 ff.] abermals ertheilt:

interea gustus elementa per omnia quaerunt.

'interea'? während des Schmausens oder während der Gläubiger am
Eingange des Marktes wartet [10]? Wenn er übrigens nur Bestandtheile des 'gustus', d. h. der promulsis sucht, und sich um die
eigentlichen fercula nicht kümmert, so scheint er doch keiner von
den schlimmsten zu sein. Erklärt doch sebst Cicero dem Paetus,
gewifs zu dessen Schrecken (ad fam. IX 16, 7. 20, 1), dafs er sich
nicht mehr wie früher mit der promulsis abfinden lasse, dafs die
Zeiten vorüber seien, wo es von ihm hiefs: 'o hominem facilem! o
hospitem non gravem!' Wie wenig verdient also unser Rutilus den
Namen eines 'gulosus' (19), und wie wenig glaublich ist es, dafs
er mit Gemüsen, Eiern, Oliven, kleinen Fischen und Pasteten seine
Finanzen so gründlich ruinirt! Besonders aber, wenn die Beobachtung wahr ist, dafs 'magis illa iuvant quae pluris emuntur' [16],
warum wirft er sich nicht auf die mulli und Pfauen und was sonst
der Markt an kostbaren Braten und Fischen bietet? Wie viel besser
versteht sich darauf der blasirte Schlemmer bei Petron 93:

> ales Phasiacis petita Colchis
> et pictis avis evoluta pennis
> atque Afrae volucres placent palato,
> quod non sunt faciles: at albus anser
> plebeium sapit. ultimis ab oris
> attractus scarus atque arata Syrtis
> si quid naufragio dedit, probatur.
> mullus iam gravis est etc.

Auch was wir nun weiter [17 ff.] lesen, leidet an Unwahrschein-
lichkeit:

> ergo haut difficile est perituram arcessere summam
> lancibus oppositis vel matris imagine fracta
> et quadringentis nummis condire gulosum
> fictile: sic veniunt ad miscellanea ludi.

Welcher Leckerbissen wird denn für die zerbrochene Büste der
Mutter zu haben sein? Dafs sie 'in auro picta est aut in argento',
setzt der Scholiast hinzu, der hiermit nur beweist, dafs er 'imago'
fälschlich für Gemälde genommen hat. Dem Schlemmer mag es nicht
schwer sein ('haut difficile est'), sich von ihr zu trennen, aber das
'arcessere summam' mit solchen pretiis pietatis dürfte desto gröfsere

Schwierigkeiten haben. Die 'urceoli sex' und der marmorne Chiron, das 'totum nihil', das dem armen Poeten Codrus (III 201 ff. = 203 ff.) durch die Feuersbrunst geraubt wird; die Teller und die laena, welche sein College Rubrenus Lappa verpfändet, um bei seinem Atreus nicht zu verhungern (VII 71 = 73), — dergleichen rührt uns: hier aber können wir nur die ungeschickte Hand des Stümpers erkennen, der nach Würze für sein salzloses Geschreibsel blind herumtappt.

Der Erlös aus jenem Trödel ist denn freilich auch bescheiden genug: 400 sestertii, die sich neben den 'sex milia', welche Crispinus nach IV [15] auf einen mullus verwendet haben soll, gar armselig ausnehmen. Dafs uns zugemuthet wird, unter 'gulosum fictile' nicht ein Geschirr mit weitem Halse, sondern die Schüssel eines 'gulosus' zu verstehen, mag der Liebhaber gewaltsamer Metonymieen, wie wir ihn aus den Satiren XI (X). XII—XV kennen, verantworten: dem echten Juvenal liegt eine solche Geschmacklosigkeit fern. Derselbe würde uns auch schwerlich in Ungewifsheit gelassen haben, worin denn eigentlich die um jene Summe zu erstehende »Würze« des »breitschlundigen Thongeschirrs« besteht.

Refert ergo, quis haec eadem paret

heifst es weiter [21]. Mit 'haec eadem' können natürlich die eben erwähnten 'miscellanea ludi' nicht gemeint sein, sondern nur etwa die 'gustus elementa' von [14], die freilich fast vergessen sind. Aufserdem scheinen mir beide Pronomina ungeschickt nebeneinander gestellt zu sein; jedes von beiden allein würde dieselben Dienste thun. Die Erklärung jenes Satzes beginnt: 'in Rutilo *nam* | luxuria est'. Hier ist das nachgesetzte '*nam*' zu bemerken, das Juvenal (und sonst auch Pseudo-Juvenal) stets an der Spitze des Satzes verwendet. Wenn nun auch Catull Vergil und Horaz jene Inversion durch ihre Auctorität zu legitimiren scheinen, so beweist doch Tibull, der sich derselben enthalten hat, dafs der individuelle Gebrauch Beachtung verdient (vgl. Lachmann zu Lucrez IV 604).

An den folgenden Worten

in Ventidio laudabile nomen
sumit et a censu famam trahit

hat schon Heinrich sehr ernsten Anstofs genommen: er vermifst mit Recht ein Subject, da es 'luxuria', die ja nur dem Rutilus zugeschrieben wird, doch nicht sein könne, und tadelt die Tautologie 'nomen sumit et ... famam trahit'. An letzterer erkennen wir unseren Stümper wieder, sie ist nicht die einzige in diesem Prolog: [12] 'egregius meliusque', [28] 'figendum et memori tractandum pectore', [35] 'noscenda — spectandaque', [39 f.] 'aere paterno ac rebus', [44] 'non praematuri cineres nec funus acerbum' erinnern an jene Neigung zum Parallelismus, von der wir oben so manches Beispiel zusammengestellt haben. Da aber auch der Scholiast mit allen Handschriften 'sumit' las, so werden wir uns auf Heinrichs Conjectur 'sumtus' nicht einlassen, und uns darein fügen, dafs der Verfasser wirklich 'luxuria' verstanden oder vielmehr etwas Synonymes, aber Unbestimmteres, wie jenes 'sumtus' aus ihr ergänzt haben will. »Bei Rutilus ist es schlechtweg luxuria, bei Ventidius nimmt es einen ehrenvollen Namen an.« Aber 'laudabile nomen'? Die luxuria oder Ventidius selbst kann für 'laudabilis' gelten, aber der Name einer Eigenschaft oder eines Menschen kann nur 'laudatum' oder 'non laudatum', 'bonum' oder 'malum' sein.

Wenn nun in rechtem Präceptorton fortgefahren wird

[23]   illum ego iure
despiciam, qui scit quanto sublimior Atlans
omnibus in Libya sit montibus, hic tamen idem
ignoret quantum ferrata distet ab arca
sacculus;

so kann ich die Berechtigung zu dem 'despicere' so unbedingt nicht zugeben. Tadeln, allenfalls auslachen mag man einen Verschwender, aber zu einer trockenen Geringschätzung wird sich nur der Pedant aufgefordert fühlen. Und da haben wir ja auch unseren fleifsigen Geographen, der uns mit seinen schönen Schulkenntnissen zu erfreuen keine Gelegenheit versäumt, aber freilich mit dem Stil schlecht genug umzugehen weifs: denn 'hic' bei 'idem', neben 'qui' im Relativsatze, ist noch mehr vom Uebel als oben [21] 'haec eadem'. Gleich kramt er auch ein Stückchen Philosophie aus:

[27 f.]   e caelo descendit γνῶθι σεαυτόν
figendum et memori tractandum pectore.

Das heifst in der That, einen himmlischen Spruch in den irdischen Schmutz hinunterziehen: nicht 'nosce animum tuum', wie Cicero Tusc. I 22, 52, oder ψυχὴν γνωρίσαι, wie Socrates selbst bei Plato Alcib. I p. 131 a erklärt, sondern 'nosce sacculum tuum' oder 'crumenam tuam', oder wie gleich [35] noch einmal eingeprägt wird,

'noscenda est mensura sui spectandaque rebus in summis minimisque',
— das ist die Pythische Weisheit, wie sie unser Dichter versteht. Hier
ist nun der aretalogus wieder recht in seinem Fahrwasser: freilich
poltert Alles durcheinander und die Periode enthält streng genommen
eigentlich Unsinn. In allen Fällen, so wird uns [29—34] empfohlen,

> sive
> coniugium quaeras vel sacri in parte senatus
> esse velis (neque enim loricam poscit Achillis
> Thersites, in qua se transducebat Ulixes);
> ancipitem seu tu magno discrimine causam
> protegere adfectas te consule: dic tibi qui sis,
> orator vehemens an Curtius et Matho buccae;

also in allen Fällen sage dir (soll heifsen 'frage dich'), wer du bist,
ob ein guter oder schlechter Redner! Was in aller Welt hat denn
die Ehe mit der Beredsamkeit gemein? Und da auf das erste 'sive'
[28] nur [31] ein 'seu' folgt, dazwischen aber [29] einmal 'vel'
(= 'vel si') steht, so scheinen Ehe und ein Sitz im Senat gleichsam zwei verwandte Situationen zu sein, die gemeinschaftlich der
Vertheidigungsrede des Consuls gegenübergestellt werden! Vergeblich
ist übrigens Heinrichs Bemühen, den Wechsel der Modi durch eine
selbständigere Stellung des mit 'seu' eingeführten Gliedes zu moti-
viren, die ihm in keiner Weise zukommt. Unser Stilist hält nun
eben in diesen Dingen Abwechselung unter allen Umständen für
elegant, und darum hat ihm auch oben [24—26] nach 'qui' einmal
'scit' und dann 'ignoret' gefallen. Der Corrector (ς) hat ganz ver-
ständig 'ignorat' geschrieben. Wie es [33] eigentlich mit der Ueberlieferung steht, geht aus Jahns Note 'adfectas Pg' nicht hervor, da
ja 'adfectas' auch im Text steht. Sollten Pg vielmehr den Conjunctiv
haben? Dafs der Panzer Achills plötzlich in den »heiligen Senat«
hineinfällt, scheint der latus clavus, an den der Verfasser gedacht
haben mag, veranlafst zu haben. Wir wollen ihm seinen Platz nicht
streitig machen, wie Heinecke gethan hat. Aber Thersites als Vertreter der Selbsterkenntnifs! Denn was man sich gefallen lassen
würde, 'non licet Thersitae poscere', steht doch einmal nicht da.
Was wir dagegen von Ulixes halten sollen, macht der Ausdruck
'se transducebat' sehr zweifelhaft. Dafs er mehr Anspruch auf die
Rüstung hat als Thersites, wird ihm der Verfasser nicht haben
streitig machen wollen. Wollte er aber andeuten, dafs sie selbst

ihm nicht wohl anstand, so geht doch dies nimmermehr hervor aus der Bemerkung, dafs Odysseus sich darin öffentlich vor den Leuten mit Stolz sehen liefs (vgl. VIII 12 = 17). Den Matho kennen wir aus I 31 (32) als einen causidicus, der sich in seiner neuen Sänfte breit macht, die er zur Anlockung von Kunden sich zugelegt haben mag; freilich vergeblich, denn VII 125 (129) ist von seinen schlechten Geschäften die Rede, die aber dort nicht seinem Ungeschick, sondern der Concurrenz der Junker und den schlechten Zeiten Schuld gegeben wird. Jedenfalls aber hat er den Namen einer 'bucca' (vgl. III 35 VI 414 = 516), eines platten, grofsmäuligen Schwätzers nicht verdient, da Martial vielmehr über seine gezierte Schönrednerei klagt:

X 46   omnia vis belle, Matho, dicere. die aliquando
et bene. die neutrum: die aliquando male.

Dafs als sein Gefährte der einflufsreiche Senator Curtius Montanus (IV 69 = 107) unter Domitian gemeint sei, wird nicht deutlich verrathen. Sonst müfste auch diese Wahl eine unglückliche genannt werden, da er uns aus Tacitus hist. IV 42 und ann. XVI 28 als 'orator vehemens' und beifsender Satiriker bekannt ist.

Bemerken wir noch, dafs 'in parte senatus esse' einen neuen Beleg der beobachteten Vorliebe für das bequeme Wörtlein 'pars' liefert, dafs die Verbindung 'protegere causam' (ein ganz bildliches Verbum mit einem sehr wenig sinnlichen nomen) hart ist, dafs die emphatischen Ablative 'te consule' statt des einfachen Nominativs, wie es scheint, nur dem Verse zu Gefallen beliebt sind, dafs endlich die Alternative 'orator vehemens' neben den beiden 'buccae' sich matt ausnimmt und geschickter mit dem Namen eines grofsen Redners zu vertauschen war, so wird wohl Nichts übrig bleiben, was man unserem Juvenal erhalten zu sehen wünschen möchte.

Ganz schulmäfsig todt ist in der schon angeführten Sentenz, die nun folgt, [36] der Ausdruck 'rebus in summis minimisque', mit dem, wie wir sehen werden, der Interpolator sich noch zweimal in seiner Armuth an lebendiger Anschauung behilft: I [14] VI [349].

Der elende Ausgang, den der Leichtsinn des Liebhabers von mulli nimmt, wird ihm [38 ff.] zum dritten Mal ans Herz gelegt:

quis enim te deficiente crumina
et crescente gula manet exitus?

wo denn freilich die von Jahn recipirte Lesart zwei interpolirter Handschriften (*fg*) 'culina' dem Verfasser nicht aufzubürden ist.

Nicht nur die Auctorität aller übrigen codices, auch des Pithoeanus, der von erster Hand 'c … ina', also drei Buchstaben zwischen *c* und *i* (wenn auch irgendwie verschrieben oder versetzt) hatte, dazu das unzweifelhaft nachgeahmte Beispiel des Horaz epist. I 4, 11 ('non deficiente crumena') empfiehlt '*crumina*', sondern auch der durch den Zusammenhang, zunächst durch das unmittelbar Vorausgehende 'cum sit tibi gobio tantum *in loculis*' gebotene Gedanke: wenn bei abnehmender »Küche« nur die Efslust und Lüsternheit zunahm, so war für die Finanzen Nichts zu besorgen. Und doch soll ja der 'exitus' erfolgen

[39]   aere paterno
      ac rebus mersis in ventrem fenoris atque
      argenti gravis et pecorum agrorumque capacem,

wieder eins jener unverdaulichen Bilder, in dem der Phantasie zugemuthet wird, aufser dem geliehenen Gelde massives Silbergeräth, Viehheerden und Aecker in den geräumigen Bauch hineinspazieren zu sehn. Auch der Aufwand in mannigfachen Copulativpartikeln ('atque et que') verdient Beachtung. Sollen wir des 'exitus' [39] gedenken, wenn wir weiter lesen, wie zuletzt der Ring von solchen Herren auszieht ('exit = emigrat') [42]?

      talibus a dominis post cuncta novissimus *exit*
      anulus, et digito mendicat Pollio nudo.

Warum aber, wenn nicht um des Verses willen, ist aus unserem Rutilus plötzlich ein Pollio geworden? Er führt uns wenigstens wieder zu Juvenal zurück, denn es ist ohne Zweifel Crepereius Pollio gemeint, der (IX 5 = 6 ff.) mit erbärmlichem Gesicht 'triplicem usuram praestare paratus circumit et fatuos non invenit'. Dafs wir unserem Auctor aufs Wort glauben sollen, dafs er Ritter war und wirklich zum Bettler herabsank, möchte ich deshalb nicht rathen. Soll das Folgende [44 f.]

      non praematuri cineres nec funus acerbum
      luxuriae, sed morte magis metuenda senectus

nicht ganz in der Luft hängen, so mufs man auch noch annehmen, dafs jene Strafe den Pollio im hohen Alter traf oder doch wenigstens bis in dasselbe verfolgte.

      Es wird nun ein Anlauf genommen, das stufenweise Herabkommen eines Verschwenders darzustellen [46 ff.]:

hi plerumque gradus: conducta pecunia Romae
et coram dominis consumitur; inde ubi paulum
nescio quid superest et pallet fenoris auctor,
qui vertere solum, Baias et ad ostrea currunt;

und hiermit haben die »Stufen« ein Ende. Also aus den Klauen
der römischen Wucherer zu den Austern von Bajä! Diesen Tausch
kann man sich ja wohl gefallen lassen. Die weiteren Stadien von
hier zum Bettelstab sind dem Dichter gleichsam unter der Feder
abhanden gekommen. Zu [49] bemerkt Heinrich: ‚‘qui vertere solum
— currunt’, läfst sich verstehen, ist aber schwerlich eine lateinische
Construction. Das Wahre scheint ‘cum’ aus einer Handschrift (cod.
Rob. Stephani).« Dafs wir durch solche Kritik die Fehler unseres
Auctors, nicht die Ueberlieferung verbessern, braucht kaum wiederholt zu werden. Dafs ihm Stoff und Athem ausgeht, verrathen
schon die einförmigen Doppelzeilen, die sich zum Schlufs dreimal
wiederholen [50 f. 52 f. 54 f.], und von denen die letzte

sanguinis in facie non haeret gutta, morantur
pauci ridiculum et fugientem ex urbe pudorem

ebensogut etwa nach [16] oder [20] oder [49] folgen könnte: so
gar nicht ist für eine nähere Verbindung mit dem Vorhergehenden
gesorgt. Seltsam aber ist die Klage über ‘fugientem ex urbe pudorem’, nachdem so eben von der Flucht jener schamlosen Bank-
rottirer die Rede gewesen ist. Wenn die Scham sowohl als die
Schamlosigkeit aus der Stadt entfliehen, was bleibt dann zurück
für jene »wenigen«?

Wer sich überzeugt hat, dafs die vierte und zehnte (elfte) Satire so umfangreiche Zusätze am Anfange erhalten haben, wird sich
nun um so mehr berechtigt halten, ähnlichen Erweiterungen sei es
an der Hand äufserer Indicien oder nur innerer Merkzeichen noch
weiter nachzuspüren. Beide vereinigen sich in bemerkenswerther
Weise gegen den Anfang der achten Satire:

stemmata quid faciunt? quid prodest, Pontice, longo
sanguine censeri, pictos ostendere vultus
maiorum et stantis in curribus Aemilianos
et Curios iam dimidios umerosque minorem
[5]   Corvinum et Galbam auriculis nasoque carentem?
quis fructus, generis tabula iactare capaci
Corvinum, posthac multa contingere virga
fumosos equitum cum dictatore magistros.
si coram Lepidis male vivitur?

Vers [7] fehlt in ω und wird in zwei Handschriften vor [5] gesetzt, aufserdem haben dieselben nebst zwei anderen 'Fabricium' statt 'Corvinum', eine Handschrift 'deducere' statt 'contingere', anderer Abweichungen wie 'nasumque minorem Corvini' für 'umerosque minorem Corvinum' [4] nicht zu gedenken. Von den Neueren hat C. Fr. Hermann Rh. Mus. VI 454 ff., um [7] zu retten, die beiden vorhergehenden Verse auszuwerfen empfohlen. Wenigstens würde hierdurch die lästige Wiederholung von Corvinum in [5] und [7] vermieden und dem anderen von Hermann hervorgehobenen Uebelstande ausgewichen, dafs als ganzer Inhalt der »geräumigen Ahnentafel« ('tabula capax') der einzige Corvinus genannt wird. Die gröfste Schwierigkeit aber liegt in der Construction des Stammbaumes selbst oder in der Annahme, dafs derselbe Junker unter seinen Vorfahren im Atrium Aemiliani, Curii, einen Corvinus, einen Galba und Lepidi aufweisen soll. Dafs ein Nachkomme der Lepidi (4 = 9) unter seinen Ahnen Aemiliani (3) und speciell den P. Cornelius Scipio Aemilianus (6 = 11) zählte, der 'Numantina traxit ab urbe notam' (Ovid fast. I 596), ist vollständig in der Ordnung, ebenso wie einem Fabius (9 = 14) die Allobrogici (8 = 13) zukommen und wie Rubellius Blandus, der auf den Stammbaum der Drusi stolz ist (35 = 40), sich mit seinem Verwandten Nero (65 = 72) brüsten kann. Jene Ueberladung aber mit Ahnen der verschiedensten Familien, von deren verwandtschaftlicher Verbindung uns keine Kunde zugekommen ist, würde der alte Messala in jenen 'volumina, quae de familiis condidit' (Plinius n. h. XXXV 2, 8), schwerlich haben passiren lassen, besonders da ein Namensvetter Corvinus, wenn nicht gar der Redner selbst gemeint ist, sich auf jener Stammtafel so breit macht. Wäre nicht Alles knapp und scharf gesagt, wenn an 3 sich unmittelbar 4 = [9] anschlösse? Im Atrium die Stammbäume ('stemmata vero lineis discurrebant ad imagines pictas' Plinius a. a. O.), die Wachsbilder der Vorfahren ('expressi cera voltus singulis disponebantur armariis' ebenda), die Triumphalstatue auf dem 'currus aëneus', gerade wie sie nach VII 121 = 125 ff. in dem vestibulum eines Aemilius prangt, und die zusammengehörigen Namen der Aemiliani und Lepidi dicht aneinandergerückt. Wozu nun noch die scurrile und kleinliche Hinweisung auf verstümmelte Büsten, denen Schultern, Ohren oder Nase fehlen, da es nicht einmal wahrscheinlich ist, dafs ein Junker, der soviel auf seinen Stammbaum hält, die Bilder der Vorfahren in

so verwahrlostem Zustande lassen werde. Wozu dann nochmals
[6] die Rückkehr zu den 'stemmata', und nach den Triumphatoren
[3] die Erwähnung von 'magistri equitum' mit einem Dictator [8]?
Der Verfasser dieser Verse scheint der Versuchung nicht haben widerstehen zu können, einiges überflüssige Detail und einige ihm geläufige Namen einzuschwärzen, wie den M'. Curius Dentatus (der
doch gewifs [4] vor Allen gemeint ist), den M. Valerius Corvinus
Messala, vielleicht auch den Fabricius [7] und endlich den Galba,
von dessen 'magna et vetus prosapia' Sueton (Galb. 2 f.) ausführlich
handelt. So ist denn auf den ursprünglichen Text eine zweite Auflage gewissermafsen aufgeklebt, und zwar so, dafs die einzelnen
Theile der neuen Schicht die Grundlagen der alten decken: 'quis
fructus' [6] deckt 'quid prodest' 1, 'generis tabula iactare capaci'
[6] ist Variation von 'longo sanguine censeri' 1 f., 'multa contingere
virga' [7] u. s. w. vergröbert das 'ostendere' von 2, die 'picti voltus' von 2 werden [4 f.] näher verarbeitet, die siegreichen Feldherrn von 3 kehren [8] in den 'magistri equitum' und dem Dictator
wieder. Wie ungeschickt im Ausdruck aber diese Zusätze gerathen
sind, beweist schon die Rathlosigkeit alter und neuer Commenta-
toren besonders bei den Worten 'generis tabula iactare capaci' und
'multa contingere virga'. Die 'tabula capax' wufste sich Lessing
XI S. 304 nicht anders zu deuten, als dafs damit das armarium
gemeint sei; weniger unpassend würden die Linien des 'stemma'
Tafel genannt sein. Dann aber läfst die 'virga' wiederum in Zweifel,
ob an die 'rami' ('ramusculi', flexurae') des Stammbaums zu denken
sei (wo dann freilich 'deducere', wie Schegk zu Vell. Pat. 1 13 citirt,
oder etwa 'coniungere' zu wünschen wäre) oder an einen Kehrbesen
(wie bei Ovid fast. IV 736) zum Reinigen der Bilder oder an das
Stäbchen des den Cicerone machenden Hausherrn, womit er auf die
Bilder weist, wobei wieder das Adjectiv 'multa' Schwierigkeiten
macht, welches den Scholiasten sogar verführt hat, 'multis fascibus,
dignitate' zu verstehen und auf die Feldherren des folgenden Verses
zu beziehen. Dafs eine oft und eifrig erhobene Gerte gemeint ist,
mag Döderlein Synon. IV 202 und Hermann richtig errathen haben,
aber Homerisch ist nicht Juvenalisch, und das von Heinrich mit
Recht erbärmlich genannte 'posthac', welches voraufgeht, gewinnt
nicht, wenn man auch unwahrscheinlicherweise den Gast aus dem
Inneren des Hauses, wo er nach Döderlein den Stammbaum be-

wundert haben soll, in das Atrium zu den 'imagines' wandern läfst. Klarheit und Präcision wird gewonnen, wenn wir von [4] bis [8] einen scharfen Schnitt thun und diesen bereits von Andern zum Theil aufgegebenen Lappen lieber ganz entfernen, statt in doch vergeblicher Anstrengung stückweise daran herumzubessern.

Eine weit umfangreichere Interpolation ist in demselben Stück nach 103 (110) zu entfernen. Von 80 (87) an giebt Juvenal seinem jungen Adligen Lehren, wie er sich als Statthalter in der Provinz zu benehmen habe. Er soll milde sein und vor Allem den kärglichen Besitz der ausgesogenen Bewohner nicht vollends durch Habsucht zerrütten (—83 = 90); er soll an die Gesetze und die Weisungen des Senats denken, an den Lohn guter Amtsführung und an die Strafen, womit Erpressung, freilich vergeblich, bedroht ist (—90 = 97). Auch lohne die Ausbeutung der Provinzen nicht mehr, nachdem die Vorgänger von dem Reichthum derselben die Blüthe gepflückt und ihnen kaum das Nothdürftigste gelassen haben (— 103 = 110). Dann (104 ff. = 127 ff.) wird ihm noch empfohlen Sorge zu tragen, dafs auch seine Umgebung ehrbar und rechtschaffen sei. Zwischen diese theils würdevollen, theils wenigstens plausibeln Argumente ist nun ein ganz gemeines und albernes gemischt, welches die Vorschrift selbst durchlöchert, nämlich die Bemerkung, man möge wenigstens tapfere Nationen, wie die Spanier, Gallier, Illyrier, Africaner, durch rücksichtslose Ausplünderung nicht zum Verzweiflungskampf bringen, wobei man leicht den Kürzeren ziehen könnte; bei Weichlingen wie den Rhodiern und Korinthiern möge man es eher riskiren! Das ist unser wohlbekannter Stubenphilister, dem die Sicherheit der eigenen Haut über Alles geht; der also hier mit eigener Weisheit eine Lücke ausfüllen zu müssen gemeint hat. Darum auch die gravitätische Versicherung, die ganz in seinem breitspurigen Stil gehalten ist [125 f.]:

> quod modo proposui, non est sententia, verum est:
> credite me vobis folium recitare Sibyllae.

Fürwahr die Weisen des Morgenlandes können nicht nachdrücklicher sein. Uebrigens wird sonst bis zum Schlufs durchweg nur Einer, nämlich Ponticus, und von 34—63 (39—70) Rubellius Blandus angeredet; auch 155 f. (181 f.) gilt nur dem Ponticus. Der Dichter hat das wüste Treiben des jungen Lateranus geschildert, der unter

dem niedrigsten Pöbel sich in Kneipen herumtreibt (141—152
= 167—178); und fährt mit Entrüstung fort:

> quid facias talem sortitus, Pontice, servum?
> nempe in Lucanos aut Tusca ergastula mittas.
> at vos, Troiugenae, vobis ignoscitis, et quae
> turpia cerdoni, Volesos Brutumque decebunt;

wo natürlich unter den Angeredeten Ponticus selbst und seine Standes-
genossen gemeint sind. Zu einer solchen affectvollen Apostrophe
lag [126] kein Grund vor, und eine besondere Beziehung auf den
Freund, dem die ganze Satire gewidmet ist, wird nur hier vermifst.
Der Rhetorschüler verräth sich auf das Handgreiflichste durch die
Unterscheidung zwischen 'sententia' und 'verum' [125]. Er war
eben gewohnt, in der Schule und in seiner poetischen Werkstatt
gegebene Themata ohne Rücksicht auf persönliche Ueberzeugung mit
Worten auszustaffiren, wie Quintilian I 9 vorschreibt: 'sententiae
quoque et chriae et ethologiae subiectis dictorum rationibus apud
grammaticos scribantur, quia initium ex lectione ducunt: quorum
omnium similis est ratio, forma diversa, quia sententia universalis
est vox, ethologia personis continetur', oder wie es in der von
Heinrich angeführten Stelle bei Seneca controv. praef. p. 55, 24 B.
heifst: 'solebat autem et hoc genere exercitationis uti, ut nihil praeter
epiphonemata scriberet, aliquo die nihil praeter enthymemata. aliquo
die nihil praeter has translatitias quas proprie sententias dicimus,
quae nihil habent cum ipsa controversia implicitum, sed satis apte
et alio transferuntur, tamquam quae de fortuna, de crudelitate, de
saeculo, de divitiis dicuntur: hoc genus sententiarum supellectilem vo-
cabat'. An solcherlei Geräth hat unser Pseudo-Juvenal wie jener Nicht-
Horaz, dem wir 'testis mearum centimanus Gyas sententiarum' verdanken, allerdings reichlichen Vorrath, während ihn der echte verschmäht
und auch im Scherze nicht zu dem Verdacht Anlafs geben würde, als
ob Einiges oder gar das Meiste in seinen Satiren 'sententia' wäre.

Kehren wir zurück zu dem Inhalte unseres Sibyllinischen Blattes.
Selbst in diesem Zusammenhange waren wenigstens [119 f.] durchaus entbehrlich. Die Armuth aller Provinzialen war bereits 91—103
(98—110) umfassend geschildert: wozu nun in die Warnung vor
der mannhaften Rache der Africaner abermals die Versicherung hinein-
schieben, dafs doch Nichts von ihnen zu holen sei?

> quanta autem inde feres tam dirae praemia culpae,
> cum tenues nuper Marius discinxerit Afros?

7*

Die Figur des Marius ist entlehnt aus I 48 (49)

> exul ab octava Marius bibit et fruitur dis
> iratis, at tu victrix provincia ploras!

Aber welcher Abstand zwischen der edlen Bitterkeit, der Prägnanz dieser sarkastischen Zeilen und der leeren Frivolität der obigen!
Die facetiae des Ausdrucks 'discinxerit Afros' sind weder der Juvenalischen Auffassung angemessen, noch an sich klar. Denn wenn
der Ausdruck, wie längst bemerkt, an die von Vergil Aen. VIII 724
und nach dessen Vorgang von Anderen sogenannten 'discinctos Afros',
d. h. an ihre ἄζωσιοι πλατύσημοι χιτῶνες (Strabo XVII p. 828)
anklingen soll, so hätte Marius diesen Leuten nur einen Dienst erwiesen, der ihrer Bequemlichkeit erwünscht gewesen sein muſs. Soll
aber 'armis' ergänzt werden, wie es von Silius VIII 34 hinzugesetzt
ist ('discingitur armis'), so ist von ihrer Rache Nichts zu fürchten
und die Versicherung von [123 f.]

> tollas licet omne quod usquam est
> auri atque argenti, scutum gladiumque relinques
> et iaculum et galeam: spoliatis arma supersunt

wird im Voraus entkräftet. Muſs man sich also zu der Erklärung
von Grangaeus bequemen und 'discingere' von der Wegnahme der
zona, des Geldbeutels, verstehen, so ist dies ein Ausdruck, der
sonst nicht nachweisbar ist und durch den unvermeidlichen Doppel-
sinn, der darin liegt, eher albern als witzig erscheint. Weder für
die frühere Situation noch als ὕστερον πρότερον ist bei den von
Marius Priscus geplünderten Africanern das Beiwort 'tenues' passend. Strabo's Beschreibung des gesegneten Landes im siebzehnten
Buche und die Schilderung des Processes bei Plinius epist. II 11
macht wahrlich nicht den Eindruck, daſs wenig von ihnen zu holen
war. Karthago's Blüthe seit August rühmt der erstere XVII p. 833
extr. mit Worten, aus denen hervorgeht, daſs es um die übrigen
Städte Libyens gewiſs nicht schlecht stand (καὶ νῦν εἴ τις ἄλλη
καλῶς οἰκεῖται τῶν ἐν Λιβύῃ πόλεων); denselben Eindruck machen
die Schilderungen bei Apuleius (z. B. in der Apologie), der vollends
von Karthago ('provinciae nostrae magistra venerabilis, Africae Musa
caelestis, Camena togatorum' Florid. p. 98 Oud.) in Lobpreisungen
überflieſst; in Herodians Zeit stand es nur Rom an Reichthum, Ein-
wohnerzahl und Gröſse nach (VII 6 Καρχηδόνα — ἣν ᾔδει μεγίστην
τε οὖσαν καὶ πολυάνθρωπον ... ἡ γὰρ πόλις ἐκείνη καὶ δυ-

*νάμει χρημάτων καὶ πλήθει τῶν κατοικούντων καὶ μεγέθει
μόνης 'Ρώμης ἀπολείπεται, φιλονεικοῦσα πρὸς τὴν ἐν Αἰγύπτῳ
'Αλεξάνδρου πόλιν περὶ δευτερείων):* und noch bei Ausonius clar.
urb. 2 nimmt es nach Rom und Constantinopel als ebenbürtige
Nebenbuhlerin den nächsten Rang ein. Nicht einmal zu den eigenen
Worten des Interpolators ('parce et *messoribus* illis, qui *saturant*
urbem' e. q. s.) will die 'tenuitas' recht passen.
Von der besprochenen Abschweifung [119 f.] lenken die nächst-
folgenden Worte

> curandum inprimis, ne magna iniuria fiat
> fortibus et miseris

wieder zur Hauptsache zurück, freilich ohne zu dem früher
[116—118] Gesagten irgend etwas Neues hinzuzufügen, was doch
das nachdrückliche 'inprimis' in Aussicht zu stellen scheint. Vielmehr leidet der Ausdruck an ganz besonderer Mattigkeit und Armuth, wie denn auch im Folgenden die pedantische und doch verworrene Aufzählung sämmtlicher Waffen (nicht nur des 'gladius' und
'iaculum' zum Angriff, sondern auch der in 'scutum' und 'galea' be-
stehenden Rüstung) und der hierauf ganz überflüssige Zusatz 'spo-
liatis arma supersunt' lebhaft an unsern hohlen Declamator erinnern.
In diesem Urtheil kann es uns nur bestärken, wenn wir zu [124]
bei Jahn lesen: '124 spurium esse vidit Lachmannus', während
C. Fr. Hermann das ganze Mittelstück 'scutum ... galeam' für entbehrlich hielt und zusammenzog:

> tollas licet omne quod usquam est
> auri atque argenti, spoliatis arma supersunt.

Wir entnehmen hieraus nur die Bestätigung, dafs alle drei Verse
kein Juvenalisches Gepräge tragen, eine Eigenschaft, die sie aber
mit ihrer Umgebung in viel weiterem Umfange theilen.
[116 f.]   horrida vitanda est Hispania, Gallicus axis,
           Illyricumque latus.

Vermeiden soll er aber nicht sowohl diese Länder als die Aussau-
gung derselben, weil der Zorn der Einwohner gefährlich ist. Wenn
daher das Beiwort 'horrida' bei Spanien leidlich passend erscheint,
so weifs man doch gleich mit der »gallischen Axe« nichts Rechtes
anzufangen, schon wegen der Zweideutigkeit, die auch diesem Ausdruck anhängt. Versteht man den gallischen Himmel, so thut
geographische Lage erstens nichts zur Sache, ferner hat überhaupt

die Himmelsaxe Galliens keinen rechten Sinn. Wenn Ovid sagt
metam. IV 215 'axe sub Hesperio sunt pascua Solis equorum', oder
wenn es von dem durch Phaëthon beinah verursachten Himmels-
brande metam. I 255 heifst: 'longusque ardesceret axis', wenn er
trist. IV 8, 41 klagt, dafs er 'sub axe boreo' lebe, oder wenn Juvenal
VI 320 (470) die Poppaea Sabina als 'exul Hyperboreum ad axem'
schickt, und überhaupt, wo Hitze oder Kälte oder eine sonstige
eigenthümliche Einwirkung von Himmelskörpern ins Spiel kommt,
wird sich jeder die Axe so gut wie den Himmel gefallen lassen.
Aber zur Bezeichnung Galliens ist dergleichen ganz bedeutungslos,
es müfste denn Einer so unwissend sein, dafs er Gallien an den
Nordpol versetzte, wie der Scholiast, vielleicht im Sinne des Verfassers, annimmt ('Gallicus axis. septentrionalis pars'). Oder sollen
gar die carri und rhedae gemeint sein, womit die Gallier ihre
Schlachtreihe umgaben (Caesar b. G. I 51)? Juvenal kennt 'Aricinos
axes', neben denen der Bettler einherläuft (IV 79 = 117), ein anderes Mal (III 255 = 257) wird 'qui saxa Ligustica portat axis' ein-
geführt, wo kein Mensch zweifeln kann, was gemeint ist: aber die
»gallische Axe« ohne jede erklärende Zuthat bleibt ein Räthsel. Für
so thöricht halte ich indessen selbst unseren Rhetor nicht, dafs er
die gallischen Trainwagen dem römischen Feldherrn als Schreckbild
vorgeführt haben sollte. Auch 'Illyricum latus' ist zweideutig: soll
man den Küstenstreif Illyriens oder die mächtige Flanke des tapferen
Illyriers verstehen, wie VI 355 = 505 von dem 'breve parvi lateris
spatium' einer 'virgo Pygmaea' die Rede ist? Die länglich schmale
Gestalt der Provinz thut wieder Nichts zur Sache; die zweite Erklärung, die auch m. W. Niemand vorgeschlagen hat, wäre äufserst
gezwungen und um so ferner liegend, je mehr man geneigt ist,
auch den 'axis' geographisch zu fassen. Man müfste denn in 'latus'
wie in dem Beiwort 'horrida' einen Gegensatz wittern wollen zu
der 'resinata iuventus' von Rhodus und Korinth und den 'crura
levia totius gentis', die [114 f.] als unschädlich bezeichnet werden.
    Endlich die ersten Verse. Juvenal hatte geschlossen, jetzt könnten
den Bundesgenossen nur noch ein paar Stück Vieh genommen werden,
103 = 110   ipsi deinde lares, si quod spectabile signum.
Von Bildwerken, wie sie die Dolabellae, Antonius, Verres ausgeführt,
sei Nichts mehr übrig, nur noch die Larenbilder, die etwa aus-
nahmsweise durch feinere Arbeit oder Metallwerth (vgl. Tertullian

apolog. 13) den Räubern in die Augen stechen möchten. Diesem Schlufs wird die Spitze abgebrochen durch den Zusatz 'si quis in aedicula deus unicus', den das Bedürfnifs des Rhetors nach Füllsel zu verantworten hat. Die vollständige Erbärmlichkeit des folgenden Satzes aber:

haec etenim sunt

pro summis, nam sunt haec maxima

hat schon Heinecke unerträglich gefunden: er schlägt 'unus' statt 'unicus' vor, und will dann gleich fortfahren: 'despicias tu'. Ihm ist Heinrich beigetreten, der »eine häfsliche Verhunzung des edeln Gedichts« in dieser Randbemerkung erkennt; Manso Verm. Abh. 246, dem Jahn beipflichtet, giebt beide Verse [111 f.] vollständig auf; endlich schlägt C. Fr. Hermann vor, zwar die Worte 'si quis . . . summis' zu conserviren, dagegen 'nam sunt haec maxima. despicias tu forsitan' zu streichen und 'bellos' statt 'inbellis' zu setzen. Zu letzterer Conjectur liegt nicht der geringste Grund vor. Indessen lehren alle diese Vermuthungen, wie wenig die ganze Stelle aus einem Gufs ist und wie sehr sie das feste Gepräge der Originalität vermissen läfst, die aller Anfechtungen von vornherein spotten würde. Allen Versuchen liegt in negativer Hinsicht ein richtiges Gefühl zu Grunde, denn auch das doppelte 'despicias' [112] und [114] ist nur ein Verräther nothdürftiger Versdrechselei, nicht der Ausflufs einer angemessenen Erregung. Solche Partieen, die zu mannigfachen Athetesen im Kleinen einladen, ohne dafs doch eine derselben durchgreifend zu helfen vermag und die Gewähr der Wahrheit in sich trägt, sind bei Juvenal in der Regel nicht kranke, sondern geradezu fremde Theile, durch deren entschiedene totale Beseitigung das Uebrige mit einem Schlage geheilt ist.

Die zweite Satire behandelt die geheimen Sünden der Männer, und zwar vorzugsweise ihre Entartung zum Weibe. Zunächst weist Laronia von 36—63 nach, welche Uebergriffe das männliche Geschlecht in das Gebiet weibischer Gelüste sich erlaubt, womit die Ausschreitungen einzelner emancipirter Frauen in keinem Verhältnifs stehen. Weiter wird dann ausgeführt, wie selbst öffentliche Auctoritäten, wie der Prätor auf dem Tribunal durch schamloses Auftreten in durchsichtigen Weibergewändern ein böses Beispiel giebt (—82), wie Männer untereinander die Orgien der bona dea feiern (—112 = 107), wie ein Gracchus als Braut sich heimführen läfst von einem Hornbläser (113—138 = 117—142), und wie solche 'monstra' nicht einmal empfunden werden als eine Umkehr der Natur. Zum Schlufs 139 ff. (149 ff.) folgt dann jene Begegnung in der Unterwelt zwischen den grofsen Vorfahren und ihren entarteten Nachkommen.

Was soll nun in diesem Zusammenhang das Auftreten des Gracchus als Gladiator, und wie ist es glaublich, dafs Juvenal die Wirkung jenes unnatürlichen Hochzeitgemäldes und der daran geknüpften Sarkasmen verpfuscht haben sollte mit folgenden elenden Versen [143—148]?

> vicit et hoc monstrum tunicati fuscina Gracchi,
> lustravitque fuga mediam gladiator harenam
> et Capitolinis generosior et Marcellis
> et Catuli Paulique minoribus et Fabiis et
> omnibus ad podium spectantibus, his licet ipsum
> admoveas, cuius tunc munere retia misit.

Welche Stumpfheit des natürlichen Gefühls gehört dazu, eine damals bereits gar nicht mehr seltene Verletzung des äufseren decorum, wie das Herabsteigen eines Adligen in die Arena, auszugeben als eine Ueberbietung jener wahrhaft scheufslichen Unnatur, dafs ein Mann, ein Priester des Mars, 'segmenta et longos habitus et flammea sumit'!

In die achte Satire, deren Thema die Aufrechthaltung der wahren Standesehre ist, pafst der adlige Gladiator vortrefflich. Um so viel tiefer die sociale Stellung eines Fechters im Vergleich zu der eines öffentlichen Schauspielers war, um soviel wurde die Schamlosigkeit jener adligen Amateurs, die sich der Bühne verkauften (VIII 157—172 = 183—199), überboten durch die Schmach, welche Gracchus als retiarius seinen Ahnen und der Stadt anthat (173—182 = 200—210):

> haec ultra quid erit nisi ludus? et illud
> dedecus urbis habes: nec myrmillonis in armis
> nec clipeo Gracchum pugnantem aut falce supina,
> (damnat enim tales habitus); movet ecce tridentem, et
> postquam vibrata pendentia retia dextra
> nequiquam effudit, nudum ad spectacula voltum
> erigit et tota fugit agnoscendus harena.
> credamus tunicae, de faucibus aurea cum se
> porrigat et longo iactetur spira galero?
> ergo ignominiam graviorem pertulit omni
> vulnere cum Graccho iussus pugnare secutor.

Man braucht nur die beiden Stellen nach einander zu lesen,
um sich zu überzeugen, daſs jener Lappen in der zweiten Satire
ein elender Abklatsch der echten Schilderung ist, zu dem der Name
des Gracchus die Veranlassung gegeben hat.

Die einzelnen Reminiscenzen liegen zu Tage:

II [143]	vicit et hoc monstrum e. q. s.
VIII 172 (199)	haec ultra quid erit nisi ludus?
II [143]	tunicati fuscina Gracchi
VIII 175 [203]	movet ecce tridentem
und 179 [207]	credamus tunicae
II [144]	lustravitque fuga mediam gladiator harenam
VIII 178 [206]	tota fugit agnoscendus harena
II [147]	omnibus ad podium spectantibus
VIII 177 [205]	nudum ad spectacula voltum erigit.

Eigenthümlich ist dem Interpolator nur die ganz in seinem Geschmack
gehaltene, gänzlich nichtssagende Aufzählung [145 ff.]

> et Capitolinis generosior et Marcellis
> et Catuli Paulique minoribus et Fabiis et
> omnibus ad podium spectantibus;

die auch Hermann durch Einklammerung von 'et Marcellis ... minoribus' beschneiden zu müssen geglaubt hat, ohne freilich das ab-
scheuliche 'et Fabiis et' damit aus dem Wege zu räumen. Selbst
der pikant sein sollende Schluſs

> his licet ipsum
> admoveas, cuius tunc munere retia misit,

wozu der Scholiast im Sinne des Verfassers gewiſs richtig bemerkt:
'quia et Gracchus munere Neronis pugnavit', gemahnt an obige Quelle
167 (193) 'vendunt nullo cogente Nerone', wo freilich zunächst nur
Schauspieler gemeint sind, so daſs die historische Wahrheit jener
Andeutung, als ob Gracchus bei einem von Nero veranstalteten Spiel
gekämpft habe, von dem Interpolator allein zu verantworten ist.
Daſs ihn übrigens das Original VIII 173 ff. (199 ff.) besonders beschäftigt hat, ist auch noch aus der Einschwärzung zweier Halbverse
VIII [202 f.]

> et damnat et odit,
> nec galea faciem abscondit

ersichtlich, die von C. Fr. Hermann glücklich beseitigt sind, nachdem
Ruperti, Paldamus und Heinrich den ganzen Vers [202] hatten ver-

werfen wollen[1]). Und ganz im Geiste jenes Zusatzes II [147 f.] ist auch das Einschiebsel VIII [194] gehalten

nec dubitant celsi praetoris vendere ludis,

dessen Sinn wohl der Scholiast am besten gefafst hat, der 'celsi' auf die adligen Histrionen bezieht und 'praetoris' erklärt: 'ignobilioris quam ipsi sunt'[2]). Ruperti hat die Unechtheit des Verses vollkommen genügend nachgewiesen, und Heinrich würde vielleicht ebenso urtheilen, wenn er es nicht unter seiner Würde zu halten pflegte, dem viel zu sehr von ihm verachteten Vorgänger beizustimmen.

Die fünfte Satire schildert die Demüthigungen, welche der Parasit an der Tafel des Reichen über sich ergehen lassen mufs, durchweg in der Absicht, das Schamgefühl des Clienten zu erregen, ihm die entwürdigende Behandlung als natürliche und verdiente Züchtigung seiner würdelosen Gesinnung darzustellen und durch die erschöpfende Schilderung derselben ihn von weiterer Fortsetzung dieses elenden Berufes abzuschrecken.

Si te propositi nondum pudet atque eadem est mens,
ut bona summa putes aliena vivere quadra,
si potes illa pati etc.
quamvis iurato metuam tibi credere testi.

---

[1]) Nur Lupus p. 37 fühlt nicht die Abgeschmacktheit, die in der leeren Wiederholung von 'damnat' und seiner nachdrücklichen Verbindung mit 'odit' durch 'et — et' besteht, als ob nicht 'damnare' ohne Weiteres Abscheu und Widerwillen voraussetzte. Denn erklärt wird doch dieser »Hafs« durch kein anderes Motiv, als welches der »Verdammung« der Myrmillonentracht zu Grunde liegt, nämlich durch das Verlangen, sich zu prostituiren. Dafs aber der myrmillo 'galea faciem abscondit', wufste jeder römische Leser, und hätte Juvenal es ihm noch ausdrücklicher sagen wollen, so würde er den Zusatz 'nec ... abscondit' wenigstens oben an die beiden 'nec' ('nec myrmillonis in armis nec clipeo Gracchum pugnantem' etc.) irgendwie angeschlossen haben, da er doch offenbar in das Bereich der 'habitus' fällt, auf welche die Worte 'damnat enim tales habitus' zurückblicken. Nun aber sieht Jeder, dafs 'movet ecce tridentem' etc. nicht zu dem Helm im Gegensatz steht, sondern zum Schilde und der 'falx supina', und dafs die schroffe Gegenüberstellung dieser beiden Kampfarten vom Dichter beabsichtigt worden ist. Also können wir die Worte 'nec galea faciem abscondit' nicht brauchen.

[2]) Pinzger p. 18 schreibt 'Celsi' und versteht darunter den Ictus P. Juventius Celsus, der 854 Prätor war. Und Weber findet in seiner Erwähnung den »Gegensatz eines friedlich und mit einem friedlich amtierenden Manne eingegangenen Vertrages zu den gewaltsamen Nöthigungen eines Tyrannen, wie Nero, die allein solche Entehrung einigermafsen entschuldigen könnten.« Aufser dem Kaiser durfte wohl kein Magistrat es wagen, Adlige zur Arena zu pressen; und dafs Celsus ein Typus der Harmlosigkeit oder Ehrbarkeit gewesen wäre, ist nicht bekannt.

So beginnt die Satire. Selbst der Bettler an der Brücke sei ehren-
werther und freier als der hungrige Parasit. Die ganze Schilderung
der Mahlzeit ist darauf berechnet, nicht etwa Mitleid für den Ge-
mifshandelten, sondern Verachtung gegen den sich selbst preis-
gebenden Gast zu erwecken. Und jeder falschen Auffassung, als ob
der Stachel des Spottes dem Herrn gelte, wird noch durch den
Schlufs vorgebeugt 150 ff. (156 ff.):

> forsitan impensae Virronem parcere credas.
> hoc agit ut doleas

und 155 (170):

> ille sapit, qui te sic utitur. omnia ferre
> si potes, et debes: pulsandum vertice raso
> praebebis quandoque caput, nec dura timebis
> flagra pati his epulis et tali dignus amico.

Dessenungeachtet hat man Nichts darin gefunden, dafs einmal plötzlich, zwischen Fisch und Braten [107—113], der Dichter den Wirth
bei Seite nimmt und ihm optima fide ins Gewissen redet, er möge
doch seine Gäste wenigstens anständig bewirthen, wenn er auch
sonst seinen Reichthum für sich behalten wolle:

> ipsi pauca velim, facilem si praebeat aurem.
> nemo petit, modicis quae mittebantur amicis
> a Seneca, quae Piso bonus, quae Cotta solebat
> largiri (namque et titulis et fascibus olim
> maior habebatur donandi gloria): solum
> poscimus ut cenes civiliter. hoc face et esto,
> esto, ut nunc multi, dives tibi, pauper amicis;

worauf dann der Ermahnte zu seiner gebratenen Gänseleber (101
= 114) zurückkehrt, als wäre gar Nichts passirt. Juvenal wäre also
ohne jeden Grund und Zweck einmal eben so aus der Rolle gefallen, wie so oft unser Declamator, der von einheitlicher Stimmung
und von echter Ironie keine Ahnung hat, sondern unbekümmert um
eine Gesammtwirkung mit seiner abgestandenen Weisheit und seinem
Phrasenkram hineintappt, wo er ein Loch dafür zu finden glaubt.
Auch hier bei der Erinnerung an liberale Patrone der Vorzeit [108 ff.]
hat er sein Muster geplündert, VII 90 f. (94 f.):

> quis tibi Maecenas, quis nunc erit aut Proculeius
> aut Fabius, quis Cotta iterum, quis Lentulus alter?

Während aber hier Maximus Cotta, der Gönner Ovids (ex Ponto
II 8 III 2. 5 IV 16, 41 ff.), mit einem Fabius, der ebenfalls als Freund

desselben Dichters bekannt ist (ex Ponto I 2. 5. 9 II 3 III 3. 8), ferner mit Freunden des Horaz und des Cicero verbunden ist, überrascht es, denselben an der anderen Stelle mit Männern der Neronischen Zeit zusammengestellt zu finden. Denn dafs der von Tacitus ann. XV 48 charakterisirte C. Piso gemeint ist, der 'facundiam tuendis civibus exercebat, largitionem adversum amicos et ignotis quoque comi sermone et congressu', ist längst vollständig bewiesen durch die Parallelstelle bei Martial XII 36, 8 f.:

> Pisones Senecasque Memmiosque
> et Crispos mihi redde, sed priores.

Wenn der gesinnungslose Schmeichler des Domitian nicht weit nach seinen Idealen zurückzugreifen brauchte, so geziemt es doch der Art und den Anschauungen Juvenals, wählerischer zu sein, und dafs er den, welcher zwar 'claro apud volgum rumore erat per virtutem aut species virtutibus similes', dem aber 'procul gravitas morum aut voluptatum parsimonia' war, als 'Piso bonus' anerkannt haben sollte, ist schwer glaublich. Dafs aber gar unter Cotta hier nicht jener Freund Ovids, sondern sein Enkel, der Consul Aurelius Cotta gemeint sei, dem Nero eine jährliche Pension aussetzen mufste, nachdem er 'per luxum' (Nichts von 'largitio') 'avitas opes' durchgebracht hatte (Tacitus ann. XIII 34), das hätte Heinrich dem sonst von ihm so verachteten Ruperti doch nicht glauben sollen.

Auch in der über die Schnur hauenden Parenthese

> namque et titulis et fascibus olim
> maior habebatur donandi gloria

erkennen wir unseren Declamator. Davon steht weder in der ersten, noch in der dritten, siebenten, achten oder neunten Satire, noch sonst etwas, wie bitter auch Juvenal die Demüthigungen der Sportelempfänger empfindet und die edle Grofsmuth der Vorfahren gegen Männer von Talent und Geist vermifst, wie ernst er auch den Junkern der Gegenwart zur Pflicht macht, durch wahre Verdienste sich des Namens ihrer Ahnen würdig zu erweisen, wie sehnsüchtig auch Naevolus in bessere Zeiten zurückblickt.

Dafs 'cenare civiliter' heifsen soll 'sine iniuria clientum', mufs uns der Scholiast erst sagen. Ohne ihn, dem einfachen Sprachgefühl folgend, würde man nach Analogie von 'civilis vestitus' (Suet. Cal. 52), 'genus vitae civile' (Suet. Tib. 11) u. ä. an die Empfehlung einer frugalen Mahlzeit denken, einer bürgerlichen im Gegensatz etwa zu einer 'regia cena', was freilich der Zusammenhang nicht erlaubt. Endlich das elende 'hoc face', die echauffirte Anaphora 'esto' zum Schlufs neben dem desto matteren Zwischensatz 'ut nunc multi'[1]), — wahrlich, der Verlust ist nicht grofs, wenn wir diesem Intermezzo unser Gehör versagen und ohne allen Aufenthalt zur folgenden Schüssel übergehen.

Auch der Epilog dieses Stückes ist durch eine ziemlich umfangreiche Interpolation verunstaltet [161—165]: zugleich sind echte Verse (112—115 = 166—169) hierher verschlagen, die den Zusammenhang verdunkelt haben. Das gemästete Huhn ('anseribus par altilis') ist bereits 101 (114), zugleich 102 (115) der fette Eber mit Trüffeln aufgetragen, und die Aufmerksamkeit des Clienten ist seit 107 (120) auf den Vorschneider gerichtet, von dessen Kunst, Hasen wie Hühner im Tanzschritt zu zerlegen, 111 (124) Erwähnung gethan hat:

> nec minimo sane discrimine refert,
> quo gestu lepores et quo gallina secetur.

---

[1]) Noch einmal in dieser Satire (39 = 43) kehrt dieses armselige 'ut multi' wieder, an einer Stelle, gegen deren Echtheit ich eines dringenden Verdachtes mich auch aus anderen Gründen nicht erwehren kann. Dafs der ganze Satz

> nam Virro, ut multi, gemmas ad pocula transfert
> a digitis, quas in vaginae fronte solebat
> ponere zelotypo iuvenis praelatus Iarbae

unbeschadet des Zusammenhanges fehlen könnte, will ich nur beiläufig geltend machen. Aber dafs die 'gemmae' auf ihrer Wanderung von der Säbelscheide an die Finger und von da an die Becher verfolgt werden, hat etwas Seltsames: als ob das letzte Stadium das äufserste, die Verzierung der Trinkgefäfse unwürdiger wäre als der Fingerputz eines Crispinus, und als ob die homerischen und vergilischen Helden kostbare und kunstvolle Geräthe ('caelata', 'aspera signis') verschmäht hätten, wie die alten römischen Krieger X = XI 42 (100) ff. Auch die schulmäfsige, witzlose Umschreibung des Namens Aeneas, die mit der sonstigen Intention der Stelle gar Nichts gemein hat, sieht dem Juvenal nicht ähnlich. Fallen die drei Verse fort, so ist 'tu Beneventani' etc. (42 = 46) anaphorisch an 'tibi non committitur aurum' (35 = 39) anzuschliefsen, und beides steht dem Vordergliede in der Vergleichung: 'ipse capaces ... Virro tenet phialas' (33 = 37 ff.) gegenüber, welches in der That die Üppigkeit des grofsen Herrn erschöpfend schildert. Dafs die 'Appiadum crustae' des Vindobonensis nur eine ganz verunglückte Conjectur (entstanden aus 'aeliadum', wie Puf haben, oder aus 'a .. iadum') und alles gesunden Sinnes baar sind, konnte nur Goebel in seiner Verzückung über die gefundenen » Regenwürmer « entgehen. Als ob die Krüge der Appischen Nymphen 'crustae' gewesen wären!

Was war nun natürlicher, als dafs der Erwartung des hungrigen
Gastes auf eine fette Mahlzeit, die jetzt, auf der Höhe des Diners,
selbst ihren Höhepunkt erreicht, ein Ausdruck gegeben wurde, wie
er durch die aufgetragenen Schüsseln nothwendig hervorgerufen
werden mufste:

112—114 = 166—168   ecce dabit iam
> semesum leporem atque aliquid de clunibus apri;
> ad nos iam veniet minor altilis;

und nun das andächtige schweigende Harren mit dem bereit gehaltenen Brotbissen in der Hand, das doch enttäuscht werden soll:

> inde parato
> intactoque omnes et stricto pane tacetis.

Wir werden freilich später sehen, dafs hier noch andere schwere,
zum Theil unheilbare Schäden vorliegen, aber jene vier Verse hoffe
ich nach 111 (124) sicher untergebracht zu haben. Denn was sollte
es bedeuten, wenn wir, nachdem die eigentliche Beschreibung der
Mahlzeit längst abgeschlossen ist, nochmals ex abrupto an die Tafel
unter die lüsternen Gäste versetzt würden? Während der Schilderung war es passend, dafs der Dichter auch eine Mehrzahl geladener
'amici' (116 = 146) mit 'vos' anredete (47 f. = 51 f. 83 = 88.
97 = 103. 128 = 28. 134 = 129); hier bei der Schlufsermahnung
macht sich die Veränderung des Numerus seltsam, und besonders
auffallend tritt nach dem 'tacetis' (115 = 169) ein: 'ille sapit, qui
te sic utitur' (155 = 170). Und was denn für eine Behandlung?
Wie die schweigende Erwartung erfüllt oder enttäuscht werde, war
doch nach 'tacetis' wenigstens noch anzudeuten, denn das 112 = 166
vorausgeschickte 'spes bene cenandi vos decipit' erheischt eine factische
Bestätigung dieser Prophezeiung. Also steht 'sic' in der Luft.

     Betrachten wir nun die vorhergehenden fünf Verse [161—165]:

> tu tibi liber homo et regis conviva videris?
> captum te nidore suae putat ille culinae,
> nec male coniectat. quis enim tam nudus, ut illum
> bis ferat, Etruscum puero si contigit aurum
> vel nodus tantum et signum de paupere loro?

Der Irrthum des Clienten, der die schlechte Bewirthung dem Geiz
des Herrn zuschreiben könnte, ist bereits widerlegt und ihm geradezu
erklärt worden, dafs vielmehr der verhaltene Grimm und die Ent-
täuschung der armen Schlucker die beste Würze seines Mahles ist.

Wie schwächlich nun und vollends in der Form wie erbärmlich ist nach der abermaligen, bereits ziemlich überflüssigen Insinuation

> tu tibi liber homo et regis conviva videris?

die Belehrung

> captum te nidore suae putat ille culinae,
> nec male coniectat.

Dazu gehört wahrlich kein besonderer Scharfsinn: die Lüsternheit des Clienten war keine Hypothese, sondern eine männiglich bekannte Thatsache. Die pedantisch vollständige Beschreibung der Insignien eines freigeborenen Knaben

> Etruscum puero si contigit aurum
> vel nodus tantum et signum de paupere loro

wo 'et signum' zu Nichts dient als den Vers zu füllen, ist der Schulgelehrsamkeit des Fälschers ganz würdig. Das Ganze aber bricht dem kräftigen Schlufswort 'pulsandum vertice raso praebebis quandoque caput' etc. die Spitze ab: diese bittere Prophezeiung, die dem schon so arg Gedemüthigten auf den Weg gegeben wird, wird durch jenes breite Gerede und durch das alberne Wortspiel abgenutzt, das in 'captus' liegt. Denn der vom Küchengeruch »Gefangene« soll doch wohl den Gegensatz zu dem »Freien« des vorigen Satzes bilden; der 'nudus' erinnert an den Bettler des Einganges 8.

Räumt man nun dieses Einschiebsel und die vier von ihrer rechten Stelle verschlagenen Verse hinweg, so tritt ohne Zwang 155 (170) in die engste, natürlichste Beziehung zu 151 ff. (157 ff.): »nur darauf kommt es ihm an, dich zu quälen; denn welche Comödie, welcher Mimus ist lustiger als »das geprellte Leckermaul«? Also, wenn du's noch nicht weifst, Alles ist darauf berechnet, dafs du gezwungen werdest, in Thränen deine Galle zu ergiefsen und recht lange mit zusammengeprefstem Zahn zu knirschen. Er hat Recht, der so mit dir umgeht. Wenn du dir Alles gefallen lassen kannst, so mufst du es auch« u. s. w.

Mit unerschütterlicher Ironie ist das Zwiegespräch mit dem unzufriedenen Parasiten in der neunten Satire durchgeführt. Derselbe schliefst seine vertraulichen Enthüllungen über die häuslichen Mysterien des undankbaren Patrons mit einer feierlichen Beschwörung, das Geheimnifs ja treu zu bewahren (87 ff. = 93 ff.). Juvenal spottet des gutmüthigen Wahns, dafs im Hause eines Reichen Etwas verschwiegen bleiben könne, und weist ihn vor Allem an die Diener-

schaft, die eher auf ein Faſs Falerner zu verzichten pflege, als auf
das Klatschen (—110 = 117). Weiter holt dann Naevolus Rath-
schläge für seine Zukunft ein: der Dichter eröffnet ihm Aussichten,
wie sie seinen Fähigkeiten und Neigungen entsprechen, und der
Andere schließt halb lüstern, halb kleinmüthig mit Gedanken an
sein Alter.

Durchweg bleibt eine kühle, spielende Ueberlegenheit gegenüber
dem Stoff und der Hauptfigur gewahrt: kein Zug verräth eine sitt-
liche Erregung, kein Wort deutet an, daſs der Freund nicht Alles
in der besten Ordnung finde. Wer wird auch einen alten Sünder
bekehren wollen? Nun aber finden sich nach 110 (117) folgende
sechs Zeilen

118	vivendum recte est cum propter plurima tunc est
123	idcirco, ut possis linguam contemnere servi.
119	praecipue cave sis, ut linguas mancipiorum
120	contemnas, nec lingua mali pars pessima servi.
	deterior tamen hic, qui liber non erit illis,
	quorum animas et farre suo custodit et aere.
124	utile consilium modo, sed commune dedisti.

die wie aus einer Sammlung von Gnomen geschöpft zu sein scheinen
und wegen ihres zum Theil tautologischen Inhalts den Kritikern
schon manche Mühe gemacht haben. [123], den die meisten interpolirten Handschriften nach [122], P dagegen und ein Münchener
Codex richtig nach 118 folgen lassen, ist von Pithoeus und Heinrich,
[119 f.] von Jahn, [119. 124 f.] von Pinzger verworfen; C. Fr. Hermann hat aus [123. 119 f.] durch willkürliche Zusammenziehungen
und Aenderungen zwei Verse zu Stande zu bringen gesucht. Ge-
holfen aber ist nicht eher, als bis man sich entschließt, den ganzen
Lappen wegzuschneiden. Denn was in aller Welt soll jener »Rath«,
sich vor der Zunge der Sclaven in Acht zu nehmen, dem Naevolus,
der einen einzigen Burschen (60 = 64) und als 'notior Aufidio moe-
chus' Nichts von dessen Schwatzhaftigkeit für sich zu fürchten hat?
Das 'vivendum recte' ist seinem Herrn zugedacht, der doch nicht
zugegen ist. Daſs nun [118. 123] und [119 f.] zwei parallele Versuche sind, denselben Gedanken auszudrücken, springt in die Augen,
und Jahn wird eben aus diesem Grunde das zweite Distichon als
Dittographie eingeklammert haben. Freilich ist 'cave sis' (oder,
was dasselbe ist, 'causis') 'ut contemnas' sehr absonderlich gesagt
für 'cavesis recte vivendo ut possis contemnere'. Daſs aber das

erstere, wenn auch klarer, mit seinem unerhörten 'cum — tunc' und
dem elenden 'propter plurima' juvenalisch gerathen sei, kann man
nicht behaupten. Das folgende Distichon hebt den Gedanken der
beiden vorhergehenden wieder auf: während jene wenigstens rathen
wollen, sich nicht über die bösen Zungen der Sclaven hinwegzu-
setzen, sondern ihnen durch tugendhaftes Leben den Stachel zu
nehmen, heifst es hier: der sei noch schlechter, welcher Sclave seiner
eigenen Sclaven sei. Das klingt wie ein Einwand gegen die obige
Sentenz, mag man nun verstehen, er sei schlechter als die Sclaven
oder als der Lasterhafte. Und so haben wir in diesen drei Distichen
vielleicht die Producte von zwei oder drei verschiedenen, mit einander wetteifernden Verfassern: der Scholiast, der nur das Distichon
[118, 123] paraphrasirt, hat vielleicht die beiden anderen nicht einmal gekannt. An Ungeschick giebt der letzte seinen Vorgängern
Nichts nach: das unklare 'deterior' und die seltsame Phrase 'ani-
mas custodit farre et aere' verrathen, wie mühselig er die Verse
zu Stande brachte.

Die zehnte (elfte) Satire, fast in Horazischem Ton gehalten,
ist ein Idyll, dessen Liebenswürdigkeit wir bereits oben (S. 83 f.)
gepriesen haben. Die Form des harmlosen Briefes an den Freund,
die behagliche Feststimmung hat dem Verfasser die schneidende
Waffe des strafenden Ingrimms für diesmal aus den Händen genommen. Den unsinnigen Ansprüchen des Reichen an Hausrath
und Tafelfreuden aller Art gilt wohl ein vorübergehender, spöttischer
Seitenblick, aber ohne dafs er sich länger dabei aufhielte, als der
Gegensatz zu den eigenen Neigungen und Bedürfnissen unbedingt
zu fordern scheint. Von 101 (162) bis 112 (182) behandelt er die Tischunterhaltung. Nicht üppige Tänzerinnen und lascive Chorlieder solle der
Gast erwarten: solche Freuden bleiben dem wüsten Schlemmer überlassen. Homerische Gesänge und vergilische Verse, kunstlos vorgetragen, werden das Mahl würzen. In diesen einfachen Zusammenhang haben sich indessen fremdartige Partieen eingeschoben, die, zum
Theil schon durch die Ueberlieferung verdächtig, die Grundstimmung
auf das Widerwärtigste stören und das Gepräge der Unechtheit unverkennbar an sich tragen. Auf die echten Verse 101—103 (162—164)

forsitan expectes ut Gaditana canoro
incipiant prurire choro, plausuque probatae
ad terram tremulo descendant clune puellae

folgt nämlich [165—170]

> spectant hoc nuptae iuxta recubante marito,
> quod pudeat narrare aliquem praesentibus ipsis,
> inritamentum Veneris languentis et acres
> divitis urticae. maior tamen ista voluptas
> alterius sexus: magis ille extenditur, et mox
> auribus atque oculis concepta urina movetur.

Indessen die beiden ersten Zeilen fehlen in vielen Handschriften (ς) ganz, in den übrigen wechseln sie vielfach ihren Platz: bald stehen sie nach 99 (159), bald nach 100 (160), bald nach 101 (162), bald nach 104 (171) und zwar von zweiter Hand, bald nach 105 (172), bald nach 130 (202), im Pithoeanus endlich und einigen anderen codices nach 103 (164), wie in den Ausgaben. Ihren apokryphischen Ursprung verräth auch in mehreren jüngeren Handschriften (ς), die ihnen nach 99 (159) ihren Platz anweisen, das Scholion: 'hi duo uersus in aliis reperti sunt'. Sonst werden in unseren Scholien nur [169 f.] berührt. Die Echtheit jener beiden Zeilen ist schon von Schurzfleisch und Ruperti stark bezweifelt, ihre Unechtheit von Pinzger, Heinrich und Jahn bestimmt anerkannt worden, und selbst W. E. Weber (Jahrb. f. Philol. u. Päd. XXXII 147) erklärt sie als »eine dem satirischen Tone widerstrebende moros-dogmatische Sentenz«, wodurch »des Dichters Gedankenfolge zugleich ungelenk und frostig gemacht« werde, wenigstens wenn sie auf 103 (164) folgen. Offenbar haben sie zuerst am Rande der Seite gestanden, welche den Abschnitt 101—112 (162—182) enthielt. Wer sie nach 130 (202) einsetzte, konnte in den vorausgehenden Worten 'spectent iuvenes, quos clamor et audax sponsio, quos cultae decet adsedisse puellae' (129 f. = 201 f.) eine auf den ersten Blick bestechende Bestätigung für seine Vermuthung finden, besonders wenn er nun auch schrieb 'spectent hoc nuptae' (wie in ω steht), aber freilich paßt die Andeutung von schamlosen Schauspielen, die vor Mädchen nicht einmal zu erzählen anständig sei, auf die Spiele des Circus nicht, und ohne Zweifel hat der Interpolator vielmehr die Bajaderen von 101—103 (162—164) im Sinne gehabt, obwohl die Worte offenbar aus jener Quelle entlehnt sind. Streicht man nun diese beiden Zeilen, und verbindet 'inritamentum — urticae' mit 103 (164), so wird man wenigstens den Schnitzer los, dafs das Object zu 'spectant' im Nominativ steht ('urticae' statt 'urticas'), den Markland durch 'artes' statt 'acres' zu entfernen suchte. Aber die Erwähnung des Reichen ist jedenfalls hier verfrüht: es wird dem Folgenden 104 (171) 'non capit has nugas humilis domus. audiat ille' etc. dadurch vorgegriffen. Vollends verurtheilt wird auch dieser Satz durch seine innige Verbindung mit der sich zunächst anschliefsenden, höchst widerwärtigen Anmerkung über die Wirkungen des Ballets und der begleitenden Chöre auf das weibliche Geschlecht. Hier hat dem Verfasser offenbar die Schilderung aus dem Theater VI 143 ff. (63 ff.) vorgeschwebt: dort gehört sie streng zur Sache, aber was hat diese überaus häfsliche Belehrung über Weiberschwächen mit dem Festmahl der beiden Männer zu thun? Es kitzelte aber den Interpolator, in seiner plumpen Manier auszuführen, was Juvenal mit 'prurire' und der kurzen Beschreibung des Tanzes angedeutet hatte. Was nun später nach 108 (175) eingeschoben ist,

> namque ibi fortunae veniam damus, alea turpis,
> turpe et adulterium mediocribus; haec eadem illi
> omnia cum faciunt, hilares nitidique vocantur:

wird der geneigte Leser dieser Abhandlung sogleich als den Lieblingsgedanken des wässerigen Schwätzers wiedererkennen, der diese und die vierte Satire mit seinen Proömien verunstaltet hat. Er hat offenbar mit einem gewissen lüsternen Respect zu den obern Regionen der Gesellschaft emporgeblickt, die sich so manche Genüsse und Sünden gestatten dürfen, welche armen Schluckern versagt sind. Wir haben gesehen, wie sich beide genannten Einleitungen X=XI [1 ff. 21 ff.] und IV [11 ff.] in ganz demselben Ideenkreise und denselben Wendungen bewegen. Juvenal verzichtet auf Buhlerei und Würfelspiel, nicht weil er nicht vornehm und reich genug ist, sondern weil er 'has nugas' von Herzen verachtet und edlere Freuden kennt.

Dafs die juvenalischen Gedichte an ziemlich vielen Stellen durch kürzere Anmerkungen und Erweiterungen entstellt sind, ist längst anerkannt worden. Es sind theils Versicherungen, die der Interpolator hinzuzusetzen sich bewogen fühlte, theils gelegentliche Notizen, die ihm einfielen, theils Resumés einzelner Abschnitte oder Variationen, theils alberne Späfse oder Stofsseufzer oder andere Ausbrüche einer schönen Seele: alle verrathen sich durch elenden Stil und dadurch, dafs sie den Zusammenhang oder doch den Ton des echten Gedichtes stören. Wir mustern sie kurz der Reihe nach.

I [14]   expectes eadem a summo minimoque poeta

von Dobree allein advers. II p. 387 verworfen. Es ist nur eine matte
Capitelüberschrift oder eine Summe, die aus den ersten dreizehn
Versen gezogen ist[1]). Die Verbindung der beiden farblosen Super-
lative liebt der Interpolator sehr: sie findet sich wieder VI [349]

iamque eadem summis pariter minimisque libido

und X = XI [36]

noscenda est mensura sui spectandaque rebus
in summis minimisque.

(vgl. 'de Iuvenalis satira sexta' p. 23)

I [137 f.]   nam de tot pulchris et latis orbibus et tam
antiquis una comedunt patrimonia mensa.

Der unbefangene Leser versteht: »von soviel schönen und grofsen
und so alten Schüsseln verzehren die Reichen an einem Tisch,
d.h. allein ihr Erbtheil.« Also 'orbes' hier nicht kostbare Tischplatten
von Citronenholz oder von Elfenbein, wie der Scholiast meint und dem
sonstigen Sprachgebrauch gemäfs noch Madvig opusc. acad. I 31 A.
unter Empfehlung einer unerträglichen Construction ('qui, quum multos
et eximios orbes mensarum habeant, non plures mensas ponant, quae
ponendae essent convivis adhibitis, sed unam, sibi sufficientem') annimmt,
sondern wie X=XI 63 (122) die bei Tische aufgetragenen weiten runden Schüsseln, die zugleich antike Kunstwerke sind. Aber was in 'comedunt patrimonia' liegt, ist kurz vorher 134 (135) in den Worten

optima silvarum interea pelagique vorabit

vorweggenommen, sowie 'una mensa' nur Wiederholung ist von
'vacuisque toris tantum ipse iacebit' (135 = 136), aber weit weniger
anschaulich. Dem Interpolator lag es indessen am Herzen, noch das
Aufzehren des Erbtheils in Aussicht zu stellen, da er überhaupt gar
zu gern der patrimonia und ihrer Erwerbung gedenkt, vielleicht weil
er selbst spärlich mit ihnen bedacht war. Man vergleiche

XI = X 13   sed plures nimia congesta pecunia cura
strangulat et cuncta exuperans patrimonia census
XII 50   non propter vitam faciunt patrimonia quidam,
sed vitio caeci propter patrimonia vivunt
XIV 116   his crescunt patrimonia fabris
» 229   per fraudes patrimonia conduplicare

[1]) Die Vergleichung mit VII 149 (154) 'occidit miseros crambe repetita magistros', worauf sich Lupus p. 27 beruft, macht nur den Unterschied zwischen einem
kräftigen Abschlufs und einer nichtssagenden Zuthat deutlicher.

während Juvenal nur einmal VII 109 (113) von 'patrimonia causi-
dicorum' spricht.

Unpassend im Ausdruck ist der Plural 'comedunt', da eben
vorher der 'rex' im Singular, dagegen 131 (132) f. die 'clientes' genannt sind, so dafs man streng genommen sich eher versucht fühlt,
diesen den einsamen Schmaus zuzuwenden. Albern ist in der Beschreibung der Schüsseln die besondere Betonung des Alterthums,
die durch den Versschlufs 'et tam | antiquis' ganz besonders ins Ge-
hör fällt. Denn aus dem Kunstwerth derselben als Antiken erwuchs
dem Herrn am wenigsten die Verpflichtung, sein Mahl mit Andern
zu theilen. Zu betonen war 'latis', das ganz unscheinbar sich in
die Mitte des Verses verkriecht. Endlich: was wird denn mit 'nam'
erklärt? Es verbindet hier einfach zwei sehr verwandte Thatsachen,
von denen die zweite [137 f.] höchstens als Folge der ersteren auf-
gefafst werden könnte, wonach also 'ergo' oder 'igitur' an der Stelle
gewesen wäre, wenn es nur in den Vers gepafst hätte. Vermissen
wird Niemand etwas, wenn die beiden Zeilen wegfallen. Die Einrede
' nullus iam parasitus erit' (136 = 139) schliefst sich vortrefflich
an das Bild des 'rex', der auf einsamem Polster schmaust.

Mit einer Menge unwahrscheinlicher Verbesserungen, die Jahn ver-
zeichnet hat, ist 154 = 157 heimgesucht worden: das Richtige scheint
Struve[1]) getroffen zu haben, der ihn ganz verwirft. Der Dichter läfst
sich warnen vor den Gefahren, welche den Satiriker bedrohen:

> pone Tigellinum, taeda lucebis in illa,
> qua stantes ardent qui fixo pectore fumant,
> et latum media sulcum deducis harena.

Natürlich kann nur das Schleifen des Verurtheilten durch die Arena
gemeint sein. Aber mit vollem Recht hat noch Madvig an dem
Präsens 'deducis' neben 'lucebis' Anstofs genommen, das kein Ver-
ständiger mit irgend welchem Dichtergebrauch wird vertheidigen
wollen. Eben so unmöglich ist es freilich, wenn man 'deducit' liest,
hierzu aus 'qua' ein 'quae' zu ergänzen, wie derselbe Gelehrte nach
ganz unzutreffenden Analogieen[2]) vorgeschlagen hat. Dennoch ist

---

[1]) Seine Schrift über die erste Satire (Dorpat 1807) habe ich leider nicht benutzen können.

[2]) Quintilian X 3, 11 ist von Bonnell richtig interpungirt: 'sunt autem quibus
nihil sit satis: omnia mutare, omnia aliter dicere quam occurrit velint', so dafs
der Satz 'omnia . . . velint' selbständig ist. Ganz ähnlich ist bei Cicero in Vatin.
10, 24 zu construiren: 'M. Bibulum, cuius inclusione contentus non eras (inter-

die dritte Person besser beglaubigt als die zweite: deduci $*$ P deduc *Vindob.* diducit ⸗ deducet ⸗. Letzteres ist vielleicht die echte Lesart. Dann aber kann freilich der Vers nur spielend hingeworfen sein von Einem, der, um die Einfügung in den Text vorläufig unbekümmert (sonst hätte er auch 'aut' statt 'et' setzen müssen), in einer Randglosse an eine andere, ebenso übliche Todesart politischer Verbrecher und besonders der Märtyrer erinnern wollte (vgl. Tacitus ann. XV 44, Seneca epist. 14, 5). Dem Dichter aber mußte es genügen, die öffentliche Darstellung ('pone') eines mächtigen Höflings wie des Tigellinus und das satirische Gericht über ihn in analoger Weise durch den Feuertod am Pechpfahl ahnden zu lassen.

II [102 f.] res memoranda novis annalibus atque recenti
historia speculum civilis sarcina belli.

Die Zusammenstellung der »neuen Jahrbücher« und der »frischen Historie«, worin der Toilettenspiegel des Otho erwähnt zu werden verdiene, ist sehr tautologisch, oder soll vielleicht gar zu verstehen geben, daß dem Verfasser des Tacitus 'annales' und 'historiae' nicht unbekannt sind, für deren zweite Auflage er einem Bearbeiter seines Schlages jene Notiz empfehlen mag. Daß der Spiegel Gepäck des bürgerlichen Krieges ist, thut gar Nichts zur Sache: der Bürgerkrieg erfordert doch nicht strengere Sitten als der Kampf mit auswärtigen Feinden. Zu diesem Beiwort scheint der Verfasser durch 110 (105) verführt zu sein:

summi constantia *civis*
Bebriaci campo spolium affectare Palati,

wie denn überhaupt den Sarkasmen (109—112 = 104—107), die sich unmittelbar an 108 (101) anschließen müssen, durch jene Anmerkung ungebührlich vorgegriffen wird.

Nachdem dann 112 (107) noch der Pflege gedacht ist, die Otho seiner Haut angedeihen ließ (vgl. Sueton. Oth. 12)

et pressum in faciem digitis extendere panem,

werden wir [108 f.] belehrt:

quod nec in Assyrio pharetrata Semiramis orbe,
maesta nec Actiaca fecit Cleopatra carina.

ficere volueras, consulatu ... patria privare cupiebas)'. Eine leichte Licenz familiärer Rede dagegen ist Tusc. I 30, 72 'qui autem se integros castosque servavissent quibusque fuisset minima cum corporibus contagio seseque ab iis semper sevocavissent essentque in corporibus humanis vitam imitati deorum' u. ä.

Ich kann hierin nur die oft beobachtete Gelehrsamkeit unseres Declamators bewundern, nicht den Stil Juvenals, der die Wirkung seines
Hohnes über die weibische Eitelkeit eines Otho nicht verscherzt
haben wird durch jenen auf zwei erbärmlichen Gliedern einherhin-
kenden, höchst überflüssigen Relativsatz, dessen historische Beglau-
bigung dem Verfasser denn doch sehr schwer würde gefallen sein.
Welche Kammerfrau mag ihn wohl in die Toilettenmysterien der
Semiramis eingeweiht und ihm Bürgschaft gegeben haben, dafs die
Venus Anadyomene des Antonius vor Actium auf ihre Künste verzichtet habe? während doch Horaz epod. 9, 15 f. berichtet:

> interque signa turpe militaria
> Sol aspicit conopium.

Und war es nicht schon deshalb unpassend, gerade an sie zu erinnern, da doch das Gebahren ihres Dionysos, des Antonius, auf der
Reise und im Lager, wenn sie ihn begleitete, jene kleinen Eitel-
keiten des Otho weit überbot? Wie abgeschmackt aufserdem die
Bezeichnung der Cleopatra als 'maesta' sei, hat Heinrich zur Genüge
auseinandergesetzt. Aber auch der »verdiente Ehrentitel« 'moecha',
mit dem er sie belohnt wissen will, ist wenigstens überflüssig und
schwächlich, da er auf Otho oder seinesgleichen schwerlich Eindruck machen konnte.

Mit Recht hat Jahn III [104]

> non sumus ergo pares. melior, qui semper et omni

vor 104 (105)

> nocte dieque potest alienum sumere vultum etc.

verworfen, und Hermanns Vertheidigung, der zugiebt, dafs der Vers
'salvo sensu' fehlen könne, aber die Zusammenfassung des Ergeb-
nisses nach so vielen Beispielen für sehr passend hält, ist schwach.
Wie kann man anstehen, einen Ausdruck wie 'semper et omni nocte
dieque' für Juvenals unwürdig zu erkennen! An Ruhepunkten in
der Schilderung der Geschicklichkeiten eines griechischen Hausfreun-
des fehlt es ohnehin nicht: 81—85. 92 f. ('haec eadem licet et
nobis laudare, sed illis creditur') 117 (119); vielmehr ziemt es sich
keineswegs, die Ausführung des Satzes 'natio comoeda est' (100),
welche sich bis 107 (108) erstreckt, durch jene nichtssagende Bemerkung zu unterbrechen. Auch ist es nicht geschickt, dafs dem
Leser zugemuthet wird, 'melior' im Sinne von 'prior' als den be-
vorzugten zu fassen, während es eben (93) von dem besseren Ge-

lingen einer Rolle gebraucht ist ('an melior, cum Thaida su-
stinet' etc.).

Schwierig ist die Behandlung von [113 f.]. In vier Zeilen, die
voraufgehen, ist der fleischlichen Vertraulichkeiten gedacht, die sich
derselbe griechische Hausfreund herausnimmt:

> praeterea sanctum nihil est nec ab inguine tutum,
> non matrona laris, non filia virgo neque ipse
> sponsus levis adhuc, non filius ante pudicus;
> horum si nihil est, aviam resupinat amici.

Hierauf soll nun folgen:

> scire volunt secreta domus atque inde timeri,
> et quoniam coepit Graecorum mentio, transi
> gymnasia atque audi facinus maioris abollae.

Wie matt und wie wenig in den Zusammenhang passend der erste
dieser Verse ist, haben Pinzger und Heinrich, die ihn für unecht
erklären, richtig erkannt. Ich will nicht leugnen, dafs zur Ausführung des Bildes von dem Treiben der 'viscera magnarum domuum
dominique' (72) auch gehörte und gerade hier passend eingefügt
werden konnte eine Schilderung, wie sie sich in das Vertrauen der
Familie und in den Besitz der Familiengeheimnisse einzuschleichen
und ihre Erfolge zu benutzen verstehen: aber in einer Zeile mit
den trockensten Worten dieses Capitel abzufertigen war nicht juvenalisch. Aber auch das Folgende ist keineswegs in Ordnung. Wie
kann der Dichter, nachdem er seit 60 data opera von der 'Graeca
urbs' gehandelt hat, plötzlich die Miene annehmen, als wolle er
»beiläufig bei dieser Gelegenheit« noch mehr von ihr sagen? Die
Worte 'et quoniam coepit Graecorum mentio' sind ganz leer. Wenn
es nun weiter heifst:

> transi
> gymnasia atque audi facinus maioris abollae,

so erlaubt der Sprachgebrauch unter keiner Bedingung 'transi' anders als der Scholiast zu fassen, nämlich = 'praeteri', nicht etwa
= 'lustra'. So fordert Juvenal VII 184 (190) nicht auf, die Beispiele
unerhörten Glückes zu mustern, wenn er sagt:

> exempla novorum
> fatorum transi,

sondern von ihnen abzusehen, wenn man wissen wolle, wie es dem
Rhetor in der Regel gehe. Ebenso VI 575 (602) 'transeo supposi-

tos'. Schon deshalb ist man nicht berechtigt, das 'facinus maioris abollae' in die Gymnasien zu verlegen. Aber auch hier thut schon eine schärfere Interpretation dieses Ausdrucks Einspruch. Dafs die Gymnasien zugleich als Philosophenschulen gelten können, wird Niemand läugnen (vgl. z. B. Cicero de or. I 13, 56 II 5, 21), dafs mit 'abolla' die Philosophenkutte gemeint sei, beweist aufser dem Folgenden die Beschreibung des Cynikers,

cerea quem nudi tegit uxor abolla grabati

bei Martial IV 53, 5: aber der Comparativ 'maioris' verlangt nothwendig, dafs 'facinora minoris abollae', Philosophenstreiche leichterer Qualität, die nun überboten werden sollen, vorausgegangen seien. Dafs nun 114—116 (116—118) der schmähliche Verrath des Stoikers P. Egnatius Celer aus Berytos an seinem Patron Barea Soranus und dessen zwanzigjähriger Tochter (Tacitus ann. XVI 21—33 hist. IV 10. 40. Dio LXII 26) angedeutet sei, hat schon der Scholiast gesehen. Diese That hat mit den Gymnasien Nichts zu thun: der Lehrer und Freund eines angesehenen Hauses hat seinen Herrn und seine Schülerin durch falsches Zeugnifs in den Tod, sich selbst aber zu Reichthum und hohen Würden gebracht. Was dagegen seinen Collegen in den Gymnasien zuzutrauen sei, ist aus Stellen wie Seneca de brev. vitae 12, 2, ep. 88, 18, Tacitus ann. IV 20 (vgl. Becker-Marquardt R. A. V 1 S. 120) leicht zu errathen und steht mit den Gelüsten der Graeculi innerhalb der Familien (108—111 = 109—112) in enger Beziehung. Um so weniger aber durfte ihre Neugier [113] dazwischen geschoben werden. Vielmehr glaube ich, dafs nach 111 (112) noch weiter von den erotischen Sünden die Rede war, denen sie namentlich als Jugendlehrer und in den Gymnasien fröhnten, ein Capitel, dessen Auslassung einem alten Herausgeber oder Diaskeuasten aus manchen naheliegenden Gründen sich empfehlen mochte (vgl. S. 143).

Eine der albernen Bemerkungen, mit denen ein alter Leser des Juvenal den Text zu verunstalten beliebt hat, ist mit richtigem Gefühl von Heinecke in [281] erkannt worden, und Pinzger hätte mit der Vertheidigung derselben seine Zeit nicht verschwenden sollen. Von 21 (17) bis zu Ende spricht Umbricius: ihn durch eine einzige unbedeutende Frage vom Dichter unterbrechen zu lassen, hat gar keinen Sinn: eben-sowenig eine Anticipation im Sinne desselben oder eine Selbstinterpellation. Umbricius führt uns einen trunkenen Strafsenhelden vor, der Nachts auf Opfer lauert 276 = 278 ff.:

> ebrius ac petulans, qui nullum forte cecidit,
> dat poenas: noctem patitur lugentis amicum
> Pelidae, cubat in faciem, mox deinde supinus.

Hierzu gehört als nothwendige Ergänzung und geht nur jenen Einzelnen an 279 = 282

> somnum rixa facit.

Der Witz wird abgestumpft und vorweggenommen durch das Einschiebsel [281]

> ergo non aliter poterit dormire? quibusdam

Hier ist 'aliter' nicht einmal verständlich, da 'cubare in faciem' etc. sich ja eben als wirkungslos erweist. Denn ganz verzweifelt ist Pinzgers Erklärung: 'fieri igitur non poterit, quin patiatur noctem Pelidae et male vel omnino non dormiat?' »kann er denn seinen Schlaf oder vielmehr seine Schlaflosigkeit nicht anders einrichten?« Die Antwort 'quibusdam somnum rixa facit' zeigt, dafs jene Frage nicht anders zu verstehen ist, als: 'non poterit nisi rixa somnum capere?' Aber während 'aliter' aus dem Folgenden zu erklären ist, weist 'ergo' zurück. Auch geht im Folgenden die Rede keineswegs ins Allgemeine und auf Mehrere über, sondern derselbe 'improbus' bleibt noch bis 293 (296) auf der Bühne. Erst dann tritt der Plural ein.

Verdächtig ist mir 214 (216). Den reichen Asturicus zu entschädigen, wenn sein Haus abgebrannt ist, beeilt sich Jedermann, heifst es 213 (215) ff. Der Eine bringt Marmorbilder zur Ausschmückung der neuen Räume, ein Anderer eine Bibliothek, ein Dritter Geld ('modium argenti' 218 = 220). Die 'marmora' (213 = 215) werden 215 (217) f. näher als Werke des Euphranor und Polyclet bezeichnet, dazu kommen asiatische Götteridole, die eine abergläubische Verehrerin des Abgebrannten zur Abwehr künftigen Unheils stiftet. Dieser Zusammenhang wird unterbrochen durch die Zeile

> conferat impensas, hic nuda et candida signa;

deren erste Hälfte dem 218 (220) folgenden 'hic modium argenti' vorgreift, während die zweite von den beigesteuerten Kunstschätzen in einem fast verächtlichen Ton spricht, der wenig zu den glänzenden Namen der Meister pafst. Denn soll 'nuda' überhaupt etwas

mehr als ein ganz müfsiges, beschreibendes Beiwort sein, so mufs
es im Gegensatz zu der substantiellen Geldsteuer gefafst werden,
wie wohl auch die Simplicität des weifsen Marmors ('candida') dem
Metallglanz des Geldes zur Folie dienen soll. Keinenfalls aber
durften diesen 'signa' die folgenden Kunstwerke als etwas Besonderes in der Weise an die Seite gesetzt werden, dafs dem Einen
das Schenken von 'nuda et candida signa', dem Zweiten von Sta-
tuen des Euphranor und Polyclet, einer Dritten endlich von asiati-
schen Götterbildern zugemuthet wurde: statt der drei coordinirten
Glieder 'hic — hic — haec' mufsten dem Allgemeinen die beiden
Beispiele etwa so untergeordnet werden:

hic nuda et candida signa
sive aliquid praeclarum Euphranoris et Polucliti
sive Asianorum veterum ornamenta deorum.

Aber überhaupt war es nicht zweckmäfsig, den Werth dieser Gaben
herabzusetzen, wo die bevorzugte Stellung eines Asturicus vor dem
armen Codrus, zu dessen 'totum nihil' doch auch eine Chironstatuette
gehört hatte, mit bitterem Ernst geschildert werden sollte. Untadlig
dagegen ist folgender Zusammenhang:

215   ardet adhuc, et iam accurrit qui marmora donet,
217   hic aliquid praeclarum Euphranoris et Polucliti,
           haec Asianorum veterum ornamenta deorum,
           hic libros dabit etc.

Derselben Gattung gehört in der vierten Satire [78] an, den
Heinrich als unecht erkannt hat. Der bittere Sarcasmus, der in der
Bezeichnung des Stadtpräfecten Pegasus als 'attonitae positus modo
vilicus urbi' liegt, wird erbärmlich verwässert durch die erklärende
Frage:

anne aliud tunc praefecti?

Das Folgende 'quorum optimus atque' ist eitel Flickwerk, um den
Vers zu füllen, während das Attribut 'interpres legum sanctissimus'
sich vortrefflich unmittelbar an den 'vilicus' anschliefst. Auch die
Construction dieser folgenden Zeilen wird so erst klar. Behält man
[78], so mufs man 'quamquam' zuwider dem Sprachgebrauch, der
in diesem Falle 'quamvis' erfordert, auf 'temporibus diris' beschränken
und übersetzen: »von diesen Stadtpräfecten der beste und zugleich
der unbestechlichste Ausleger der Gesetze meinte, es müsse trotz
der argen Zeiten Alles mit wehrloser Gerechtigkeit behandelt werden;«

ein Zusatz, der matt nachhinkt und mit der Bezeichnung der praefecti urbis als 'vilici' gar Nichts zu thun hat, während doch das
Relativum eine Rechtfertigung desselben erwarten ließ. Viel mehr
empfiehlt sich eine Beschränkung jenes dem Pegasus zugetheilten
Prädicates als 'interpres legum sanctissimus' durch die Restriction,
freilich habe er in jenen argen Zeiten das Schwert der Gerechtigkeit nicht gehandhabt.

Trotz des Citates bei Priscian kann ich mich nicht entschließen
die scurrile Glosse [98]

unde fit ut malim fraterculus esse gigantis

für juvenalisch zu halten, die aus dem ernsten, gehaltenen, fast ge-
rührten Ton der Umgebung höchst unangenehm herausfällt. Was
dem Satiriker geziemte bei dem Fall des jungen Acilius Glabrio zu
bemerken, enthalten die schneidenden Worte

sed olim
prodigio par est cum nobilitate senectus.

Was braucht uns nun noch der 'terrae filius' zu versichern, daß
er sich um so wohler in seiner Haut fühle?

Ebensowenig wird es dem unbefangenen Leser imponiren, wenn
die alberne, schon vor Pinzger angefochtene, von keinem ohne die
Hülfe halsbrechender Ellipsen erklärte Bemerkung IX [5]

nos colaphum incutimus lambenti crustula servo

zweimal bei Servius citirt wird. Der verblüffte Ausdruck in der
Miene des hungernden Naevolus wird 3 f. vom Dichter mit der des
ertappten Ravola verglichen,

dum Rhodopes uda terit inguina barba.

Obwohl nun jede Andeutung eines moralischen Urtheils über diesen
unsaubern Vorfall vom Uebel war, wo der Freund mit behaglich
ironischem Mitleid die Verlegenheit des feiernden Parasiten beob-
achtet und gleich 5 (6) durch ein neues pikantes Bild veranschau-
licht, so hat doch der Interpolator die Gelegenheit nicht versäumt,
in seiner gewohnten Weise die Licenzen der eleganten Welt mit
den engen Grenzen zu vergleichen, die den Gelüsten der kleinen
Leute gezogen sind: vgl. S. 115. Freilich ist dieser Zusammenhang ebenso unklar angedeutet als er dem Ton und Plan der Stelle
fremd ist. Das Fehlende hat indessen der Scholiast unzweifelhaft
richtig ergänzt, wenn er umschreibt: 'servus, inquit, colafo per-
cutitur a nobis, si placentam linguat, Rabola autem, cum lambiat

inguina feminarum, *inpunitus incedit*'. Ob der 'deprensus' wirklich
straflos ausgegangen sei, können wir nicht näher untersuchen: der
echte Juvenal durfte das keinenfalls verrathen, um nicht der Wirkung seines Vergleiches zu schaden.

In der fünften Satire vergifst der Dichter nicht zu schildern,
was der arme Client auch von dem Hochmuth der Dienerschaft zu
leiden hat (56—70 = 60—75). Bedarf es nun in einer so anschaulichen Stelle nach den Zeilen 60 f. (64 f.)

> quippe indignatur veteri parere clienti,
> quodque aliquid poscas et quod se stante recumbas,

der trockenen und ungeschickten Belehrung [66]

> maxima quaeque domus servis est plena superbis —?

und was für ein erbärmlicher Gewährsmann dieses Verses ist ein
Scholiast, der ihn mit folgenden geistreichen Worten, die sich vielmehr auf 60 (64) beziehen, erläutert: 'aegre hoc semper servi habent, quod illis stantibus amici sui domini discumbunt'! Auch in
der Verwerfung dieses Einschiebsels also müssen wir Heinrich bei-
stimmen.

Das Zeugnifs des Pithoeanus kommt uns bei der Ausscheidung
der medicinischen Notiz über das übelriechende Oel von Tripolis [91]

> quod tutos etiam facit a serpentibus atris

zu Hülfe, die aufserdem auch durch ihre Stellung vor 85 = 90 im
Weimarer Codex und das Stillschweigen des Scholiasten verdächtigt
wird und nur bei Pinzger Jen. L. Z. 1822 n. 82 p. 155 f. und Lupus
p. 26 Gnade gefunden hat. Das schlechte Oel, welches den armen
Clienten zur Anfeuchtung ihres Salats gereicht wird, war bereits 89 f.
durch ein doppeltes 'quod' in Bezug auf seine Herkunft ('quod canna
Micipsarum prora subvexit acuta') und seinen abschreckenden Geruch
('propter quod Romae cum Boccare nemo lavatur') eindringlich genug
beschrieben worden: nur dem Interpolator mochte die Einschwärzung
einer gemeinnützigen Bemerkung noch dienlich erscheinen.

Von der Gnome [140]

> iucundum et carum sterilis facit uxor amicum,

die den lebendigen Inhalt der vorhergehenden Zeilen 142—144
(137—139)

> dominus tamen et domini rex
> si vis tu fieri, nullus tibi parvolus aula
> luserit Aeneas nec filia dulcior illo

in trockenem Lehrtone wiederholt, hat uns Jahn befreit, ohne damit den Zusammenhang zu zerreifsen, wie ihm Hermann vorwirft. Denn der 145 (141) eintretende Gegensatz ('set tua nunc Mygale pariat licet' etc.) bezieht sich nicht auf den Unterschied zwischen legitimen und illegitimen Kindern: bei dem armen Parasiten Trebius kann ja von Erben überhaupt keine Rede sein. Ja, wenn er reich wäre, dann würde sein gutes Verhältnifs zu Virro durch Fruchtbarkeit der Frau leiden. Aber das Gute hat er wenigstens von seiner Dürftigkeit, dafs ihm erlaubt ist Kinder zu bekommen soviel er will. Und es ist im Sinne des Satirikers das äufserste Zeichen von Geringschätzung, dafs der Geldprotz, der keine anderen Brüder kennt, als die 'nummi' ($142 = 137$), sich beim Nachtisch mit der geschwätzigen Brut des Clienten ganz harmlos amüsirt.

Dasselbe Urtheil ist von Pinzger mit Recht über die ganz verwandten Zeilen IX [79 f.]

> instabile ac dirimi coeptum et iam paene solutum
> coniugium in multis domibus servavit adulter

gefällt worden, die auch durch Breite und den Schwall von Tautologieen ihren Ursprung verrathen. Was Nävolus von 66 (70) an als sein persönliches Verdienst sehr concret und unverhüllt ausgeführt hat, und noch weiter bis 84 (90) ausführt, wird hier auf einmal als trockener Erfahrungssatz wie eine Summe aus Beispielen abstrahirt.

Desgleichen ist die »fade Conclusion« $X = XI$ [99]

> tales ergo cibi, qualis domus atque supellex

nach der Schilderung der Mahlzeiten ($22 - 34 = 77 - 89$) und des Mobiliars ($35 - 41 = 90 - 98$) der Vorfahren von Heinrich mit Recht verworfen worden. Hierauf wird ausgeführt, wie der römische Krieger der guten alten Zeit aus der reichen Beute eroberter Städte eherne Becher mit getriebener Arbeit und andere plastische Kunstwerke nur zum Schmuck seines Rosses und des Helmes zu verwenden gewufst habe ($42 - 49 = 100 - 107$). Auch dieses Capitel ist zusammengefafst in der Zeile [108]

> argenti quod erat solis fulgebat in armis,

die sogar in einer Reihe von Handschriften (z) ganz fehlt, und in anderen ($acfgz$), auch im Pithoeanus zwischen 59 (109) und 60

(110) eingeschoben ist. Hermann glaubt sie durch diese Stellung gerettet[1]).

Nachdem also 36—41 (90—98) das schmucklose Bett der Vorfahren beschrieben und weiter 42—49 (100—107) erzählt ist, dafs selbst erbeutete Kostbarkeiten nur zum Schmuck des Rosses oder des Helmes verwendet wurden, sollen wir Folgendes lesen:

> ponebant igitur Tusco farrata catino;
> argenti quod erat solis fulgebat in armis.
> omnia tunc, quibus invideas, si lividulus sis.

d. h. nach der Erklärung von Achaintre, dem Hermann gefolgt ist: »sie setzten also ihren Mehlbrei in tuskischer Schüssel auf; was sie an Silber besafsen, erglänzte nur an den Waffen (nicht am Hausgeräth, wie jetzt). Alles (was sie besafsen) war damals so beschaffen, dafs man jene genügsamen Leute beneiden möchte, wenn man auch nur ein wenig mifsgünstig ist.« Der letzte dieser drei lose nebeneinander laufenden Sätze scheint mir sprachlich nicht statthaft (denn 'talia' durfte nicht fehlen) und wegen des Zusatzes 'si lividulus sis' abgeschmackt. Auch ist es seltsam, dafs doch mit dieser Conclusion das Capitel keineswegs abgeschlossen ist: 50—55 (111—116) ist noch von der Einfachheit der Tempel und dem 'fictilis et nullo violatus Iuppiter auro' die Rede, 56—58 (117—119) endlich wird der Leser zu den Tischen zurückgeführt:

> illa domi natas nostraque ex arbore mensas
> tempora viderunt, hos lignum stabat ad usus,
> annosam si forte nucem deiecerat eurus,

offenbar, damit so ein Uebergang gewonnen werde, um die unterbrochene Schilderung der Mahlzeit fortzusetzen. Denn 61 (120) ff. heifst es im Gegensatz zur antiken Genügsamkeit:

> at nunc divitibus cenandi nulla voluptas,
> nil rhombus, nil dama sapit, putere videntur
> unguenta atque rosae, latos nisi sustinet orbes
> grande ebur et magno sublimis pardus hiatu etc.

Ich leugne nicht, dafs sich diese Zeilen ohne erheblichen Anstofs an 56—58 (117—119) anschliefsen. Indessen würde eine nähere Be-

---

[1]) O. Müller Etr. II 243 führt 59 (109) mit dem Zusatze (»besser 108«) an. Er scheint also die Umstellung von [108] und 59 (109) gebilligt zu haben, wie sie *Pacfgς* bieten und auch C. Fr. Hermann empfiehlt. Einen Zweifel gegen die Echtheit von [108] braucht er damit nicht ausgesprochen zu haben.

ziehung auf die Mahlzeit selbst, ein Gegensatz zu den Delicatessen
'rhombus' und 'dama', wie er in 'farrata' gegeben ist, nur erwünscht
sein. Die tuskische Thonschüssel bekommt erst rechte Bedeutung,
wenn der 'fictilis Iuppiter' vorausgegangen ist und die 'orbes' unmittelbar folgen: und 'igitur' kann seiner Bestimmung, zusammen-
zufassen und die Summe zu ziehen, nur am Schluſs des Capitels
und im Uebergang dienen. Natürlich auch, daſs den Schüsseln und
ihrem Inhalt die Tische vorausgeschickt werden. Nach 'catino' aber
wird ein Komma zu setzen und 60 (110) so zu erklären sein:
»ihren Mehlbrei und Alles, was sonst auf den Tisch kam, setzten
sie in thönernem Geschirr auf, solche Gerichte und solcher Hausrath waren vor Neid sicher,« oder ironisch »solche Herrlichkeiten
mag man beneiden, wenn man scheelsüchtig ist« ('caret invidenda
sobrius aula' Hor. carm. II 10, 7).

Treibe lieber das bescheidene, aber ehrliche Geschäft eines Aus-
rufers, räth Juvenal in der siebenten Satire, als daſs du, um dein
Glück zu machen, falsches Zeugniſs ablegst: das überlasse den asia-
nischen Rittern, die von Gallograecia her als Sclaven nach Rom
kommen und sich durch ihre Künste zu Rittern aufschwingen:

14   faciant equites Asiani,
15·(16) altera quos nudo traducit Gallia talo.

Trotz dieses engen und nothwendigen Zusammenhanges hat der von
Pinzger erkannte Interpolator die Notiz nicht zurückhalten mögen,
daſs nicht nur die Galater, sondern auch Cappadocier und Bithyner
eine ruchlose Classe sind:

quamquam et Cappadoces faciant equitesque Bithyni

hat er zwischen beide Zeilen eingeflickt, wobei denn die Bithyni die
Länge ihrer ersten Sylbe (XI = X 162, Hor. epist. I 6, 33) eingebüſst
haben, der Hieb auf die 'equites Asiani' ganz gegen die Absicht des
Verfassers abgestumpft, und den Bithynern Galatien als Heimath
aufgedrängt, zugleich aber Cappadocien und Bithynien von Asien
unterschieden werden[1]). Auch die armselige Wiederholung von 'faciant
equites' aus dem echten Verse ist unseres Dichters unwürdig. Wenn
aber Hermann die unnütze Häufung der Namen mit dem Beispiel
XV 124 f. rechtfertigen will, so werden wir ihm gern zugeben, daſs

---

[1]) O. Jahn, der diesen Vers selbst eingeklammert hat, hält nach Lupus p. 33
Suet. Caes. 39: 'pyrricham saltaverunt Asiae Bithyniaeque principum liberi' für die
Quelle der Interpolation.

beide Stellen demselben Verfasser gehören, nur nicht unserem Juvenal, ebensowenig wie so viele andere Beispiele von Wort- und
Namenverschwendung, die wir in jenen fünf Declamationen nachgewiesen und aus den echten Satiren ausgemerzt haben. Unter die
letztere Kategorie fallen die bereits besprochenen Stellen II [108 f.]
[145 f.] V [109] VIII [4 ff.], und X = XI [91 f.]. Auch hier genügten
zur Bezeichnung der alten Sittenstrenge 35—37 (90. 93 f.):

> cum tremerent autem Fabios durumque Catonem,
> nemo inter curas et seria duxit habendum,
> qualis in Oceano fluctu testudo nataret etc.

Welcher Name konnte nach dem des Strengsten der Strengen noch
Eindruck machen? Und wer konnte zweifeln, wie das Erzittern vor
dem Censorius zu verstehen sei? Nur unser Interpolator meinte hier
noch aus II 35 die Scauri und aus IX 128 (142) die Fabricii nachholen und aufserdem eine Anecdote einschwärzen zu müssen, die
entweder, wenn sie vom Scholiasten richtig erzählt wurde, was allerdings nicht glaublich ist, den Leser nochmals auf das Andenken der
Fabier zurückführen würde, oder überhaupt keinen neuen Zug enthält, sondern nur die Strenge des ebengenannten Censors C. Fabricius Luscinus (gegen den Consul Cornelius Rufinus: Gell. IV 8 Valerius Maximus II 9, 4 u. a.) noch besonders andeutet:

> [91]   et Scauros et Fabricios, postremo severos
> censoris mores etiam collega timeret.

Aufser dem lähmenden Aufenthalt und der Dürre des Ausdrucks mufs
man auch noch die Verkürzung der Endsylbe in dem an sich schon
so häfslichen 'postremo' mit in den Kauf nehmen, die man mit Analogieen wie 'porrö' VII 94 (98) serö I 166 (169) vigilandö III 230
(232) entschuldigen, aber mit einem zweiten identischen Beispiel
meines Wissens nicht belegen kann (vgl. L. Müller de re m. 335 ff.).
Der Corrector (ω) hat 'rigidique' dafür gesetzt nach dem Muster von
XI = X 31 ('rigidi censura cachinni'), was wirklich eine Verbesserung ist.

   An die Echtheit von VII [51]

> consuetudo mali, tenet insatiabile multos

wird hoffentlich Niemand mehr glauben, nachdem einmal Jahn[1]) 49 f.
(50. 52)   nam si discedas, laqueo tenet ambitiosum
> scribendi cacoethes et aegro in corde senescit

---

[1]) Vgl. Lupus p. 34.

verbunden und darauf hingewiesen hat, dafs 'consuetudo mali' eine wörtliche Uebersetzung von 'cacoethes' ist, die zunächst die Correctur 'ambitiosi' und dann zur Ausfüllung des Verses das Uebrige nach sich gezogen hat. Den Stil des Interpolators verräth die beliebte Wiederholung desselben Verbums 'tenet' (vgl. VI [279] [586] VIII [194] [202]) und das ihm so sehr geläufige matte 'multos' (vgl. V [113] VI [126] VII [88] X 284 XIV 150), welches hier sogar unsinnig ist, da nach 'discedas' vielmehr 'te' zu erwarten war.

Mehr als eine vorzeitige Erklärung des höchst präcisen Verses VII 83 (92)

> praefectos Pelopea facit, Philomela tribunos

kann ich auch in [88 f.] nicht erkennen:

> ille et militiae multis largitur honorem
> semenstri, digitos vatum circumligat auro.

Geht diese trockene Versicherung voraus, so kann das spitze Schlagwort 'quod non dant proceres, dabit histrio' (81 = 90) keinen Eindruck mehr machen, und noch weniger die spöttische Frage

> tu Camerinos
> et Baream, tu nobilium magna atria curas?

Ein geschickter Stilist hätte weder die Charge des semestris tribunatus so breit und matt gegeben, noch hierauf den goldenen Ring, der mit ihm selbstverständlich verbunden war, folgen lassen, und am wenigsten hätte er versäumt, das zweite Glied von neuem mit einem Pronomen einzuführen. Möglich, dafs Benutzung eines alten Commentars zu Grunde liegt, da ja auch in den Resten der vita von der Allmacht des Paris und seiner Verleihung von 'semestres' die Rede war (meine praef. p. VIII u. XII). Wären auch jene beiden Zeilen [88 f.] von Juvenal geschrieben und Bruchstück jener früheren Satire gegen Paris, so würden auch sie in der vita als solche citirt sein, die Juvenal in die spätere Arbeit aufgenommen und womit er sich den Zorn des Kaisers zugezogen habe. Nun aber ist dort stets nur von 81—83 (90—92) die Rede, woraus hervorgeht, dafs der Biograph die Interpolation [88 f.] noch nicht kannte. Selbst der so schlecht berichtete Scholiast bemerkt zu 83 (92): 'propter *hunc* versum missus est in exilium a Claudio Nerone', während doch die unmittelbar an den Namen des Paris ('esurit, intactam Paridi nisi vendit Agauen') sich anschliefsenden Zeilen [88 f.] einen viel directeren Angriff auf denselben enthalten.

Als ganz »überflüssige, höchst mattherzige Sentenz« hat Heinrich mit vollem Recht [138]

> sed finem inpensae non servat prodiga Roma

verworfen. Sie zerreifst sogar den Zusammenhang auf das Unerträglichste. Das pomphafte Auftreten als vornehmer Mann im Purpurgewande, mit Ringen am Finger, giebt dem Rechtsanwalt erst Nimbus und Credit, nicht sein Talent. Also gehören 131—133 (135—137) und 134 f. (139 f.)

> purpura vendit
> causidicum, vendunt amethystina, convenit illis
> et strepitu et facie maioris vivere census:
> fidimus eloquio? Ciceroni nemo ducentos
> nunc dederit nummos, nisi fulserit anulus ingens.

eng zusammen. Mit jenem kleinmeisterlichen Kopfschütteln über das verschwenderische Rom und der höchst pedantischen Empfehlung eines 'finis inpensae' fällt der Satiriker aus dem Ton überlegener Ironie heraus und in die platteste Alltagsweisheit.

Mit ebenso richtigem Gefühl hat Heinrich [181] verworfen. Es ist von dem reichen Einkommen der Virtuosen die Rede, von der kostbaren Säulenhalle, die zur gestatio bestimmt ist, wenn's regnet. Ironisch wird der Gedanke, als ob das ein leicht entbehrlicher Luxus sei, abgelehnt mit der Frage:

> anne serenum
> expectet spargatque luto iumenta recenti?

Die Antwort hierauf:

> hic potius, namque hic mundae nitet ungula mulae

kann ich auch nur »läppisch« und höchst entbehrlich, sowie im Ausdruck armselig, kleinlich finden und unklar, da das Verbum zu 'hic potius', nämlich 'gestetur', weither (174 = 179) zu entlehnen ist.

Ebensowenig aber werde ich mir nach den hinreichend klaren Worten VIII 47 f. (52 f.)

> at tu
> nil nisi Cecropides truncoque simillimus hermae

eine so triviale und wässerige Erklärung wie die folgende [54 f.]

> nullo quippe alio vincis discrimine, quam quod
> illi marmoreum caput est, tua vivit imago

als juvenalisch gefallen lassen. Hätte unser Dichter dem geringen Unterschied zwischen Marmor und einem lebendigen Klotz noch

einen besonderen Ausdruck geben wollen, so würden wir statt der
Worte 'tua vivit imago' etwas Schneidenderes, Verächtlicheres lesen.

»Wenn du als Statthalter in der Provinz rechtschaffen deine
Pflicht thust, so magst du, wenn dir das Freude macht, dich immerhin deiner Ahnen rühmen. Bist du aber habsüchtig und grausam,
so stehen diese selbst gegen dich auf und stellen deine Schande nur
in helleres Licht.« So heißt es VIII 104—115 (127—139). Der
Nachsatz des ersten Gliedes der Alternative ist in juvenalischer Weise
hyperbolisch gegeben (108—110 = 131—133):

> tu licet a Pico numeres genus, altaque si te
> nomina delectant, omnem Titanida pugnam
> inter maiores ipsumque Promethea ponas.

Weniger pikant und allgemeiner mochte ein Buchgelehrter ihn so
ausdrücken [134]:

> de quocumque voles proavum tibi sumito libro.

Aber beides nacheinander ist entschieden vom Uebel, und wir sind
es dem Dichter schuldig, ihn von einer Dittographie zu befreien,
die sich schon durch den Mangel jeder äußeren Verknüpfung mit
dem Vorigen verräth.

Und wenn nun der schöne Nachsatz der zweiten Alternative
(114 f. = 138 f.)

> incipit ipsorum contra te stare parentum
> nobilitas claramque facem praeferre pudendis

wiederum mit einer lehrreichen Sentenz wesentlich desselben Inhaltes
verbrämt ist, welche nur an die Stelle des lebendigen Bildes den
trockenen breiten abstracten Schulton folgendermaßen eintreten
läßt [140 f.]:

> omne animi vitium tanto conspectius in se
> crimen habet, quanto maior qui peccat habetur,

so ist dies nur ein neues Beispiel der überaus geschmacklosen Ge-
schäftigkeit, welche die scharfen Züge dieser edlen Kunstwerke wie
mit Watte umkleidet hat.

Wenn in der neunten Satire 27 (28) f. der Parasit angiebt als
Lohn für seine Bemühungen (27—29 = 28. 30 f.):

> pingues aliquando lacernas
> et male percussas textoris pectine Galli
> accipimus

so war damit über Gattung und Qualität dieses Kleidungsstückes genug gesagt. Was jetzt dazwischen geschoben ist [29]

munimenta togae, duri crassique coloris

dehnt die Beschreibung, ohne ihr etwas wesentlich Anderes als leere Glosseme hinzuzufügen. Wozu brauchte der Zeitgenosse Juvenals noch ausdrücklich zu lesen, dafs die 'lacerna' ein Ueberwurf für die Toga sei, wie das durch den Vers Martials XIV 137, 2

cum teget algentes alba lacerna togas

bestätigt wird? Der grobe Stoff und die schlechte Fabrik ist durch das Beiwort 'pingues' und 28 (30) vollkommen genügend angedeutet; dafs die Farbe nicht weich und fein sein kann, geht hieraus von selbst hervor. Wenn die Anmerkung in den Scholien 'in alio *pingues, ut ostendat grossas ac per hoc pluviales*' auf eine doppelte Ueberlieferung hinweist, so gab es vielleicht neben 'pingues' eine andere Lesart '*crassas*' (wie 'toga crassa' bei Horaz Sat. I 13, 15), wozu die Erklärung 'duri crassique coloris' ebenso genau passen würde, wie 'munimenta togae' zu 'lacernas'.

Der Zusammenhang der spöttischen Rede über die Prätensionen und die Unerkenntlichkeit des 'mollis avarus' IX 44−58 (46 f. 50−62) wird zerrissen und im Ton verdorben durch den von der Sache abschweifenden und schielenden Seitenblick auf die schlechte Behandlung des Clienten [48 f.]:

vos humili adseculae, vos indulgebitis umquam
cultori, iam nec morbo donare parati?

Als ob unser Naevolus sich selbst als 'morbus' bekennen würde, als ob er sich nicht 55 (59) 67 f. (71 f.) selbst unter die ergebenen Clienten rechnete! Auch auf den Namen eines 'cultor' hat er nach 43 (45) und der Art des ganzen Verhältnisses unzweifelhaften Anspruch. Und wie kann er 'indulgere' für synonym mit 'donare' oder gar als Steigerung ansehen, da der Begriff activer Freigebigkeit doch nimmermehr darin liegt? Wenn ein Statthalter 'indulgere' übt gegen seine Cohorte oder gegen die socii, oder ein Hausherr gegen sein Gesinde, so haben die Betreffenden allerdings auch positive Vortheile davon, aber der Client ist doch auf die Initiative seines Herrn im Schenken angewiesen. Wenn übrigens diese Bemerkung erst vom Rande in den Text gedrungen ist, so scheint es wahrscheinlicher, dafs sie vielmehr am Schlufs des ganzen Abschnittes, d. h. nach

58 (62) sich anzufügen bestimmt war, statt in der Mitte, nach 45
(47), und dafs sie etwa an die Spitze einer funfzehnzeiligen Co-
lumne gesetzt wurde statt an den Schlufs derselben.

Von der Einschiebung zweier Halbverse haben wir bereits ein
Beispiel gehabt: VIII [202 f.]. Ein zweites glaube ich zu erkennen,
wenn IX 91 (97) ff. Naevolus die Rache seines 'inimicus pumice
levis', falls seine Geheimnisse verrathen werden sollten, folgender-
mafsen schildert:

> sumere ferrum,
> fuste aperire caput, candelam adponere valvis
> non dubitat, [nec contemnas aut despicias quod
> his opibus] nunquam cara est annona veneni.
> ergo occulta leges ut curia Martis Athenis.

Hier macht sogleich die pleonastische Verbindung der beiden syno-
nymen Verba 'contemnas aut despicias' und überhaupt die plötz-
liche Dehnung, der lehrhafte Ton des Vortrags bedenklich. Der
Parasit scheint auf einmal den Andern zu warnen, während er doch
nur Ursache hat, um seine eigene Sicherheit besorgt zu sein. Ferner
fällt es auf, dafs der Markt für Gift nicht für Jedermann, sondern
nur 'his opibus', für so reiche Leute wie unsern 'mollis avarus' wohl-
feil sein soll. Plinius' Naturgeschichte liefert eine reiche Auswahl
von Mitteln, die ohne allen Aufwand von Jedermann zu beschaffen
waren. Beifsend wird überhaupt der Sarkasmus erst durch die Versicherung, dafs der üppige Geizhals, dem jedes Geschenk für seinen
Hausfreund zu theuer erscheint, die Mittel zur Rache leicht zu finden weifs und nicht einmal seine gewohnte Knickerei dabei zu über-
winden hat. Die Worte 'nec contemnas ... opibus' scheinen also
nicht nur ganz entbehrlich zu sein, sondern auch die Schärfe des
Gedankens aufserordentlich abzustumpfen.

Einen dritten Fall hat wiederum Hermann, der übrigens mit
übermäfsiger Vorliebe gerade dieser Form des Verderbnisses nach-
gegangen ist, in der zehnten Satire (XI) entdeckt, 86 (145) ff.

> plebeios calices et paucis assibus emptos
> porriget incultus puer atque a frigore tutus,
> non Phryx aut Lycius, [non a mangone petitus
> quisquam erit, in magno] si posces, posce Latine.

Dafs ein phrygischer oder lykischer Knabe vom Sclavenhändler gekauft sein mufste, verstand sich von selbst. Die Worte 'in magno'

versteh' ich nicht einmal: statt 'et magno''), wie in den interpolirten Handschriften steht, müfste es wenigstens 'aut' heifsen, und auch dann wäre der Zusatz ebenso hart als die Versicherung, dafs der Bursche um keinen hohen Preis gekauft sei, nach dem Vorhergegangenen überflüssig ist. Vielleicht ist 'in magno' sogar nur corrumpirt aus 'non magno', was nicht einmal Anspruch auf metrische Verbindung mit dem Uebrigen haben würde.

Die Stelle 99 f. (159 f.)

> hic tibi vina dabit diffusa in montibus illis,
> a quibus ipse venit, quorum sub vertice lusit

erklärt der Scholiast: 'de eadem villa vinum, unde et minister est'. Diese Paraphrase lautet versificirt [161]

> namque una atque eadem est vini patria atque ministri

und Heinrich hat auch hier die Interpolation richtig herausgefühlt.

Der Freuden des Circus und des festlichen Pompes gedenkt unser Dichter mit philosophischer Gleichgültigkeit: das Getöse von weitem stört kaum das traute Gespräch, das er bei Tisch mit dem Freunde führt: 123 (193) ff.

> interea Megalesiacae spectacula mappae,
> Idaeum sollemne, colunt, similisque triumpho
> [praeda caballorum praetor sedet ac, mihi pace
> immensae nimiaeque licet si dicere plebis]
> totam hodie Romam circus capit, et fragor aurem
> percutit, eventum viridis quo colligo panni.

Welche Noth die 'praeda caballorum' den Auslegern gemacht hat, ersehe man aus den verschiedenen Erklärungen des Scholiasten und aus den mannigfachen Emendationsversuchen. Der einzig mögliche Sinn der Worte kann nur der von Gronov obss. IV 24 empfohlene sein, dafs der Prätor als Festgeber mit seinem Beutel den kostbaren Pferden, die er laufen läfst und dabei abnutzt, gleichsam als Beute verfällt. Die Bezeichnung des vorsitzenden Prätors als 'similis triumpho' kann ich aber nicht gut lateinisch finden: in seinem Festgewande mag er 'triumphanti similis' sein, während das Gesammtbild des Triumphs vielmehr dem Circus zukommt, auf dem »ganz Rom« versammelt ist. Dafs ferner für diese einfache und geläufige Hyperbel in gewissenhaftester Breite die Erlaubnifs der 'immensa nimiaque

---

¹) Mit Oudendorps Erklärung (Apul. met. vol. I p. 167) 'magno sc. poculo si posces' wird sich Niemand befreunden.

plebs' eingeholt wird, hat gar keinen Zweck; und so erinnern uns
beide Zeilen nur an den Verfasser der elften Satire (X), der den
Aufzug des Prätors im Circus so wortreich (36 ff.) darstellt und
die Erwähnung der Hauptperson auch hier, wie es scheint, nicht
hat entbehren wollen. Juvenal indessen, der nur mit dem Festlärm
der Menge seine Zurückgezogenheit vergleichen will, bedarf des Prätors nicht.

Ueber die Interpolationen der sechsten Satire s. den Anhang
'de Iuvenalis satira sexta'.

DRITTES CAPITEL.

Umstellungen und Lücken.

———

Unter den Gestalten, die dem Dichter in den Strafsen Roms begegnen, wird in der ersten Satire 62 (63) ff. der Testamentsfälscher ('signator falso'), dann 72—75 (69—72) die vornehme Matrone vorgeführt, die ihren Mann vergiftet und die übrigen Weiber der Familie in derselben Kunst unterweist. Hierauf folgt 68—71 (73—76) eine sarkastische Empfehlung von Criminalverbrechen für Männer, die zu Stand und Reichthum kommen wollen:

> aude aliquid brevibus Gyaris et carcere dignum,
> si vis esse aliquid etc.,

und dann kehrt der Text 76 (77) f. wieder zu den Greueln der Familie zurück:

> quem patitur dormire nurus corruptor avarae etc.

Warum sollte der Dichter nicht vorgezogen haben, jenen Rath unmittelbar an die Erscheinung des verbrecherischen Emporkömmlings anzuknüpfen und die Reihe häuslicher Unthaten, Vergiftungen und Verführungen, dann ununterbrochen fortzuführen? Wenn der Abschreiber nach 67 (68) die nächsten vier Verse aus Versehen überschlug, so mochte er die einmal begonnene Periode (72—75 = 69—72) zu Ende führen und dann erst die übersprungenen Zeilen (68—71 = 73—76) nachholen.

Das Capitel von den Orgien der Männer in der zweiten Satire wird nach der Ueberlieferung in folgender Ordnung behandelt: (a) bald wirst du, der du jetzt in durchsichtigem Gewande auf der Rednerbühne erscheinst, in die Gesellschaft der Männer aufgenommen werden, welche, als Weiber verkleidet, die bona dea feiern und wie diese das andere Geschlecht aus ihrem Kreise verbannen: (82—90)

> ite, profanae,
> clamatur, nullo gemit hic tibicina cornu.

(*b*) Solche Orgien feierten die Bapten zu Ehren der Cotytto (96 f.
= 91 f.). (*c*) Jener färbt die Augenbrauen, jener trinkt aus einem
gläsernen Priapus und füllt ein goldenes Netz mit seinen Haaren,
ein Dritter hält einen Spiegel (100—112 = 93—107). (*d*) Hier
kennen die Worte keine Schaam, der Tisch keine Rücksicht; hier
herrscht die Freiheit der Cybele, und Oberpriester ist ein silber-
haariger Greis (91—95 = 110—114). (*e*) Aber warum warten
die Leute, da es längst Zeit ist, sich mit phrygischem Messer zu
entmannen (98 f. = 115 f.)? Dann folgt (*f*) die Hochzeit des Gracchus mit dem Hornbläser (113 ff. = 117 ff.). Versuchen wir, ob
diese zerbröckelte Darstellung in ein etwas festeres Gefüge zu bringen
ist. Zunächst tritt der Satz (*b*)

talia secreta coluerunt orgia taeda etc.

zu früh ein: er verlangt eine vollständigere Schilderung der Orgien
als in (*a*) enthalten ist. Vervollständigt wird dieselbe durch (*d*),
das sogar äußerlich den unverkennbarsten Anschluß an (*a*) bietet:

nullo gemit *hic* tibicina cornu:
hic nullus verbis pudor aut reverentia mensae,
hic turpis Cybeles et fracta voce loquendi
libertas etc.

Der 'senex fanaticus' als 'sacrorum antistes' (93 f. = 112 f.) steht
in offenbarem Gegensatz zu der Frau des Consuls oder Prätors,
welche sonst das Opfer darzubringen pflegt, paßt also vortrefflich
hierher, wo es gilt, den Satz (87 ff.)

sed more sinistro
exagitata procul non intrat femina limen,
solis ara deae maribus patet

zu bestätigen. Hier war auch am passendsten an die wilde Frechheit der Cybelefeier zu erinnern. Nun darf aber (*e*) nicht zu weit
von (*d*) getrennt werden, wegen der Beziehung der phrygischen Sitte
(98 = 115) auf den Dienst der Cybele (92 = 111). Am natürlichsten
hängt es zusammen mit den weibischen Toilettenscenen, die in (*c*)
ausgeführt sind: es kann ihnen ebensogut vorausgehen als nachfolgen, und auch der Anschluß von (*f*) an (*c*) macht nicht die
geringste Schwierigkeit [1]). Ueber eine Spur dieser Unordnungen,

---

[1]) Der Zusammenhang, den Jahn nach 105 (98) durch eine Lücke zerrissen
glaubt, ist von mir durch einfache Aenderung von '*et*' in '*en*' und Interpunction
hergestellt worden.

welche das Scholion zu 90 verräth, ist de sat. sexta p. 28 gehandelt.

Sehr richtig hat Jahn in der dritten Satire 17—20 vor 12—16 gestellt: denn die Rendezvous des Numa mit seiner Nymphe haben nicht an der porta Capena (11), sondern im Thal der Egeria stattgefunden. Auch wird dasselbe unzweifelhaft beschrieben

> hic, ubi nocturnae Numa constituebat amicae,
> nunc *sacri fontis nemus* et *delubra* locantur
> Iudaeis etc.

ehe Umbricius mit dem Freunde dort angekommen ist. Darum ist die von Ruperti vorgeschlagene Verbindung 'hinc, ubi — in vallem Egeriae descendimus' unmöglich. Dagegen empfiehlt sich die Wiederholung 'hic, ubi — hic tunc Umbricius' auf das Entschiedenste. Offenbar hat der gleiche Versanfang ('hic') 16 = 12 und 21 den Abschreiber verleitet, 16—20 = 12—16 auszulassen. Es wurde am Rande nachgeholt und dann an falscher Stelle in den Text gesetzt. Damit war aber eine andere Verderbnifs, wie häufig, verbunden. Das Zusammenstofsen von 11 mit 12 = 17 ist entschieden hart. »Während der ganze Hausrath auf einen Wagen gepackt ward, blieb er am capenischen Thore stehen. Wir (ohne Betonung dieses Subjects) stiegen in das Thal der Egeria hinab.« Hier fehlt ein Uebergang, der den Spaziergang vorbereitet und erklärt: »aber da der Wagen auf sich warten liefs« oder dergleichen. Also wenigstens ein Vers wird nach 11 ausgefallen sein.

Sehr arg hat die zweite Partie der fünften Satire durch Umstellungen und Lücken gelitten. Ganz klar und geordnet werden nach den Worten 24 'qualis cena tamen?' die einzelnen Bestandtheile derselben der Reihe nach durchgenommen; zuerst die Getränke: der Wein (24—33 = 24 f. 30—37) und die Becher (33—44 = 37—48), das Wasser (45—48 = 49—52) und die kredenzenden Sclaven (48—61 = 52—65); ferner das Brod (62—74 = 67—80); Fische und Oel (75—100 = 80—106): die Braten und der structor (101—111 = 114—124). Dafs hier 112—115 (166—169) einzusetzen sind, ist bereits oben (S. 109 f.) bemerkt worden. Nun bleibt von den Gängen der Mahlzeit nur noch das Desert übrig, Pilze und Obst (116—125 = 146—155). Dieser Abschnitt hängt weder am Anfang noch am Schlufs mit der Umgebung des überlieferten Textes zusammen, und kein Grund ist abzusehen, warum die durchweg beobachtete Gegenüberstellung dessen, was dem Herrn und was dem Gast vorgesetzt wird, die auch hier wieder durchgeführt ist, von den übrigen Particeen derselben Anlage und so verwandten Inhaltes getrennt sein sollte durch Ausführungen, welche von der materiellen Mahlzeit absehend vielmehr das persönliche Verhältnifs zwischen Patron und Client ins Auge fassen (130—149 = 125—145). Ist nun hier von der Mifsachtung, welche der Herr bei der Tischunterhaltung seinen freigeborenen (132 = 125) Gast fühlen läfst, die Rede, so berühren die Verse 126—129 (26—29) das Verhalten der übermüthigen Freigelassenen ('libertorum cohors' 128 = 28) zu dem Parasiten. Unter den weinerhitzten Köpfen kommt es zum Streit, erst fliegen grobe Worte, dann die Becher hin und her, und das Blut des Eindringlings fliefst. Da übrigens der Verwundete schwerlich zugleich der Angreifer sein wird, so empfiehlt es sich zu schreiben 126 (26):

> sed mox et pocula *torquet* (oder *torquent*),
> saucius et rubra deterges vulnera mappa

statt *torques*.

Diese vier Verse nun folgen in den Handschriften auf die kurze Beschreibung des Weines, den der Client trinken mufs (24 f.):

> vinum, quod sucida nolit
> lana pati: de conviva Corybanta videbis;

worauf der edeln Sorten gedacht wird, an denen sich der Herr labt. Der des Gastes ist sogenannter Strumpfwein[1]), der zusammenzieht und dem Trinker Bauchgrimmen macht, dafs er sich windet und die Glieder wie in Korybantischer Verzückung verdreht. Dafs gerade saurer Wein besonders streitsüchtig mache, ist mir unbekannt, und es wäre eine seltsame Oeconomie des Dichters, das Gefecht mit den trunkenen Freigelassenen gerade an den Anfang der Mahlzeit zu rücken. Auch fehlt jeder Uebergang von der Qualität des Getränkes auf seine Wirkungen, während ohne diese vier Zeilen der Zusammenhang von 24 an ganz glatt und vollständig befriedigend ist. Geworfene Becher und blutige Köpfe gehören in dieselbe Bilderreihe, in der wir den vorlauten Gast, der es wagt, den Mund aufzuthun, »als habe er drei Namen«, an der Ferse hinausgezogen und vor die

---

[1]) Varro de re r. II 11 'recens lana tonsa *sucida* appellata est.' Sie wurde mit Wein und Oel gewaschen. Die zusammenziehende Kraft sauren Weines mag sich nach dem Scherz des Satirikers an den krausen Locken der Schafwolle bewähren.

Thüre gesetzt sehen (130 f. = 125 f.). Aber freilich schwebt die Streitscene mit den Freigelassenen auch so in der Luft. Voraus mufste, nachdem die Beschreibung der eigentlichen Mahlzeit beendigt war, etwa Folgendes gehn: »nicht genug, dafs Speise und Trank nur zu deiner Demüthigung dienen, dafs die Dienerschaft dich ihre Verachtung fühlen läfst. Auch die übrige Behandlung bei Tische von Seiten des Hausherrn wie seiner Freunde ist schmachvoll.« Hier konnte sich 126—129 (26—29) und 130 (125) ff. anschliefsen.

Auch der Abschnitt 116—125 (146—155), welcher die substantiellen Theile der Mahlzeit beschliefst, läfst sich nicht ohne Weiteres an 115 (169) anknüpfen. Nach den Worten

> inde parato
> intactoque omnes et stricto pane tacetis

mufste jedenfalls noch gesagt werden, dafs diese Erwartung bitter enttäuscht werde, dafs die fetten Bissen ungenossen an ihnen vorübergehen, und mit welchem mageren sie selbst abgespeist werden. Denn diese Vergleichung zwischen Herrn und Clienten fehlt sonst nirgends. Vgl. 24 f. und 26 (30) 'ipse' etc.; 35 (39) und 42 (46) 'Virro—tibi—tu'; 45 (49) 'domini' und 48 (52) 'vos'; 48 (52) 'tibi' und 52 (56) 'ipsum'; 62 (67) und 65 (70): 76 (81) 'domino' und 79 (84) 'tibi'; 81 (86) 'ipse' und 82 (87) 'tibi'; 86 (92) 'domini', 93 (99) 'Virroni' und 97 (103) 'vos'¹); 116 (146) 'domino' und 'amicis'; 119 (149) 'Virro' und 123 (153) 'tu'. So verlangt denn auch die Gänseleber vor dem Herrn ('anseris ante *ipsum* magni iecur' 101 = 114) nebst den übrigen Leckerbissen ihr Gegenstück, das 112 (166) mit den Worten 'spes bene cenandi *vos* decipit' nur eingeleitet, aber nicht zu Ende geführt ist.

Erwägen wir nun, dafs die sechste Satire (über die in der angehängten 'diss. de Iuv. sat. sexta' gehandelt ist) in der gröfsten Verwirrung überliefert ist, so geht aus den obigen Betrachtungen hervor, dafs der Urcodex des Juvenal bereits hier, von 111 (124) an in Confusion gerathen sein mufs, die sich in diesem Umfange nicht über die sechste Satire hinaus erstreckt.

---

¹) So streng in der Durchführung dieser Gegensätze wird man wohl nicht sein dürfen, um zu dem 'mullus domini' (86 = 92) noch irgend einen besonderen Fisch für den Gast zu verlangen: die 'anguilla' (97 = 103) wird den 'mullus' sowohl als die 'muraena' (93 = 99) ersetzen.

In der siebenten sind nur einmal fünf Zeilen (85 — 89 = 74 — 78) von ihrem Platze verschlagen. Daſs dichterische Begeisterung mit Nahrungssorgen unvereinbar sei, führt Juvenal von 51 (53) an aus. Horaz und Vergil dienen als Beispiele wohl situirter Poeten, denen Rubrenus Lappa (70 = 72) als Folie dient. Jenen schlieſst sich (72 = 79) der reiche Lucanus an, der in Marmorgärten auf seinen Lorbeeren ruht und eines Mäcen entbehren kann, während einen Salcius Bassus sein Ruhm nicht satt macht und Statius auf die Gunst von Schauspielern angewiesen ist (72 — 83 = 79 — 92). Heiſst es nun 84 = 93 weiter: »du darfst es aber einem Dichter nicht übel nehmen, wenn ihm die Bühne sein Brod giebt«

> haut tamen invideas vati, quem pulpita pascunt,

so erwartet man, daſs diese Zumuthung und die erste Hälfte des voraufgehenden 'quod non dant proceres, dabit histrio' (81 = 90) noch begründet werde durch die Erklärung, daſs und warum eben die 'proceres' nicht in der Lage sind, einen Poeten zu unterhalten. Dieselbe kann nun mit der Frage (90 = 94 ff.):

> quis tibi Maecenas, quis nunc erit aut Proculeius
> aut Fabius, quis Cotta iterum, quis Lentulus alter?

schon deshalb nicht abgefertigt sein, weil ja unmittelbar hintereinander mit dem Pronomen der zweiten Person ganz Verschiedene angeredet werden: mit 'invideas' (84 = 93) der Leser als Publicum, mit 'tibi' (90 = 94) der 'vates' selbst, mit welchem jener Nachsicht üben soll. Nun paſst der Abschnitt 85 — 89 (74 — 78) selbst dem Ausdruck nach so haarscharf in diese Lücke, daſs man ihn hier einsetzen müſste, auch wenn er an seiner überlieferten Stelle keinen besonderen Anstoſs erregte. »Nimm es dem Dichter nicht übel, wenn ihm die Bühne sein Brod giebt ('quem pulpita pascunt'). Die proceres können eine solche Ausgabe nicht bestreiten, und darum wagt er gar nicht erst, sich an sie zu wenden. Der arme Numitor hat Nichts übrig, um es einem schriftstellernden Freunde zu schicken: für seine Maitresse hat er Geld, und einen Löwen satt zu machen ('multa pascendum carne leonem'), den er sich als Hausthier hält, reicht es auch noch. Aber der Magen eines Dichters verschlingt gar zu viel ('capiunt plus intestina poetae').« Warum sollte Juvenal diese Gedankenverbindung, die in Ton und Ausdruck so deutlich angezeigt ist, verschmäht und den Numitor, der zu den Maecenas, Proculeius u. s. w. eine so treffliche Folie abgiebt, obenhin versetzt haben, wo nicht von den Liebhabereien der 'proceres', sondern von den Bedürfnissen der Poeten zu handeln war? Wir haben gesehen, daſs ohne sie oben Alles wohl zusammenhängt, unten füllen sie eine Lücke auf das passendste: wie die Verwirrung entstehen konnte, habe ich de satira sexta p. 28 zu erklären gesucht.

Daſs unser Text auch lückenhaft ist, läſst sich noch durch ein Beispiel aus der neunten Satire belegen. Wenn Juvenal den Parasiten tröstet, es werde ihm an zärtlichen Freunden ('pathici') nie fehlen, und hinzufügt 119 f. (133 f.)

> *altera maior*
> *spes superest, tu tantum crucis inprime dentem;*

wenn dann der Getröstete kleinmüthig erwidert (121 = 135)

> *haec exempla para felicibus; at mea Clotho*
> *et Lachesis gaudent, si pascitur inguine venter;*

so sieht man sich nach »diesen Beispielen« glänzender Erfolge und nach einer Erklärung über jene »zweite gröſsere Hoffnung«, die ihm noch übrig bleibe, vergeblich um. Die Note des Scholiasten 'multos inberbes habes tibi crescentes' kann uns nicht befriedigen: sie paſst ebensogut auf 116 (130) 'numquam pathicus tibi derit amicus'. Vielleicht ist eine Spur des Verlorenen noch erhalten in der Zeile, welche der Pithoeanus und ein münchener Codex auf 120 (134) folgen läſst:

> *gratus eris, tu tantum crucis inprime dentem.*

Die Aussicht auf neue Freundschaften, die er den Wirkungen der 'eruca' noch ferner werde zu verdanken haben, und die Begründung solcher Verheiſsungen durch Beispiele von anderen hochgesegneten Günstlingen konnte sehr wohl mit 'gratus eris' beginnen. Wie wir um das Folgende gekommen sind, ob durch die Nachlässigkeit eines Abschreibers oder durch irgend einen Anfall übelangebrachter Strenge, das läſst sich natürlich nicht sagen. Daſs uns aber etwas fehlt, und zwar nicht ganz wenige Verse, ist mir unzweifelhaft (vgl. S. 121).

Da auch die unechten Stücke unserer Sammlung bereits in alter Zeit mit den echten in einer Handschrift verbunden waren, so waren sie natürlich denselben Zufälligkeiten der Verderbniſs durch Abschreiber und Buchbinder ausgesetzt, wie die übrigen Stücke. Und wirklich ist auch in der dreizehnten und vierzehnten Satire die Ordnung mehrfach gestört worden. Nachdem ich 'de satira sexta' p. 28 f. die Umstellungen äuſserlich zu erklären versucht habe, will ich sie hier aus inneren Gründen zu rechtfertigen suchen. Soviel

nämlich ist die Kritik auch dem schlechtesten Dichter schuldig, dafs
sie ihm zutraut, er habe innerhalb der Grenze seiner Kräfte und
seines Geschmackes doch nach einem gewissen Plane gearbeitet und
nicht willkürlich auseinandergerissen, was sich ohne Weiteres in-
einanderfügte.

Wenn also XIII 152 f. (157 f.) nach einer langen Aufzählung
von Verbrechen (138—151 = 143—156) die Frage aufgeworfen wird

> haec quota pars scelerum, quae custos Gallicus urbis
> usque a lucifero donec lux occidat audit?

so pafst, um die Geschäftsüberhäufung des Polizeimeisters und die
ununterbrochene Reihe von Criminalprocessen, die Tag für Tag von
Morgen bis Abend sich drängen, mit einer erschöpfenden Hyperbel
zu schildern, Nichts besser als die steigernde Frage (154 = 23 ff.)

> quae tam festa dies, ut cesset prodere furem
> perfidiam fraudes etc.?

Worauf denn ganz in der Weise dieses Dichters der Abschlufs er-
folgt mit einer numerischen Schätzung der Guten (157 = 26 f.):

> rari quippe boni, numero vix sunt totidem quot
> Thebarum portae vel divitis ostia Nili.

Die Verweisung aber an die Beobachtung der Sünden eines einzigen
Hauses (159 ff.) und das Folgende tritt hierauf nicht weniger passend
ein als nach 153 (158).

Dagegen die emphatische Versicherung, dafs wir jetzt noch unter
das eiserne Zeitalter heruntergekommen sind (52—54 = 28—30)

> nunc aetas agitur peioraque saecula ferri
> temporibus, quorum sceleri non invenit ipsa
> nomen et a nullo posuit natura metallo

ist doch offenbar im Gegensatz zu der unschuldigen Zeit des Saturn
gesagt, die von 30 (38) bis 51 (59) gepriesen wird:

> quondam hoc indigenae vivebant more etc.

und jenes 'nunc' wird unverkennbar aufgenommen, wo die nähere
Charakteristik des gegenwärtigen Zeitalters beginnt (55 = 60):

> nunc si depositum non infitietur amicus etc.

Die Ausscheidung dieser acht Verse (154—158 = 23—27 und
52—54 = 28—30) aus ihrer überlieferten Stellung nach 22 kommt
auch dieser Partie nur zu gute. Denn nun rückt das Lob der Weisen (21)

> qui ferre incommoda vitae
> nec iactare iugum vita didicere magistra

eng zusammen mit dem Spott über das haltungslose Lamentiren des Freundes (23 = 31)

> nos hominum divumque fidem clamore ciemus.

Was hatte zwischen diesen beiden Gliedern die Menge der Verbrechen und das Metall des gegenwärtigen Zeitalters zu suchen? Ferner wird der Verfasser dieser Satire nimmermehr so verkehrt gewesen sein, folgende Gedankenreihe aufzustellen: (*a*) Mancher ist um mehr Geld betrogen worden als du ($66-69 = 71-74$). (*b*) Es ist so leicht die Zeugen im Himmel zu verachten, wenn es nur kein Sterblicher weifs. Und nun eine Ausführung der Frechheit des Meineidigen ($74-84 = 75-85$). (*c*) Es giebt Leute, die an keinen Gott glauben und deshalb ohne Zagen einen Meineid leisten ($70-74 = 86-89$). Warum sollte er nicht das Allgemeine, *c*, dem Besonderen, *b*, vorausgeschickt haben? Das unter *a* behauptete Factum, dafs es viele Betrüger giebt, soll nämlich psychologisch erklärt werden: die Einen glauben an keine Götter und machen sich also kein Gewissen daraus, zu betrügen; die Anderen ('est alius metuens, ne crimen poena sequatur' $85 = 90$ ff.) glauben zwar an sie, schwören aber doch einen falschen Eid, weil sie auf die Langmuth der Götter und deren viele Geschäfte, auch auf endliche Verzeihung rechnen. Dieser geschlossene Zusammenhang wird erst durch die Umstellung von *b* und *c* klar.

Wie kann man glauben, dafs es dem Verfasser der **vierzehnten** Satire beliebt habe, von 57 (59) bis 67 (69) auszuführen, wie zum Empfang eines fremden Gastes Jeder sich angelegen sein lasse, Haus und Geräthe zu säubern, auch die Anwendung (66 f. = 68 f.) anzudeuten:

> illud non agitas, ut sanctam filius omni
> aspiciat sine labe domum vitioque carentem?

dafs er aber dennoch vorgezogen habe, dieses Thema dem Gleichnifs vorauszuschicken, statt nachfolgen zu lassen ($71-85 = 44-58$)? Schimmert das obige Bild nicht noch aus den Worten $71 = 44$ ff.

> nil dictu foedum visuque haec *limina* tangat,
> intra quae puer est. procul ah, procul inde puellae
> lenonum et cantus pernoctantis parasiti

hervor? Auch die 86 ff. beigebrachten Beispiele von Söhnen, welche in die Fufsstapfen ihrer Väter treten, schliefsen sich besser der directen Ermahnung an, ihnen mit gutem Beispiel voranzugehen. Die

drei Zeilen (68—70 = 70—72), welche zwischen Bild und Anwendung stehen, könnten freilich fehlen oder ebensogut nach 85 = 58
folgen, aber bei einem so wort- und lehrreichen Dichter muſs man
solche Ueberschüsse schon mit in den Kauf nehmen. Dagegen, glaube
ich, ist 15—27 (73—85) irrthümlich hierher gerathen, obschon die
ersten Worte

> plurimum enim intererit, quibus artibus et quibus hunc tu
> moribus instituas

noch leidlich genug zu dem Satze 68—70 (70—72)

> gratum est quod patriae civem populoque dedisti,
> si facis ut patriae sit idoneus etc.

zu passen scheinen. Aber gar zu abgeschmackt wären doch dann
die Beispiele aus der Thierwelt, welche lehren, daſs die Jungen der
Nahrung der Alten nachgehen. Als wenn nicht ganz Aehnliches
bereits im Anfange 6—14 von dem Sohn des Schlemmers gesagt
wäre, so daſs der Verfasser geradezu zusammenhängender Gedanken
unfähig gewesen sein müſste, wenn er nicht 15—27 (73—85) an
14 angefügt hätte. Hierauf geht denn mit 28 (15) die Satire ganz
glatt auf das moralische Gebiet über.

De satira sexta disputatio

primum nuper in 'symbola philologorum Bonnensium' edita.

Satirae sextae, qua mulierum vitia exagitantur, sales et lumina et singulas imagines inpense admirati homines docti structuram tamen nullam fere, immo temere aspersorum confusorumque pigmentorum mixturae nescio cui similius quam tabulae prudenter compositae opus esse consentiebant, cum nostra demum aetate C. F. Naegelsbachius extitit, qui in philologi III p. 472 sqq. concinnam et artificiosam quandam dispositionem satirae sextae commendare animum induceret. Atque id profecto rectissime statuit vir elegantissimus, indignam ac prorsus alienam a Iuvenalis ingenio eam opinionem esse, qua nullo ordine servato fudisse tamquam informes carminum fetus, non elaboratas diligentissime singulas partes callide digerere et coligare studuisse poetam rhetorica praesertim disciplina eruditum fingunt. Nec secutum tantum, sed egregie eundem exsecutum esse, ut apto et bene distincto ordine singularum satirarum argumenta absolverentur, exempla luculenta habemus eclogas I. II. III. VII. VIII. IX et resecto prooemio ineptissimo IV, quarum vel in libris tradita 4 tam plana et simplex dispositio est, ut quibus in V et X (XI) raro utendum erat artis remediis ad luxata membra in locum reponenda nullis omnino illic opus sit, modo filum sententiarum paulo magis intenta mentis acie quam solent interpretes persequaris, inter quos miror vel C. F. Hermannum 'oeconomiae ruditatem' nescio quam in satira IX offendisse.

Cetera igitur quaecumque ab hac norma abhorrent, aut incohata, non absoluta, aut ab alio auctore interpolata vel supposita, aut si fieri potest in probabiliorem ordinem coniectura redigenda esse verum est. Atqui non a Iuvenale profectam esse satiram sextam

10*

nemo umquam tam insanus erit ut vel sibi, nedum aliis persuadere
conetur; non perfectam esse ne putemus, vetat insignis et per singulas quasque partes paucissimis quibusdam pannis exceptis aequa-
bilis elegantia. Relicuum ergo est ut ea poematis forma, quam ab
auctore perfectam esse arti eius et rationi consentaneum est, aut
interpretando textu librorum eliciatur aut, si id minus contigerit,
corrigendo non audacia sed fortitudine tamen remediorum adhibita
restituatur. Atque illam viam qui primus iniit Naegelsbachius vi-
deamus qualem filum argumenti ex turbida membrorum congerie
expiscatus sit.

Capita nimirum totius satirae duo invenisse sibi visus est, quorum
altero (vv. 1—285) feminae tamquam maritae, altero (vv. 301—591)
maritae tamquam feminae ita adumbrentur, ut medio inter utrum-
que posito vitiorum muliebrium fonte (286—300) quidquid peccent
mulieres et referatur ad eundem in priore, et deducatur indidem
in posteriore parte; in utraque autem eam descriptionis gradationem
observari, ut profectus a turpioribus vitiis ascendat per minora
quaedam ad foedissima quaeque flagitia; summam denique saevitiam
qualis in scaena tragicis poetis exponatur, in extrema satira vv. 592
—661 tractari.

Quam 'artificiosam', h. e. non sine artificiis quibusdam extor-
quendam magis quam eliciendam dispositionem recte appellavisse
C. F. Hermannus, probavisse tamen ut ab ipso Iuvenale excogita-
tam minus recte videtur. Nam argumentum totius satirae non in
enumerandis illustrandisque vitiis mulierum sed in deterrendo amico
ab ineundi matrimonii consilio versatur. Inde fit ut a Pudicitia
qualis Saturno rege in terris visa fuerit exorsus poeta posita in
ipso exordio ingenua montanae uxoris (5) imagine moechos iam
argentea aetate fuisse statim in prooemio (21—24) Postumum do-
ceat: illuc non in priore tantum, qualem Naegelsbachius separavit,
sed in posteriore quoque parte spectant omnia: ara Pudicitiae noctu
polluta siphonibus, quorum lacus 'luce reversa magnos visurus amicos
calcare' dicitur Postumus v. 312 ('tu calcas' e. q. s.), porro bonam
deam per adulteria celebrantium orgia (329 sqq.) et Clodiorum fraudes
iam solitae (345), deinde cohibendae et custodiendae uxoris diffi-
cultas insuperabilis (347 sqq.), prodiga Ogulnia (352), eunuchorum
amores (366 sqq.), Lamiae pro musico Pollione preces non minus
anxiae quam pro viro vel filiolo aegrotante (385 sqq.), vinosa mu-

5 lier, cuius vomitu 'maritus nausiat atque oculis bilem substringit opertis' (433), doctior matrona quam placere possit 'tibi quae iuncta recumbit' (448), per quam ne soloecismum quidem licet 'fecisse marito' (456), operta faciem medicaminibus et miseri viscans labra mariti (466), quae non domi, sed moecho vult formosa videri (464 sqq.), saeviens adversus ancillas et servos dum ornatur domina, 'si nocte maritus aversus iacuit' (475), nihil omnino curans maritum, nisi quod amicos eius servosque odit rationibusque gravis est (508 sqq.), admissus Isidis sacerdos, qui 'petit veniam, quotiens non abstinet uxor concubitu sacris observandisque diebus' (535 sq.), Iudaea spondens 'amatorem tenerum' (548), de marito et de adultero consulens mathematicum 'Tanaquil tua' (566), docta astrologa, 'quae castra viro patriamque petente non ibit pariter numeris revocata Thrasylli' (575 sq.), abortus flagitia (596), suppositi infantes (602), philtra et venena maritis porrecta (620), denique caedes liberorum et mariti, — nonne haec omnia uno ore conclamant, ne uxorem ducere audeat amicus? Itaque et respondere se fingit tamquam adversanti ac diffidenti amico vv. 136. 142. 161. 286 et totam per satiram ad eum ipsum, quem a consilio insano deterrere studet, verba sua convertit: 26 sqq. 49. 51. 54. 60 sqq. 75. 76. 114 sq. 143. 200 sqq. 231. 261. 264. 276 sqq. 286. 306. 312. 377. 448. 566. 597. 625. Nihil igitur est quod Naegelsbachius statuit, sexus magis quam uxorum vitia in posteriore satirae parte tractari, nec illud verum, quidquid in priore proponitur vitiorum, ad solas uxores pertinere. Quis enim audivit Corneliam vel Niobeu (167 sqq.) graviores maritis quam maenades illas (317) vel Caesoniam (616) fuisse, aut quis contendat vetulae graecissantis (194) lasciviam magis officere mutuae coniugum caritati quam vel illius adfectatam eruditionem, 'quae cum discumbere coepit, laudat Vergilium' (434)? Gradationem vero istam, cui studuisse Iuvenalis dicitur, qualem agnoscimus? praeferre scilicet se dicit eam quae cantu et cantoribus insano studio gaudeat (379 sqq.) garrulae et curiosae (398), hanc porro (et merito) furiae oenophorum sitienti (414 sqq.), sed graviorem etiam esse grammaticam feminam (434)! Sed idem profecto et cantorum amicam et taeterrimam baccham (418) eis coloribus depinxit, ut harum turpitudine multo magis quam illarum ineptiis indignari videatur, sanissimo quidem sensu.

Praeterea quod docuit Naegelsbachius, inde a versu 457 demum demonstrari, quae ipsas divitias ultro sequantur vitia, praecedentibus tamen 300—456 quae ex eodem fonte, sed aliis etiam causis intercedentibus oriantur explicari, primum id mirum est, cur si divitiarum mollitiem monstrorum illorum omnium causam propositurus erat poeta non maluerit recto quam inverso ordine uti. Sed re vera nec hoc nec illo usus est: nam Veneris ebriae (300) probra et secreta bonae deae (314) qua alia causa nisi ipso saeculi luxu excitata dicemus? superstitione autem, de qua inde a v. 511 exponitur, tam mediocres et pauperculae quam divites traduntur captae teneri (582 sqq.).

6　　Ceterum cum totam istam dispositionem tum pleraque singulorum membrorum quasi ligamina et coagmenta non Iuvenalis indicavit, sed intulit philosophandi quibusdam argutiis usus Naegelsbachius: velut quod ad v. 242 docuit radicem discordiae inter coniuges ipsius sexus muliebris naturam argui litigiosam, de tali 'radice' nihil significavit Iuvenalis, nec illud ut v. 268 sqq. cum prioribus coniungeret dixit, turpissimum harum litium genus 'zelotypae moechae' iurgia esse, nec potuit dicere, cum turpior etiam accusatrix coram iudice Manilia (243) sit. Qua denique discriminandi subtilitate vir ingeniosus aliud esse statuerit, ad communem causam referri vitiorum originem, aliud indidem eundem deduci, quaque iudicandi elegantia talem subtilitatem poetae placuisse putaverit, inquirere longum est: nam in textu Iuvenalis talia dialecticorum lumina non reperiuntur.

Paulo simpliciora, quamquam de summa rei cum Naegelsbachio consentiens, protulit C. F. Hermannus, qui quadripertita discriptione singula commodius perspici arbitratus primum (usque ad v. 132) statuit inpudicitiam castigari mulierum; deinde ipsorum maritorum levitatem, qua illae elatae vel ultra naturae imperium quibuslibet cupiditatibus atque ineptiis indulgeant (—285); porro tamquam fontem tantorum flagitiorum universam temporum corruptelam et luxuriam accusari (—473): denique cotidianam matrum familias crudelitatem et nefandas superstitiones aperiri et in extrema satira Medeas et Clytaemnestras, quales etiam extra scaenam saeviant, produci. Et ultimae quidem huius partis capitula qua argumenti similitudine contineri voluerit, ne ipse quidem Hermannus declaravit: nec debebat medicamina faciei (461 sqq.) tertiae, reliqui cultus speciem (475) inde separatam quartae tribuere. Ceterum in tertia eadem fere composuit quae in altera Naegelsbachius. Quam vero primae vindicavit inpudicitiae descriptionem, tam illa constanter tamque variis coloribus totam per satiram illustratur, ut nulla fere pars huius criminis immunis sit: cf. 140 sq. 193 sqq. 225 sqq. 233 sqq. 276 sqq. 301 sqq. 366 sqq. 422 sq. 464 sqq. 566. 597 sqq. 656.

Praeterea etsi recte dixeris levis ac debilis viri esse licentias uxori dote vendere (137) vel pulcrae rapacitatem donis explere (149) vel imperia perdite amatae patienter tolerare (207), tamen Corneliae Gracchorum vel Niobae supercilium (167) quis umquam maritorum nimiae indulgentiae vel imbecillitati inputare animum induxerit? An patientia eius, qui vel prodigae nummos tamquam e pleno semper acervo (364) suggerit, vel inter convivarum somnum famemque ipse domi expectat grassantem et convomentem marmora fastidit (418), vel Poppaeanis fomentis obtectam faciem exosculatur (463), non uxoria videtur? Verum est gravem ac fortem virum ne ineptias quidem uxoris velut Graeculorum absurdam imitationem (186) non coerciturum esse, sed qua feminae disciplina vel coercendae vel corrigendae sint, praecipere tantum a consilio poetae nostri abhorret, ut ne posse quidem ullis remediis corrupti longo ex tempore aevi 7 sexum a vitiis revocari sentiens hanc ipsam ob causam obsecret amicum ne ducat uxorem, quippe quam aut non amaturus, igitur frustra ducturus (201), aut tamquam servus dominam imperiosam observaturus (207), aut, si optima sit, propter ipsarum virtutum fastidiosam consummationem non toleraturus sit (161).

Itaque desperandum esse de coniugali felicitate, quique ea frui videantur, vel ipsos falli vel alios fallere, et prudentissimum quemque maxime a maritorum insania abhorrere — haec summa poematis sententia est, huc redeunt omnia, hinc omnem membrorum dispositionem pendere consentaneum est[1]).

Nec suis quasi articulis corpus poematis destitutum esse voluit poeta, qui ubi nova adgreditur certis formulis transitum parare non neglexerit. Quo pertinent praeter alia haec:

> sed placet Vrsidio lex Iulia. v. 38.
> porticibusne tibi monstratur femina e. q. s.? 60

---

[1]) Ac simillima ratione, quamquam philosophi magis quam communem vitam spectantes, idem argumentum praeter alios et Theophrastus in 'aureolo' illo de nuptiis libro et Seneca hoc potissimum auctore 'de matrimonio' disputans tractaverunt, unde vel quae extant fragmenta (apud Haasium vol. III p. 428 sqq.) dignissima sunt quae cum satira nostra conferantur.

quid privata domus, quid fecerit Eppia, curas? 114

optima set quare Censennia teste marito? 136

cur desiderio Bibulae Sertorius ardet? 142

nullane de tantis gregibus tibi digna videtur? 161

quaedam parva quidem, sed non toleranda maritis. 184

unde haec monstra tamen vel quo de fonte, requiris. 286

illa tamen gravior e. q. s. 434

est pretium curae penitus cognoscere e. q. s. 474

haec tamen et partus subeunt discrimen e. q. s. 592.

Soletque etiam in aliis satiris singulari diligentia commissuras partium perpolire lenique arte cavere ne quid hiet vel fluctuet. Cuius studii exempla praeter alias tertia satira praebet, ubi ne singula explicando longus sim vide quam callide ab adulatoribus ad comoedos (93) et a Graeculorum etiam inter privatorum limina regno ad molestissima et ingrata clientium officia (123) deflectat orationem. Sed plena talium exemplorum omnia, quae ipse composuisse Iuvenalis recte iudicatur. Nec minus accurate nostra in satira singulas quasdam partes coagmentatas animadvertimus. Nam Vrsidius, 'moechorum notissimus olim', quod antiquis de moribus uxorem quaerit, movet poetam ut perlustrato maxime theatro et circo pudicam matronam nullam iam reperiri, amari histriones, inprimis vero gladiatores adfirmet, exempla autem instar omnium ex privatis Eppiae, ex imperatoria domo Messalinae ponat. Haec igitur (38—132) tam arte inter se cohaerent, ut nec separari queant nec transponi nec aliis particulis inlatis facile augeri. Nam quod duos post v. 54 versiculos inserui 350 sq., non tam ut hiulcam hic orationem, quae vel sine illis satis bene continuatur, explerem intuli quam ut servarem quae ubi vulgo leguntur tolerari non posse intellexissem.

8 Absurdum enim erat suadere ut quis pauperculam uxorem, 'silicem pedibus quae conterit atrum', custodia cohiberet. Versus autem 119. 118. 117 ut transponerem, non compositionis moverunt, sed orationis quaedam turbae, quae nec Schurzfleischium nec Hermannum fugerunt, quamquam a neutro satis probabiliter sanatae sunt. Nam et 'linquebat' verbum v. 119 accusativum flagitabat, et vitanda intra eiusdem enuntiati ambitum imperfecti 'linquebat' et perfecti 'intravit' (121) copulatio, nec nimis separandus a nocturnis cucullis (120) galerus (117) erat, nec neglegenda v. 120 Pithoeani aliorumque librorum scriptura 'sed', per quam vulgatae 'et' fide imminuta conclusam

esse conieci habitus nocturni descriptionem eadem particula *sic,* qua his similibus locis usus est Vergilius Aen. I 225 et VII 668.

Item firme inter se conexi sunt versus 286—345, quibus ortam longa ex pace et ex divitiis quae devicto orbe Romam fluxerunt luxuriam etiam mulierum mores corrupisse et ad orgia illa, quorum duplex imago vv. 301—313 et 314—345 ponitur, turpissima abripuisse docemur. Discerpi non posse medicamina faciei (461—473) a dominae, dum ornatur, insolentia et crudelitate (474—507) supra monui. Quamquam illa pars quae ad cutis pertinet cultum, minime integra a librariis servata est: nam praeter quod ternionum 464—466 et 461—463 ordinem invertendum esse Madvici acumen perspexit, excidit minimum unus versiculus post 470, quo indicandum erat, quae tandem illa sit, quae 'exul hyperboreum si dimittatur ad axem' asellas secum comites educere narratur. Nam privatam mulierem quis credat Iuvenali eodem apparatu uti, quem Poppaeae Sabinae proprium fuisse testantur Plinius XI 41, 96. XXVIII 12, 50 et Cassius Dio LXII 28?

Porro continuo capite 511—591 superstitiones mulierum exagitantur. Sed cum certo ordine excipiat Gallum (512) Aegyptius sacerdos (522), hunc Iudaea (542), Iudaeam Armenius haruspex (548), claudant denique agmen peregrinorum vatum Chaldaei (553), quae versum 560 (nam de 561 infra dicemus) secuntur misere confusa sunt. An mediocris illa, quae in circo sortilegos et μετωποσκόπους et χειρομάντεις consulit (582—584), ipsa docta est astrologiae ut illa 'quae nullum consulit et iam consulitur', qualis vv. 569—581 depingebatur? Quod tamen statuere necesse est eum, qui recte continuari orationem v. 581 et 582 putet, non mutato subiecto verborum inde a 574 usque ad 584. Versu autem 569, ubi vindicata pronomini demonstrativo eadem pluralis feminini forma, quam ex optimis libris v. 592 restituit Fleckeisenus musei Rhen. VIII p. 221, Pithoeani maxime auctoritate pluralis numerus 'haec tamen ignorant' commendatur. non intellegitur. de quarum multitudine haec accipienda sint, quoniam vv. 565—568 de una tantum Postumi uxore verba facta sunt. Denique inter eas, quae cum non ipsae doctrinam vaticinandi adfectent, paulo tolerabiliores videntur, cur non rettulit poeta totam illam mulierum infimam hariolorum classem adeuntium turbam minime doctam, quae 582—591 inducitur? Itaque haec non posse sic ut vulgo legimus a Iuvenale composita esse contendo.

Quid autem est, quod ne hic quidem humiliorum tantum mulierum oracula (582—584. 588—591) tanguntur, sed his ipsis responsa divitibus data (585—587), de quibus tamen iam supra (548—568) satis dictum videbatur, inseruntur? Et cur tandem hic Phrygium potissimum augurem et Indos magos et qui fulgura publica condit haruspicem seniorem consulere narrantur divites feminae, quibus Iudaeos et Armenios et Chaldaeos praestolari legebamus? Nimirum hi domum superstitiosarum visere, illi extra domum adiri, hi clam, illi ut harioli illi de circo et aggere (588) palam consuli videntur. Sed haec loci ratio multum abest ut vulgato versuum ordine declaretur, nec eo, quem ipse proposui in textu, satis explanatur.

Primum enim quae spatium lustrat utrimque metarum (582) non minus ex circo fatum repetit quam quae 'ante falas delphinorumque columnas' (590) oraculum adit. Communis ergo utriusque versiculus 588 'plebeium in circo positum est et in aggere fatum' praemittendus erat versui 582. Sed eundem apparet minime pertinere ad divites illas, quae in vulgato textu 585—587 intermixtae sunt.

Tres igitur versus 585. 587. 588 (nam de 586 infra dicemus) ante 582 removendi erant.

At vel sic desideramus aliquid: praefandum erat, non domi tantum, sed foris etiam atque adeo sub divo superstitiones illas exerceri. Excidisse igitur initio huius capituli vel unum vel paucos versiculos statuendum erat. Praeterea paenitet, quod anaphorae lenocinio quodam inductus versus 565—568 illi 591 adiunxi: minime enim Postumi uxor cum caupona componenda erat, nisi forte haec poetae mens erat, ne vilissimum quidem oraculum a matronis nobilibus sperni, quod tamen declarandum verbis, non divinationi relinquendum erat. Immo mathematicum ut nobilissimum vatem 'Tanaquil' non antiqua illa, sed qualem recens aevum novit, de eis rebus consulere rectissime arguitur, quarum ipsius plurimum interest (568). Dubitari de eo tantum potest, an commodius etiam interrogata illa (565—568) post v. 556 legantur: sed id cum nimis ambiguum iudicium sit, relinquo. Itaque redditis suo loco vv. 565—568 et in eius partis, quae de oraculis foris petitis est, initio lacuna indicata relicuorum membrorum ordo hic videtur restituendus esse: 585. 587. 588. 582—584. 589—591.

Ceterum hunc sententiarum nexum si recte expedivi, etiam illud

patet, locum de philtris (610—626), qui in libris ineptissime, ut ne subiectum quidem quo referatur verbum 'valeat' v. 611 adsit, insertus legitur in ea parte, qua quid in liberos peccent uxores exponitur (592—609. 627 sqq.), quamquam recte a me huic de superstitionibus capiti vindicatum (quod vel primis verbis 'hic *magicos* adfert cantus, hic *Thessala* vendit philtra' evincitur), minus apte ad circum et ag-
10 gerem delatum esse. Erant haec privatorum parietum secreta, et 'adferri' dicuntur et carmina et venena, nec male ad ipsa illa de marito et de adultero oracula (568) proxime adiungi videntur. Quid quod ipsa ἐναργείας figura 'hic magicos adfert c., hic Th. vendit ph.' (610) similis hic locus illis est, ubi 'ecce furentis Bellonae m. d. chorus intrat' (511), et 'cum dedit ille locum ... Iudaea tremens mendicat in aurem' (542) et quae sunt alia. Atque ea quoque, quae mathematicam indoctis mulierculis, consulentibus eam 'quae nullum consulit et iam consulitur' opponunt, ut separanda esse ab eis particulis, quibus vulgo immixta leguntur, etiam nunc persuasum mihi habeo, ita multo aptius non venena amatoria, sed ipsa illa ora-culorum consulta secuntur, quorum prudenter poeta humillimum de praeferendo cauponi scrutario (591) ultimum collocavit. Itaque ut colligamus superstitiones mulierum sic disposuisse videtur Iuvenalis, ut primum quid intra privatas domus vanitatum ac deliramentorum fallaciis vatum magorumque committatur, deinde etiam foris et in publico petita oracula, denique earum quae sua ipsae fata libris eruunt odiosam doctrinam exagitet. hoc versuum ordine: 508—568. 610—626, deinde interposita lacuna 585. 587. 588. 582—584. 589—591. 569—581.

Recte autem haec a nobis composita esse eo quoque probatur, quod quae vv. 592 — 609 de necatis in ventre ab ipsa matre (—597), de spuriis (—601) et de suppositis infantibus leguntur, optime con-tinuari videntur nothorum odio (627) et privignorum caede (628), denique portentoso Pontiae, quae suis ipsa pueris laeto animo aconita paravit, exemplo (634 sqq.). Cumque locus uterque et qui in libris sequitur versum 591 et quem sequi voluisse poetam conieci 569—581 eisdem verbis 'haec tamen' incipiat. hac ipsa similitudine natam esse su-spicor partem turbarum. quibus hanc descriptionem laborare vidimus.

Itaque integra capita, distincte et ordinate contexta praeter ipsum prooemium haec investigavimus, unum de perfidia uxorum 38—132, alterum de luxuria et libidine mulierum 286—345, de cultu ornatuque tertium 461—507, quartum de superstitionibus 511 sqq., quintum denique, quo quales hac aetate matres sint declaratur 592—609 et 627 sqq. Quo confidentius ubi in ceteris solutam compagem offenderimus, de librariorum, non de Iuvenalis neglegentia et oscitantia suspicabimur. Offendunt autem plurima.

Ac primum qui sic interrogat 'nullane de tantis gregibus tibi digna videtur?' (161), ei totum fere mulierum genus iam productum totamque vitiorum muliebrium vim perlustratam esse quis non expectet? Et qui respondet amico nullam se malle uxorem quam vel optimam (167), nonne totam disputationem conclusurus vel abrupturus videtur? Cur igitur quadringentis prope versibus, id est besse totius satirae et relicuas ineptias et probrorum turpissimorum sordes perreptat? Nisi quis forte prodigiosam illam 'Venusinam' epitrito scilicet primo, non 'Venusinae lucernae' I 51 exemplo ionico dimetiendam v. 167 eo consilio servare volet, ut habeat cui totam istam vitiorum sarcinam inponat: quasi hoc Iuvenalis dicturus fuisset: 'etiamsi omnibus virtutibus ornata uxor reperiri possit, malo tamen Venusinam, sed hanc quoque repudio propter eas, quae infra secuntur, causas'. Sed ego qui scripserim 'malo, malo, Venus, nullam quam te, Cornelia mater' numquam concedam alio loco poetam haec posuisse nisi prope finem poematis. Nec magis illud umquam concedam, postquam 'quaedam parva quidem, sed non toleranda maritis' (184) tractavit, eum rursus ad 'monstra' (286) relabi potuisse. Et quae inter parva illa rettulit? Scilicet unicam Graecae linguae adfectationem (185—199): nam inde a v. 200 diversa ac prorsus nova exponi novum quasi capitis exordium 'si tibi legitimis' e. q. s. ostendit. Atque imperiosam crudelitatem et novis semper flammeis sumptis permutandi post paucos menses regna lasciviam incredibilem, cetera denique flagitia quis umquam sanus inter parva rettulerit, si autem rettulerit, nihilo minus 'monstra' nuncupaverit? Itaque quaerendum erit, num forte locus ille de minorum dedecorum importunitate aliunde suppleri possit. Ac statim percutit mentem similitudo imaginis, quae de grammatica Vergilium et Homerum committere docta et facundiae tintinnabulis aures fatigante proponitur vv. 434—456. Cuius loci exordium 'illa tamen gravior' quantum abhorreat a comparatione furiae illius, quae vv. 414—433 describitur, supra monui, quam facile autem ad illa 'parva quidem, sed non toleranda maritis' referatur, patet. Sed ne ipsi versui 199 haec subiungamus alia sunt quae dissuadeant.

Revocat enim haec eruditula memoriam astrologae (569—581), cuius vanitatem iniquus sit qui inter monstra et flagitia quam inter muliercularum ineptias numerare maluerit. Et vitandam ut parum tolerabilem, non abominandam ut sceleratam hanc ipsam dicit poeta v. 572: 'illius occursus etiam vitare memento'. Secutos igitur vv. 434—456 locum, qui de superstitionibus est, non improbabiliter coniciemus. Ex quibus tamen 445—447 extremos post 456 collocari iubenti Heinrichio non possum non adsentiri. Diversa enim a loquacitate facundae, qualis vv. 440—443 deridetur, nimia eiusdem doctrina, de qua 448—456 sunt: aliena igitur 'nam' particula praemissa 445, quam rectius Heinrichius odii (451) causam inferre statuit. Et habet hoc Iuvenalis, ut acumine quodam, quale illud de virili habitu 446 sq., concludat capita sua: cf. 112 sq. 229 sq. 265 sq. 345. 605—609. II 34 sq. 63. III 9. 78 sqq. 112. 189 sq. 230 sq. 238. VII 97. 104. 213 sq. VIII 139. 181 sq. 209 sq. Versiculum 444, quem spurium indicavit Heinrichius, nec non posse tolerari et facile desiderari nec sane insignem ulla antiquitatis virtute sentio; nec aut 'finis' rebus honestis inponendus aut 'sapientis' laus a Iuvenalis acerbitate paulum aliena (cf. p. 16 sqq.) nimis placet.

Virilis vero habitus et victus ille, qui commendatur eruditulae in extremo capite, tunicas crure tenus medio succingendas et caedendum Silvano, quem pastores et venatores venerantur, porcum et in publicis balneis cum maribus lavationem dico, mirum in modum commonet de Tyriis endromisin et de ceromate viraginis, cuius tiro-
12 cinia vv. 246-267 tractantur. Adnexa haec in libris leguntur quattuor versiculis, qui dexteritatem feminarum in causis agendis conspicuam tangunt magis quam illustrant: sed cave ne duplicem aut verbis aut armis certandi libidinem hic a Iuvenale compositam esse putes. Redit enim v. 268 ad lites alternaque iurgia nec de illa studiorum adfinitate quicquam monuit poeta. Lites autem feminarum quo sententiarum ordine explicaverit infra inquiremus. Hic satis sit demonstrasse desiderari posse versus 246—267 ubi vulgo extant, subiunctos vero illi 447 optime sibi constare. Composuisse enim cognoscitur poeta bina, quae virorum propria indecore ac ridicule a feminis adfectantur, studia: eruditionem tam mathematicorum quam grammaticorum rhetorumque et armorum tractationem. Et confinem utramque libidinem et consuetudine aevi pari fere modo receptam in commissura capitum et consilio illo 445—447 et interrogandi figura 'endromidas Tyrias

et femineum ceroma quis nescit? vel quis non vidit vulnera pali?'
optime significatum est.

Nondum tamen exhausta ineptiarum muliebrium copia: viden-
dum quo pertineant, quae superstitionum descriptioni praemittuntur,
v. 508 sqq.: nulla viri cura interea, nec mentio fiet
damnorum: vivit tamquam vicina mariti,
hoc solo propior, quod amicos coniugis odit
et servos, gravis est rationibus.

Quae potuisse ad ea, quae in libris antecedunt, adiungi fateor, ne-
cessaria hoc potissimum loco fuisse, ut non alia praemitti potuerint,
nego. Gravem autem rationibus viri prae ceteris Ogulniam novimus,
quae ut spectet ludos conducit omnia athletisque quod superest argenti paterni donat nec sentit pereuntem censum (362) aut reputat
quanti sibi gaudia constent (365). Quae cum Eppiam libidine atque
inpudentia non aequet, inter eas commemoranda erat, quae minus
graviter, sed tamen intoleranda peccant. Cum ludorum autem athle-
tarumque amica quae aptius componebatur quam quae cantu gaudet
favetque cantoribus, haec quoque artis magis studio quam Veneris
pruritu seducta (379—397)? Nam quae vulgo interposita legimus
de eunuchis (366—378) prorsus hinc aliena quo loco recte reponenda sint, mox monstrabo. Atqui ut histrionum Haemi et Carpo-
phori (198 sq.) commemoratione commodus ad ludos (352) transitus
fit, ita Lamiae (385) de Pollione citharoedo preces indecorae, his
poetae indignabundi verbis interpellatae 'quid faceret plus aegrotante
viro, medicis quid tristibus erga filiolum?' (388) et maxime extrema
huius capitis (396) 'haec de comoedis te *consulit,* illa tragoedum
commendare volet, *varicosus fiet haruspex',* ad vates et hariolos,
quorum turba v. 511 inducitur, tam prope aspirant, tam recte Lamiae
vel Ogulniae similis uxor 'tamquam vicina mariti' vivere (509) arguitur. tamque examussim breviter ut dicam omnia quadrant, ut
dubitari a prudente non possit, quin versum 199 exceperint 352—365
et 379—397, hos autem subsecuti sint 508 sqq. (nam quae a 398—412
in libris feruntur, procul habenda esse suo loco demonstrabitur).

Restitutum igitur integrum de minoribus vitiis caput quaeritur
qua poematis parte collocavisse putandus sit Iuvenalis. Quod tam
artis ratione universa quam ipsis exordii (184) verbis probatur nec
media satira cum turpioribus criminibus temere confundi nec praemitti eisdem potuisse, sed epilogo propius quam vel prologo vel

primariae parti ponendum fuisse. Quodsi reputamus Corneliae et
Niobes exempla et ipsa extremae satirae aptissima esse, longe maxima
probabilitate commendari videtur ea ratio, qua ipsi epilogo, qui de
matrum sceleribus est (592 sqq.), anteposui haec 'nullane de tantis
gregibus tibi digna videtur?' (161—177), his autem totam de minoribus vitiis disputationem, cuius singulas particulas iam enucleavimus.
Et vide quam egregie cum matrum nobilissimarum Corneliae et Niobes
superbia natorum virtute vel numero sumpta componantur nefanda
recentioris aetatis matrum moecharum et novercarum probra et flagitia, quibus quae praefatur poeta v. 592 sqq.:

> haec tamen et partus subeunt discrimen, et omnis
> nutricis tolerant fortuna urguente labores:
> sed iacet aurato vix ulla puerpera lecto.

prorsus similia illis 569 'haec tamen ignorant, quid sidus triste mi-
netur' vulgato ordine servato quo referenda sint valde ambiguum
est. Nam cum quae ipsae consulunt hariolos eas ignorare vaticinandi
artem per se appareat, tamen totam religiosarum mulierum turbam
liberos parere et nutrire quis scire possit? praesertim cum ne hae
quidem ab amatoris teneri voto (548) et ab adultero (567) alienae
dicantur. An de eis tantum, quarum vv. 588. 582—584. 589—591
mentio fit, humili loco natis uxoribus cogitandum sit? quod sane his
'fortuna urguente' commendari videtur: at tamen illam 'quae nudis
longum ostendit cervicibus armum' (589). quae consulit oraculum
'an saga vendenti nubat caupone relicto' meretriculam quis matronae
muneri satisfacere Romanus dixerit? Contra matrum bonarum laudem Corneliae et Niobae et quae raris illa aetate exemplis harum
similes fuerint matronis non denegare Iuvenalem aecum erat. Eundem
tamen conqueri verum erat, inter nobiles, 'aurato in lecto', vix ullam
hodie puerperam inveniri, nutricis vero labores non dignari subire
nisi tenui censu coactas.

Itaque reconcinnato altero fere satirae nostrae dimidio aliquanto
confidentius ad prioris partis dispersas reliquias colligendas adgredi-
mur. Ad initium igitur ut redeamus, primum matrimonii malum
amico proponit Iuvenalis vv. 34—37 turbatam nocte quietem, cum
amasius, quocum dormiat, nec lites moveat nec iniqua et importuna
postulet. Quibus adversa fronte oppositam imaginem obiurgantis et
litigantis in lecto uxoris mirum est multo demum post, sed ut ipsa
verba invicem se respicere et flagitare videantur, his 268 sqq. depingi:

14   semper habet lites alternaque iurgia lectus,
       in quo nupta iacet; minimum dormitur in illo e. q. s.

Atqui secuntur haec in libris eum locum qui viraginum militares exercitationes illustrat, nec cum eis qui hunc antecedunt de causidicis feminis quattuor versiculis nisi satis laxo sententiarum nexu cohaerent, qui qualis re vera fuerit statim videbimus. Nam cum zelotypae moechae inpudentia, qua suam ipsa licentiam tamquam et pacto coniugali et naturae iure sibi concessam adversus maritum defendit, post cetera his 284 sq. definiatur:

         nihil est audacius illis
   deprensis, iram atque animos *e crimine* sumunt,

hinc apparet quam pronum fuerit ad ipsas causas coram iudice actas transire. Itaque subiunctos his 268 — 285 versus 242 — 245 post 37 sequi voluisse poetam conicio.

Atqui cum eodem litium capite proxime coniuncta esse concedes, quae his incipiunt 231

      desperanda tibi salva concordia socru

et ipsis versibus 242 — 245 antecedunt. Nam et discordiam excitare et adultero favere eiusque tabellis quo modo rescribendum sit docere (233 sq.) quod dicitur, prorsus ad turpis filiolae, qualem v. 268 sqq. expressam habemus imaginem et ad tabellas in scriniis detectas (277) quadrat. Quamquam, ne quid celem, quod socrus et 'docet spoliis nudi gaudere mariti' (232) et 'decipit custodes aut aere domat' (234 sq.), videri potest etiam aliis locis, vel ubi de immensis donis, quae maritum poscere Bibula narratur (149 — 160), vel ubi de cohibenda per custodes uxore disseritur (346 sqq.), inferri potuisse. Aptius tamen neque hic neque illic malae socrus potissimum artes castigabantur, de *concordia* autem *desperanda* multo certe probabilius ibi dici videtur, ubi propter vexatam multimodis intemperantia et malitia uxoris cotidianae vitae pacem ac tranquillitatem quavis morte magis fugiendum esse matrimonium monetur amicus. Ut etiamsi natura ad nequitias illas minus inclinet nupta, tamen ultro corrumpi a matre, nulla igitur viro felicis coniugii spes relicta esse dicatur.

Deterrere porro Postumum expressis verbis studet Iuvenalis his
(200)   si tibi legitimis pactam iunctamque tabellis

et relicuis, quibus alterutrum statuitur, aut ut ne ipse quidem amaturus sit uxorem (cuius tamen tanto nuptiarum et caerimoniarum apparatu ducendae causam nullam apparere, quoniam explendae libidinis aliae viae pateant) aut si uni deditus animus sit, ut atrocis dominae iugum ferre paratus sit. His igitur nonne praeclare continuari videntur consilia incohata? Extant in libris inserta post matronarum superbiam et graecissantium mulierum delicias, ad quas

15 minime pertinent, secuntur quae suo loco reposuimus de socru 231 sqq., de causidicis 241 sqq., de viragine 246 sqq., de nocturnis iurgiis 268 sqq. capitula, nec imperia quamvis saeva uxoris (212 sqq.) monstra, de quorum fonte v. 286 quaeritur, appellari poterant. Vaga igitur suo restitui ordini fas erit continuato versu 241 his 200 sqq., quae usque ad v. 230 plena et integra fluere quis neget, nisi alium pannum misere lacerum et delatum in longe diversam partem animadverterit? Nam inter cantatricem (379—397) et curiosam (398—412) et grammaticam (434—456), quibus locum supra adsignavimus, bacchantis dominae furor, qui nauseam movet, eis coloribus depictus legitur, ut componi cum ineptis et ridiculis, sed minime foedis et immanibus mulierculis nedum minus gravis quam eruditulae loquacitas dici a sano homine nullo modo potuerit. Sed quae innocenti servo crucem poni iubet (219) et deprecanti marito respondet (222):

> o demens, ita servus homo est? e. q. s.

eam, 'si latratibus alti rumpuntur somni' (415), canem dominumque eius vicinum, humilis condicionis hominem rapi et 'fustes huc ocius adferte!' clamare atque adeo ipsam loris concidere solere pauperculos (414 sqq.) eandemque, cuius 'pro ratione voluntas' valet (223), gravem occursu, taeterrimam voltu balnea noctu subire nec interea convivarum somnum famemque curare, denique rubicundulam Falerni dolia infundere rivosque evomere, quis neget convenire nostri poetae stilo, acerrimo illi et ne foedissimos quidem colores detrectanti, sed a natura rectique sensus veritate numquam aberranti? Vxorii autem nec comprimere effrenatam coniugis atrocitatem audentis viri ignaviam quam viva imagine in his extremis 432 sq. expressit: 'ergo maritus nausiat atque *oculis bilem substringit opertis*'.

Atque his demum absoluta imperiosae mulieris descriptione prorsus commode subiunguntur v. 224:

> imperat ergo viro; sed mox haec regna relinquit

et quae de rabiosa eiusdem inconstantia adduntur.

Verum enim vero 'monstra' v. 285, quorum viciniam tam licenter depopulati sumus, quo tandem spectare consentaneum est? nimirum ad foedissima quaeque flagitia et maxime a pudicitia muliebri abhorrentia eisque quam simillima, quae in proximis usque ad v. 345 tamquam orta ex luxuria et monstris eisdem quasi praeludentia proponuntur. Grassantium autem per noctem et dum bonae deae sacra celebrant lenonum ancillas (320) provocantium quae inter omnes similior Messalina, quae dum ultro publica lupanaria nocte frequentat, relicuas omnes superat inpudentia? Haec igitur et quae exemplum eius secuta ludium ad Pharon et Nilum comitata est nupta senatori Eppia, haec monstra sunt, quae unde orta sint requirit amicus. Itaque certissimum est, versui 132 adnectendos esse 286—345. Nam de 16 versibus 133—135 quid iudicandum sit, postea significabimus, quae autem v. 136 et 142 interrogantur 'optima set quare Censennia teste marito?' et 'cur desiderio Bibulae Sertorius ardet'? ut nullo necessitatis vinculo cohaerent cum antecedentibus, ita multo probabilius alibi collocabuntur. Ceterum supplendus etiam locus qui de lascivia mulierum est. Nam versum 345 dubitari non potest quin rectissime in libris sequantur haec:

> audio, quid veteres olim moneatis amici.
> 'pone seram, cohibe.' sed quis custodiet ipsos
> custodes? cauta est et ab illis incipit uxor.

Quae post tres versiculos, ex quibus 350 sq. rectius post v. 54 inseri supra monui, 349 quid fiat, infra indicabo, et Ogulniae exemplum (352—365), quod suo ordini redditum est, eis (366—378) excipiuntur, quibus eunuchorum usus tangitur. Atqui hos propter incorruptae fidei laudem ceteris omnibus servis praelatos, portis igitur et gazis et regum corporibus custodiendis adhibitos fuisse Herodoti VIII 105, Heliodori Aethiop. VIII 17, Xenophontis Cyr. VII 5, 60 sqq., Plutarchi Demetr. 25, Platonis Protag. p. 314, Luciani imag. 2 testimoniis a Beckero in Chariclis III 27 ed. II collectis constat, eisdemque et imperatores Romani cubiculariis (cf. L. Friedlaender Sittengeschichte Roms I 54) et quas Terentius eunuchi v. 167 dicit reginae inter delicias servorum uti solebant. Qua in fabula personato eunucho cum Thais commendet virginem imperetque 578 sqq. ne virum quemquam ad eam adire patiatur, ne abscedat, ut maneat in interiore domus parte solus cum sola, miror quod Beckerus in Chariele III 273 negavit de gynaeceo ab eunuchis custodito traditum esse. Apud nostrum vero nihil fortius addi poterat, quam perditam uxorem, quae nulla sera cohiberi potest quaeque ab ipsis 'incipit' custodibus, castratorum etiam sibi adpositorum osculis molliculis voluptatem quantum fieri possit explere. Itaque adnexui versui 348 haec 366—378.

Iam integrum hoc caput, cuius nequitia mulierum argumentum est, apparet inserendum fuisse ante haec 136:

> optima set quare Censennia teste marito?
> bis quingena dedit: *tanti vocat ille pudicam* e. q. s.

Atqui cum dote recte in libris copulari pulcritudinis beneficium ipsa exordii similitudine probatur, quod tale est v. 142:

> cur desiderio Bibulae Sertorius ardet?
> si verum excutias, facies, non uxor amatur.

Cave tamen putes absoluta v. 160 esse, quae de formosae mulieris dum 'calet et regnat' (149) intemperantia narraturus erat poeta. An quis est, quin de ornandae et servandae formae studio hic potissimum plura expectet? De quo tamen in libris post grammaticae derisionem et ante vatum fraudes leguntur quinquaginta versus 17 457—507, quos cohaerere supra monui, coniunctos autem cum vicinis, quae inde resecuimus, minime esse satis declaratum est. Contra gemmis et elenchis ornata mulier et sic perfecta forma ceteris omnibus decoris praeceptis se exemptam putans et moecho magis quam marito ut placeat candorem faciei foliatis conservans (457 sqq.) apprime convenit cum ea, cui metuendum est ne 'tres rugae subeant et se cutis arida laxet' (144), quaeque dum placet iuventutis flore, praeter alia emi sibi a marito postulat crystallina et myrrhina (155 sq.) et adamantem, quo olim Berenices digitum Agrippa, Iudaeorum rex, circumdedit (156—160). Componenda igitur haec 457—507 cum v. 160.

Et sic omnia in ordinem redacta. Demonstratum enim, subiectionem 'sed placet Vrsidio lex Iulia' (38) et quae eam secuntur non potuisse alio loco Iuvenalem, nisi postquam edocuit Postumum, non solum de concordia ei, sed de libertate etiam ubi semel 'stulta maritali porrexit ora capistro' (43) desperandum esse, h. e. post ipsum v. 230 inferre, ut ne pudicam quidem ullam aut fidam inveniri cumulatis exemplis probaret.

Iamque dispositionem satirae et simplicem et planam nec a rhetorica disciplina alienam hanc perspicimus, quam mei textus numeris significabo. Nam post exordium (1—24) et causae constitutionem

11 *

(25—27) statim ad argumentationem rapimur, qua pessimum vitae exitum matrimonium esse (28—32) probatur. Quo summa mala tria adferri marito, discordiam (33—67), servitutem (68—115), infamiam denique inconstantia et inpudicitia coniugis conflatam (116—282). Refutationis deinde figura usus percontanti amico de nummorum (283—288) et de pulcritudinis dote (289—357) respondet. Tum minora, sed quae tamen tolerari non possint, mulierum vitia sex enumerantur, graecissandi adfectatio (358—372), propter ludos spectandi libidinem nummorum profusio (373—386), studii erga cantores temeritas (387—405), superstitio (406—502), putida eruditio (503—525), viraginum denique ridicula et indecora ferocitas (526—547). Iam conclusio fit, repudiandum esse totum mulierum genus: nam vel optimarum, quales et Vrsidius ex antiqui temporis memoria finxit et lege Iulia revocare studuerat Augustus, matronarum ferri non posse supercilium (548—564), sed longe plurimas a maternis officiis obeundis abhorrere, immo esse quae in liberos pariter atque in maritos veneno aut ferro saeviant (565—615).

At quadraginta sex versibus miserum Iuvenalem despoliavi: quorum tamen sex (126. 188. 558 sq. 632 sq.) ipsorum librorum testimoniis repudiantur, octo (125 sq. 130. 188. 323. 335 sq. 460) damnati etiam ab aliis viris doctis, quattuor tantum (413 et 133—135) tales sunt qui turbent ordinem nostrum. Relicuos omnes XXXXII etiamsi mordicus suo loco retineas, manet eadem, quam enucleavimus, partium structura, nec huius rationibus ductus ad obelos refugi. Et quamquam de universo interpolationum genere, quibus ita scatent Iuvenalis carmina, ut quod dicunt prae lignis lucum homines non conspexisse videantur, hic disputare in animo non erat, tamen quantum ad integritatem nostri poematis adgnoscendam sufficeret, non omittendum esse videbatur. Ac primum ea perlustremus, quorum ipsa librorum auctoritate fides infringitur. Inter quae repudiata ab omnibus et quae post v. 230 in solo Norimbergensi tertio inserta sunt 'si fierent comites citius quam nuberet uxor' (quorum inlepidum acumen supposito 'nec' pro 'si' iuvare sibi visus est Achaintrius, nos parum adsequimur), et tres versiculi post 601 in Laurentiano a, post

614 in Vrbinate (h) et in tribus Achaintrii et in Vallae et Plathneri codicibus interpolati

> semper aquam portes fimosa ad dolia, semper
> istud onus subeas ipsis manantibus urnis,
> quo rabidus nostro Phalarim ede dedisti

qui quo spectent quidque sibi velint infra examinabimus. Iuvenali eos vindicare aut in textum inserere nemo tam sordium manu scriptarum admirator fuit ut auderet. Et potest ex aliis satiris comparari vel Arateorum versiculus in II post v. 53 a Mazarinei codicis librario immixtus vel in Pithoeano etiam et in Monacensi post nonae versum 134 alter simillimus vel post XIII 18 'an nihil in melius tot rerum proficit usus?' in Dresdensi ascitum proverbium 'gutta cavat lapidem, consumitur anulus usu' vel adeo in XIV eiusdem Norimbergensis post v. 186 emblema. Alia ut V 91 Pithoeani, alia quamquam lecta in Pithoeano et in scholiis interpolatorum qui ab Iahnio dicuntur codicum testimonio et incerti loci indicio reprobantur, ut VIII 7. XI 108. 165 sq. XIV 229.

Ex quo genere in nostra satira quattuor extant exempla: primum inepta ad vv. 187. 189 sq. adnotatio:

> cum sit turpe magis nostris nescire Latine

expressa illa ad Ciceronis Brut. 37, 140 exemplum hoc 'non enim tam praeclarum est scire Latine quam turpe nescire', quam omissam in Gaybacensi 2 iam C. Barthius adv. XXIV 5 reiecit; nec posse servari vel sequentia v. 189 sq. docent:

> hoc sermone pavent, hoc iram gaudia curas,
> hoc cuncta effundunt animi secreta,

quae necessario ad v. 187 'omnia Graece' referenda ne possent quidem intellegi, si Latini sermonis commendationem exciperent. Omissos in quibusdam Probi, quem quidem Valla antestatur, et in Pithoeano et sex Achaintrii codicibus, praeteritos in scholiis, additos autem secunda demum manu in Pithoei et in Puteani libro (g) duos versus 632 sq.

> mordeat ante aliquis quidquid porrexerit illa
> quae peperit, timidus praegustet pocula papas

II. Paldamus in annalibus litt. antiq. 1838 p. 1143 alienos a Iuvenale esse monuit, quod cum frigore claudicantis post 630 sq. sententiae tum novicio 'papas' vocabulo (633) abunde demonstratur.

Paulo felicius Messalinae nequitia his v. 125 sq., quos C. Fr. Hermannus cancellis inclusit, amplificata legitur:

19   excepit blanda intrantis atque aera poposcit
              et resupina iacens multorum absorbuit ictus.

Sed versum 126 non habent Pithoeanus et interpolati codices ple-
rique omnes (ω), alii vel post 128 vel post 129, alii denique,
Gothanus et Dresdensis, hoc quidem loco, sed mutatum sic 'continueque iacens cunctorum a. i.' exhibent et similem 'continueque iacens
multorum a. i.' Perizonianus in margine, ut parum artis criticae peritus videatur, qui tot tamque gravibus indiciis monitus de fide huius
versiculi non magnopere dubitet. Accedit quod 'absorberi ictus' proprie non possunt: absorbentur lacrimae vel oscula, exorbentur vires,
audacius fortasse viros exorbere Maura dicitur X 223, verum ictus
excipiuntur perferuntur sentiuntur sustinentur repercutiuntur. Qui
autem antecedit versiculus 125 repetit prostantis imaginem quae
v. 122 sq. absoluta est, nec 'resupina iacens' alio habitu fingitur
atque ea quae Britannici ventrem ostendere v. 124 dicitur, ut ne
copula quidem ulla adiuncta turbent magis quam augeant descriptionem. Itaque haec 'tunc nuda papillis prostitit auratis titulum men-
tita Lyciscae ostenditque tuum, generose Britannice, ventrem' (122
—124) variata a duobus deinceps imitatoribus esse persuasum habeo.
Nam lascivisse in exornanda turpitudine interpolatorum ingeniolum
hoc ipso loco versus 130 'et lassata viris necdum satiata recessit'
exemplo est, quem merito eiecit Hermannus: repetuntur enim atque
attenuantur quae praeclare v. 128 sq.

           tristis abit et, quod potuit, tamen ultima cellam
           clausit adhuc ardens rigidae tentigine volvae

expressa sunt, et solent isti polysyndeto uti in adglutinandis et
conglutinandis commentis suis (cf. I 137. II 145 sq. VIII 4 sqq.
IX 79. XI 91).

     Denique desunt in Pithoeano et Thuaneo (f), secunda demum
manu et in illo et in Puteani codice (g) additi nec in scholiis ex-
plicati 558 sq.:

           cuius amicitia conducendaque tabella
           magnus civis obit et formidatus Othoni,

qui Taciti vel Suetonii non ignarum produnt auctorem. Nam Iuvenalis numquam tam ineptus fuisset, ut Seleuci sive Ptolemaei amicitia Galbam obisse diceret. Othonis quippe, non Galbae familiaris

erat mathematicus ille quocumque nomine appellatus, nec quisquam
dixerit velut Pyladis amicitia perisse Aegisthum. Praeterea nec
'conducenda' sed 'conducta' tabella Galbae nocuisse Latine dicenda
erat (cf. II 114. XV 112), nec formidatum Othoni senem infirmum
nisi forte interfectum (Sueton. Oth. 7) accepimus: extimulabat Othonem 'in Galbam ira, in Pisonem invidia. *fingebat et metum*' Pisonis
scilicet, 'quo magis concupisceret', ut Tacitus hist. I 21 narrat. Cur
autem 'civem' quam principem dicere maluit poeta noster? an quia
nullo gradu contingebat Caesarum domum, ut Suetonii Galb. 2 verbis
utar? at certe cum obiit, imperator, non civis fuit. an propter vilico
et Dossenno, non principi decoram parsimoniam, cuius exempla Sue-
20 tonius 11 sq. tradit? nisi forte per ludibrium 'magnum civem' appellari statuas, qui 'prope universis ordinibus offensus vel praecipua
flagrabat invidia apud milites' (Suet. 16). Denique haec si coniun-
xisset Iuvenalis 'praecipuus tamen est horum, qui saepius exul, cuius
amicitia' e. q. s. non genus mathematicorum, qui saepius exilium
passi essent, sed unicum illum Chaldaeum, qui Othoni 'sceleris in-
stinctor' fuit, quem tamen 'saepius exulem' fuisse nemo tradidit,
designavisset: cumque post centesimum demum nostrae aerae annum
Traiano imperatore scribere satiras inceperit Iuvenalis (v. praef. nostr.
p. VIIII), sextam autem post annum 103 scripsisse Dacici commemoratione v. 205 evincatur (cf. Friedlaender in ann. philol. 1859
p. 781), Seleucus, qui 'olim superstitem Neroni fore spopondisset'
Othonem (Suet. 4) quique quaestorio decem per annos provinciam
administranti comes in Hispania fuisset (siquidem idem est, quem
Ptolemaeum Tacitus hist. I 22 appellat), post triginta vel quadraginta vel plures adeo annos non vixisse tantum, sed principem inter
conducendos a privatis hominibus astrologos locum obtinuisse cre-
dendus esset.

Nec his satisfecerunt sibi qui textum poetae ineptis addita-
mentis corrumpere sibi proposuerunt. Nam in eis quae statim adnexa leguntur 560 sq.

> inde fides artis, sonuit si dextera ferro
> laevaque, si longo castrorum in carcere mansit,

quam putidum et claudum ac ne consuetudini quidem veterum con-
veniens illud 'laevaque'! Neque enim utraque, qui in militari custodia
tenebantur, sed dextra tantum manu ita vinciri solebant, ut cum
custodis laeva ferro copulati essent (cf. Seneca de tranq. an. 10, 3.

epist. 5, 7, quos locos indicavit Lipsius in exc. II ad Tac. ann. III 22):
nisi forte ut Petrus apostolus ita mathematicus noster μεταξὺ δύο
στρατιωτῶν δεδεμένος ἁλύσεσι δυσὶ (act. apost. 12, 6) fingatur.
Ceterum nec 'longus carcer' Latine dicebatur longa custodia, sed
aut longo spatio extentus aut fortasse longinquus, nec habet 'man-
sit' verbum quo referatur nomen subiectum. Itaque versu 561 saltem
liberandum esse Iuvenalem certissimum habeo: sed cum reputo et
in v. 557 et in 562—564 non de carcere, sed de exilio sermonem
esse, et quam apte haec coire videantur:

> praecipuus tamen est horum qui saepius exul:
> nemo mathematicus genium indemnatus habebit,
> sed qui paene perit, cui vix in cyclada mitti
> contigit e. q. s.,

ne alterum quidem 560 obstinatius repugnem si quis eiciendum e
textu contendat.

Librorum fides intercedit etiam, ne v. 586 Iuvenali temere tri-
buatur. Iahnius enim quod edidit:

> divitibus responsa dabit Phryx augur et inde
> conductus, dabit astrorum mundique peritus,

21 contaminavit interpolatam lectionem cum genuina. Pithoeani quippe
et relicuorum codicum plurimorum (ω) auctoritate confirmatur verbi
'dabunt' numerus pluralis, pro quo pauci, Thuaneus et Vrbinas et
alii recentiores (*fhς*) 'dabit' singularem, alii, inter quos Einsidlensis
(*cς*), etiam 'feret' glossam exhibent. Atqui 'dabunt Phryx augur
et inde conductus' cum tolerari nullo modo posset, optime confir-
matae scripturae 'inde' suppositum in Puteanco aliisque recentio-
ribus libris (*gς*) 'indus' est. Et hoc 'responsa dabunt Phryx augur
et Indus', quod recepit Hermannus, certe melius erat, quam quae
nec leguntur in ullo codice nec sententiam commodam praebent a
Iahnio in textum inlata. Nam licet concedas, quod non concedo,
'inde conductum' Latine dici posse 'ex Phrygia conductum', tamen
prorsus haec otiosa et supervacanea esse nemo negabit. Sed etiamsi
'Indus' legas, additum sive hic sive ut Hermanno placuit ad sequentia 'conductus' temere videtur, quoniam gratis responsa nec divitibus nec pauperibus dari per se intellegitur. Astrologi vero his
'dabit — peritus' inferendi minime hic locus erat, cum de hoc vatum
genere poeta iam v. 568 absolvisset. Et proditur interpolatoris stilus
vel duobus vocabulis 'astrorum mundique' compositis, quibus unum

idemque significatur. Itaque suadent omnia ut resecto v. 586 redeamus ad Pithoeani ceterorumque tantum non omnium codicum congruum testimonium 'responsa dabunt Phryx augur et inde', quod correcto 'Indi' facile cum v. 587 'atque aliquis senior, qui publica fulgura condit' coniungitur.

Rectissime porro Dobraeus adv. II p. 387 versum 323

palmam inter dominas virtus natalibus aequat

damnavit, quem ut potuit scholiasta explicavit his 'virtutis obscenae palma aequat in nobilitate dominas sive ancillas', quasi scriptum esset 'palma virtutis dominarum natalibus ancillarum condicionem aequat', quod vides quantum distet a perversa versiculi dictione. Qui additus videtur esse ab imperito homine, qui illa 'lenonum ancillas posita Saufeia corona provocat' (320) male intellexerit quasi re vera cum scortillis certamen inierint 'Priapi maenades', quique Medullinam, cuius 'fluctum crissantis adorare' dicitur Saufeia v. 322, talem ancillam fuisse opinatus sit: at nobilem matronam eam quoque habere quis dubitet, qui de Livia Medullina, sponsa Claudii imperatoris, quae 'e genere antiquo dictatoris Camilli' erat, apud Suetonium Claud. 26 legerit? Sed tales sententiolarum ineptias solebant in textum Iuvenalis inferre: cf. I 14. III 113. V 66. 140. VIII 134. 140 sq. IX 79 sq. 118 sqq. IX 99. 108. Et similis in nostra quoque satira v. 460 est

intolerabilius nihil est quam femina dives

quem spurium esse intellexit Paldamus, suspectus ille vel turbato in libris sequentium sex versuum ordine, id quod interpolamentis invectis saepissime usu venisse notum est. Atque illum quoque 460 qui fecit, non ad sequentia, quae aliena a divitiis sunt, sed ad antecedentia 457—495 adscripsisse videtur, quamquam de ipsa divite femina ne his quidem, sed v. 136—141 dictum est. Ceterum 'intolerabile' vocabulum redit in hoc interpolamento 413

nec tamen id vitium magis intolerabile quam quae,

quo parum eleganter vitium cum femina comparatur. Factum id, postquam genuinus partium ordo solutus est, ab eo qui dilacerata atque hiantia aliquo modo consarcinare studebat; nec vereor ne quis resecto hoc panno denudari Iuvenalem ornamentis suis queratur.

Languere sensit Heinrichius v. 335 sq.

atque utinam ritus veteres et publica saltem
his intacta malis agerentur sacra! sed omnes,

nec languent tantum, sed ineptissima iudicanda sunt. Nam prae-
fantur Clodii flagitio, quo bonae deae sacra violata sunt: sed non
intacta lasciviae malis eadem mansisse continuis versibus 314—334,
qui proxime antecedunt, expositum est. Quasi vero ad sacra haec
omnino non pertinerent vel Clodii aetate veteres ritus, hac novi cele-
brarentur. Nec puto cum qui 'secreta bonae deae' v. 314 nuncu-
pavit, eadem 'publica sacra' dicturum fuisse; et explendi utcumque
versiculi studiosum interpolatorem redolet exitus 'sed omnes', quocum cf. I 137. III 104. 281. IV 78. V 111 sq. VIII 54. 111 sq.
IX 99. 118.

Idem praeter alia displicet in satirae nostrae v. 279

> sed iacet in servi complexibus aut equitis. die,

ubi inopiam dictionis interpolator assumpto in finem ipso sequentis
versiculi 280 initio sublevavit, ut genuinis poetae verbis repetitis
etiam haec expleta sunt: VII 15. 51. VIII 194. 202. Sed tam in-
venustos numeros, ut qui post fortem interpunctionem monosyllaba,
quae adeo repetatur sequentis versus initio, voce claudantur, per
totum quod Iuvenalis nomine venit volumen frustra quaeres. Ad
quos quae ceteris propius accedunt exempla partim in eis carmi-
nibus reperiuntur, quae a Iuvenale aliena censeo: X 338 'quid placeat dic', sed clausa extremo versu sententia; XIII 225 'rabie, set';
XV 40 'ducibus, ne'; XVI 24 'tot caligas, tot'. In genuinis haec
I 97 'trepidat, ne'; V 129 'usque adeo, quis'; VI 645 'temporibus,
sed'; VII 194 'distat enim, quae'; VIII 14 'si cupidus, si'; sed haec
omnia continuata post brevissimam pausam oratione excusari vides.
Ceterum haec 'sed iacet — dic' ne structurae quidem ratione cum
contiguis conciliata sunt: nam post v. 277 sq. 'quae scripta et quot
lectare tabellas, si tibi zelotypae retegantur scrinia moechae', quis
expectet 'sed' particula inlatam adfirmationem adulterii re vera com-
missi? vel cui optio inter servum aut equitem quemlibet data ex
Iuvenalis consuetudine videatur? Immo continuantur his verbis alia
ex eadem fabrica orta 274 sq.

> in statione sua atque expectantibus illam,
> quo iubeat manare modo. tu credis amorem,

quibus quae brevius et acutius expresserat poeta v. 273 et 276,
23 inani garrulitate circumscripta repetuntur. nam 'tu credis amorem'
idem est atque haec 'tu tibi tum curruca places', quae intelleget

qui cantilenae, qualem in Shakespearii fabula quadam Schlegelius
interpres inseruit, meminerit huiusce (Sommernachtstraum III 1):

> Der Kuckuk, der der Grasemück'
> So gern ins Nestchen heckt,
> Und lacht darob mit arger Tück'
> Und manchen Ehmann neckt.

Priora 'uberibus semper lacrimis semperque paratis' extenta et misere
extenuata his sunt 'in statione sua atque expectantibus illam, quo
iubeat manare modo', in quibus etiam hiatus 'sua atque' magnopere
displicet, qualem semel tantum in X 281 ('bellorum pompa animam')
vel iterum in XIV 49 ('sed peccaturo obstet') legimus (cf. p. 66).
Inani loquacitate etiam haec 209—211 addita sunt

> ardeat ipsa licet, tormentis gaudet amantis
> et spoliis. igitur longe minus utilis illi
> uxor, quisquis erit bonus optandusque maritus,

in quibus quod 'ardere' mariti amore statuitur uxor, ne convenit
quidem satis aut cum protervitate qua 'non unus' marito 'rivalis
dictatur heres' (218) aut cum inconstantia relinquentis mox regna
et flammea conterentis (224 sqq.). Relicua autem partim exaggerata,
quod 'tormentis' mariti gaudere dicitur, partim languida, cum eadem, quae torqueat maritum tortoque gaudeat, detestandum profecto
malum, 'longe minus utilis' viro uxor dicatur, partim inania ut
'bonus optandusque maritus' et repetita in versuum 208 sq. exitu
'amanti' et 'amantis', partim hiulca et horrida, cum 'illi qui erit'
non 'quisquis' dicendum fuerit.

Nec magis commendatur v. 349

> iamque eadem summis pariter minimisque libido,

ab hoc loco vel ideo alienus, quod inde a v. 286 de opulentarum
mulierum, non de humilium lascivia expositum est, nec transitionis
causa haec adiecta esse vel eos qui vulgatum ordinem servarunt
Ogulnia v. 352 docere debebat, quae nec infimae condicionis muliercula nec inpudicitiae rea est. Qui vero componenda esse haec
v. 366 sqq. cum v. 348 intellexerit, concedet eunuchorum osculis
opulentas tantum delectari, prorsus igitur otiosam atque ineptam
esse de pari summarum minimarumque libidine adfirmationem. In
deliciis autem habebat hanc ipsam dictionem interpolator noster, qui
I 14 'expectes eadem a summo minimoque poeta', merito illa repudiata a Dobraeo adv. II 387, et in XI satirae prooemio, quod

indignum Iuvenalis acumine et elegantia est, haec (35 sq.) 'noscenda
est mensura sui spectandaque rebus in summis minimisque' posuit
(cf. p. 115 sq.).

Ex eadem autem inanes vocabulorum sonos captantis pusilla-
nimi rhetorum nescio cuius discipuli officina haec quoque sunt
178—183:

24

> quae tanti gravitas, quae forma, ut se tibi semper
> inputet? huius enim rari summique voluptas
> nulla boni, quotiens animo corrupta superbo
> plus aloes quam mellis habet. quis deditus autem
> usque adeo est, ut non illam, quam laudibus effert,
> horreat inque diem septenis oderit horis?

quo panno ad tragicum Niobes exemplum adsuto gravitas loci misere infringitur, cum sex versibus frigore horridis diluatur quod
brevius multoque acutius his complexus est poeta 166 'quis feret
uxorem, cui constant omnia?' nisi quis forte illud quod 'septenis
horis', h. e. unius horae spatio maiore diei parte maritus horrere
et odisse eandem quam laudibus effert dicitur, tamquam praeclarum
acumen vindicare Iuvenali instituet. Cui simile unum novi exemplum
ex satira XII, ubi qui navi vectus mercator ventis animam committit,
v. 59 'digitis a morte remotus' dicitur diligenter numeratis 'quattuor
aut septem, si sit latissima taeda' (cf. p. 30). Singula autem balbu-
tientem tironem, non Iuvenalem produnt: 'huius rari summique boni
voluptas' quantum languet post v. 165 'rara avis in terris nigroque
simillima cygno', de virtutibus optimae matronae v. 162—164 quam
splendide, quam contra pueriliter v. 178 sqq. dicitur, coniunctam
cum illis superbiam quam egregie v. 169 poeta Corneliae exemplo
illustratam extulit, quam contra nude v. 179 et 180 interpolator
elocutus est, ubi haec 'ut se tibi semper inputet' ad V 14 sq. exemplum sumpta videntur ex illis v. 169 'numeras in dote triumphos',
'animo' autem 'corrupta superbo' eadem est quae 'cum magnis virtutibus adferre grande supercilium' v. 169 arguebatur. Quid quod
tanta in verborum abundantia desunt tamen quae ad explendam
sententiam desiderari vix possunt? nam in his 'ut se tibi semper
inputet' cogitandum est 'impune' vel 'sine taedio'; 'huius boni voluptas' intellegi videtur coniunctae cum gravitate morum pulcritudinis voluptas; 'deditus' participio v. 181 aut dativus 'uxori' ut
v. 206 et IX 71 aut, ut apud Catullum LXI 101 'in mala deditus
vir adultera' legitur, 'in uxore' addendum erat.

Tot tamque certis grassantis per satiram nostram interpolationis exemplis prolatis vix mirum videbitur, quod praeter lacinias istas et sententiolas etiam integrum capitulum vv. 398—412 fraude inlatum esse conieci. Quibus quae proponitur curiosae mulierculae descriptio, quamquam potuisse id quoque genus a poeta depingi non negaverim, nimis tamen et salibus et elegantia sermonis destituta est quam ut ipsius satirae auctori longe praestantissimo possit adscribi. Ac novarum rerum aucupium castigari quinto demum versu 402 proditur, cum 'audacia' totam pervolantis urbem et coetus virorum frequentantis et cum ducibus confabulantis viragini potius qualis 246 sqq. depingitur convenire videatur. Quamquam quod 'recta facie *siccis*que mamillis' loqui cum ducibus dicitur, quid esse dicam nescio. Quasi vero puerperam talia magis decerent quam siccam

25 quae nondum peperit, sed tamen maritata est; nisi forte ridicula prorsus ratione, quam C. Fr. Hermannus de codd. Iuv. p. 13 collatis Persii II 53 sq. merito, ut videtur, commendavit, sudoris et trepidationis in virorum coetu absentiam declarare voluit versificator. nam '*strictis*' adeo 'mamillis' recentiorum quorundam librorum (*b c ç*) scriptura recepta inpudentiae imaginem ad fastidium usque ineptissime exaggeratam habes. In sequentibus offendunt haec 'quid Seres, quid Thraces agant' (403) miro ordine insertis domesticis secretis (404—406) separata ab Armeniorum Parthorumque eventis (407 —411). Sed inter annos p. Chr. n. 79 et 130 ne visus quidem est cometes, qui quod v. 407 instare dicitur 'regi Armenio Parthoque', intellegenda est quae Vespasiano imperatore apparuit stella crinita per iocum ab hoc 'ad Parthorum regem qui capillatus esset' relata (Sueton. Vesp. 23). Nec conspirat cum hac temporis significatione quod vv. 409—411 commemoratur diluvium et terrae motus, quae posse ad annum 117 pertinere in praef. p. X monui. Itaque ex libris, non ex vita sumpta sunt diversissimorum temporum eventa, quorum simul eadem muliercula notitiam et parare et propagare dicitur. Quam si Iuvenalis produxisset, certa nomina et lepidas fabellas, non nuda et inania accepissemus, qualia hic de noverca et puero et adultero et vidua nescio quibus v. 403 sqq. proferuntur. Illa autem concubitus secreta, quae v. 406 tanguntur, ex v. 191 videtur imitator mutuatus esse. Ceterum quis umquam elegans scriptor structura hac usus est: 'cantet potius quam . . . . *quae pervolet urbem et coetus virorum ferre possit*' e. q. s.? ubi 'quae'

pronomen non abundat tantum sed corrumpit et pervertit sententiam, ut vel noviciorum codicum (ς) scriptura 'quam' licet valde molesta facilius tamen videatur tolerari posse. Sed qui v. 413 scripsit 'nec tamen id vitium magis intolerabile *quam quae*' videtur sane hic quoque eadem figura delectatus esse. Itaque his quoque purgandum duxi textum Iuvenalis.

Restant denique tres versus 133—135

> hippomanes carmenque loquar coctumque venenum
> privignoque datum? faciunt graviora coactae
> imperio sexus minimumque libidine peccant,

quos qua tandem causa motus poeta Messalinae nocturnis grassationibus proxime subiunxisse credatur, nemo interpretum explicavit. Ipsane taeterrima Eppiae et 'meretricis Augustae' exempla tam mira Iuvenalem sententia tamque contraria eis quae totam per satiram ipse persequitur, qualis haec est 'minimumque libidine peccant' (135), quasi obliteraturum fuisse? ac ne probavisse quidem uberiore enarratione tam novum argumentum, sed verbo tactum abrupisse subito et ad multo leviora transisse? Quid autem? inter imperium sexus et libidinem quid tandem discriminis intercedere dicemus, ut intellegamus cur ad philtra et carmina amatoria non libidine, sed 'imperio sexus coactae' perduci feminae narrentur? Sed de his ipsis nec non de reliquo venenorum usu ita expositum est versibus 610—626 et 629 sqq., ut in tribus illis versiculis singula quaeque inde excerpta videantur: nam et hippomanes vv. 616—626 tractatur et cantus magici redeunt v. 610 et 'coctum venenum' quando a potione amatoria diversum dicitur, sive ad Agrippinae boletum (620) sive ad adipata quae materno fervent veneno (631) pertinere potest, et privigni caedes v. 628 tangitur, nisi forte datum privigno hippomanes ex his georgicon sumptum est III 282: 'hippomanes, quod saepe malae legere novercae miscueruntque herbas et non innoxia verba' (cf. II 128). Cur igitur illa multo ante praemonuisse putemus poetam praeteritionis adeo figura usum, qua inducuntur lectores ne expectent quae tamen postea copiose enarrantur? Mihi quidem haec quoque ab interpolatore videntur inlata esse, qui complexus ut potuit quae infra offenderat veneficia mulierum graviora sibi videri quam Eppiae aut Messalinae flagitia adnotavit.

Demonstrare studui, non tantum probabilem, sed necessarium talem fere satirae sextae ordinem esse, qualem in textu meo restitui. Quem si quis perversum vel vulgato non omnibus numeris meliorem vel bono sanoque scriptore non usque quaque dignum esse ostenderit, dabo manus cedamque meliori: sed bene apteque a me potius quam a Iuvenale composita adgnoscere qui maluerit, is multo me audacius statuet potuisse ab egregio poeta inventa ingeniosissime elegantissimeque in singulis elaborata non tantum turbulentissime confundi, sed etiam miro casu ita confundi, ut qui ad certa quaedam sententiarum indicia animum advertisset facili opera teres atque rotundum opus transponendis membris posset elimare. Vt non is temerarius iudicandus sit, qui explorata prudentissimi scriptoris arte quid non potuerit ab eo scriptum esse edoctus coactusque interpretandi necessitate corruptae librorum memoriae opem, sed qui prava religione ductus verbis sententiisque praeclari poetae vim intulerit. Cumque verum et rectum unum tantum sit, quod persuadendi vincendique facultatem ipsum prae se ferat, librariorum contra et bibliopegarum errores et correctorum commenta et infinitorum per saeculorum decursum casuum vicissitudines excogitari ne ab acutissimo quidem critico possint, ne tum quidem fore concedam ut imminuatur probabilitas coniecturae meae, si unde orta sit confusio illa versuum, nulla ratione explicare contingat. At tamen non omnia vestigia saltem perierunt, quibus caute insistentes poterimus fortasse ipsam originem labis paulatim indagare, sed ut fateamur, hic per incerta progressis satis videri si quae potuerint aliquando accidere non improbabili ratiocinatione assecuti erimus.

Progredior autem inde quod ad satirae VII 129—158 in Pithoeano et Sangallensi (*P S*) scholia nulla extare Iahnius testatur: exciderant igitur casu aliquo triginta versus in codice Pithoeani archetypo eo, qui scholiis antiquis instructus erat. Eiusdem satirae versus 196 in *P* et Laurentiano *a* repetitur post v. 211, unde posterioris manus litura remotus est. Atqui inter 197 et 211 versus numerantur XV, quod est triginta versuum illorum dimidium, ut hic interrupta opera librarius videri possit antecedentis in archetypo suo columnae versum extremum temere repetisse. Item de Sorano Barea ad I 33 pertinens scholion, quod nunc apud Iahnium p. 176, 1—3 legitur, in *P S* adpositum est ad v. 47: videtur scilicet quod summae paginae adscribere vel neglexerat librarius vel propter spatii

angustias non potuerat, imae adiecisse. Atque incepisse in archetypo
tertiam columnam versu 33 coniectura minime XXXII qui antecedunt
versuum numero refellitur. Nam v. 14 spurium esse perspexit Dobraeus (cf. p. 116), 24 autem et 25 cum desint in codicibus aliquot
($a\ v\ \varsigma$), facile statui possunt casu omissi in textu, additi in margine fuisse, ut qui restant versus XXVIIII adsumpto tituli spatio
prorsus in rationes nostras quadrent.

Aberravit etiam in nostra satira scholiasta, a quo quod ad v. 96
adnotatum hodie legitur 'nec se continere possunt. exclamatio in
rebus turpissimis', ad v. 64

> Tuccia vesicae non imperat, Apula gannit
> sicut in amplexu subidum et miserabile

referendum esse intellexit Iahnius, qui tamen posse eadem etiam ad
v. 65 adscripta putari non infitiabitur. Ergo cum 66—80 et 81—95
bis quindecim versuum efficiant numerum, conicio quod conclusa
v. 65 pagina non ceperat errore librarii non in proxime sequentis,
sed in alterius folii summum marginem delatum esse.

Atque eadem ratione factum est ut interpolamenta quoque falso
loco inferrentur. Nam insertus in satirae XIV initio versiculus 'et
quod maiorum vitio sequiturque minores' paulo ille melius licet numeris innumeris expressus in cod. Hauniensi 'et quod est maiorum
sequitur vitium minores' in aliis libris ($a\,b\,c\,g\,p$) post versum primum, in Dresdensi post 14 extat. Argumentum scilicet satirae ab
aliis in ima, in summa ab aliis pagina adscriptum fuit, prorsus simili modo ut sextae satirae et caput 'quod non sit ducenda uxor'
in Pithoeano ad v. 23 adpositum reperitur et trium versiculorum
interpolamentum, quod in Vrbinate (h) aliisque codicibus post v. 614
inlatum est, in Laur. a versuum 601 sequitur.

Quamquam nec 'decolor heres' (600) nec amentia aut furor
veneno immissus (614 sq.) ansam ad Danaidum dolia taurumque
Phalaridis inferenda praebere poterat. Nec videntur tres illi versiculi olim coniuncti fuisse: nam sententiarum aut structurae nexus
nullus adgnoscitur. Sed circumspicientem alios locos, unde ad interpolamenta facilior transitus fuerit, offendit primum religiosa, quae
Isidis aedem ut conspergat,

> ibit ad Aegypti finem calidaque petitas
> a Meroe portabit aquas (527 sq.).

Huic profecto indignabundus interpolator videtur inprecatus esse:

semper *aquam portes* rimosa ad dolia, semper
istud onus subeas ipsis manantibus urnis.

Corruptus tertius versus ne intellegi quidem poterit, nisi sic
emendatus fuerit:

quo rabidum rostro Phalarim *de rege* dedisti,

28 in quibus 'rostro' et 'de rege' aliis, 'rabidum' fratri debeo, qui con-
iectum ab Agrigentinis in taurum aheneum eiusque per rostrum
rabidos gemitus edentem regem significari censet: de quo tyranni
exitu vide Bentlei dissertationes Phalarideas a Woldemaro vernacule
redditas p. 226 sq. Sed ad tauri illius memoriam ut delaberetur
interpolator, nullo facilius loco induci poterat quam eo, ubi Osiridis
numen ridetur (541). Quod cum in Apim taurum translatum cre-
deretur, de hac fabula ille cogitans et fortasse ipsius Iuvenalis
VIII 81 sq. memor Phalaridei tauri mentionem adnotationi suae,
cuius ultimus tantum versiculus superest, adicere poterat. Nec prae-
tereundum a v. 527, cui illa 'semper aquam . . . urnis' adscripta
fuisse vidimus, usque ad v. 541, ubi Osiris commemoratur. XV versus numerari, ut quae in summo et in imo margine adnotata fue-
runt, librarii videantur coniuncta alius ante v. 602 post sexaginta
versus, h. e. post quattuor, alii post LXXV versus, h. e. post quinque XV versuum columnas ante v. 615 inseruisse.

Gravioribus cum turbis coniuncta alia brevissime ut tangam,
versus in secunda satira 99 scholion de Othone apud Iahnium
p. 192, 1 — 8 editum, omissum, si vere traditur, prima manu Pithoeani,
in Sangallensi ad v. 90 adpositum est, et in Pithoeani quoque archetypo certe ibidem collocatum fuisse docent in utroque libro ad v. 99
adscripta haec 'subnotatio huius retro scripta, ubi palma'. Atque
post ipsum v. 90, h. e. secundum rationes nostras in columna septima
gravem Iuvenalis textus labem contraxit, quam interpositis vv. 110
—114 ante 91 et 115 sq. post 92 sanavisse mihi videor. Iisque
adsumptis quindecim a 90 usque ad 99 versus efficiuntur.

Porro in septima satira quinque versus 74—78, quos post
v. 93 collocavi, videntur a librario in eius paginae, quae vv. 79—93
continebat, margine summo adscripti fuisse, cum vel imae adnecti
vel sequentem incipere deberent. Nam a v. primo usque ad 73
habes, si tertii satirarum libri titulo, ut par est, duorum versuum
spatium concedis, quindenorum versuum integras columnas quinque.

12

Satira XIV utrum a Iuvenale scripta sit necne hic non quaero: sed antiquo tempore eam genuinarum eclogarum volumini adiunctam fuisse Prisciani Servii Eutychii testimoniis firmatur. Eius prior pars, quae est usque ad v. 86, cum per has paginas videatur distributa fuisse:

$$a \ v. \ 1-14 = 14 \qquad e \ v. \ 59-72 = 14$$
$$b \ \ » \ 73-85 = 13 \qquad f \ » \ 44-58 = 15$$
$$\left.\begin{matrix} c \\ d \end{matrix}\right\} \ » \ 15-43 = 29$$

soluta compage singula sic confusa esse conieci:

$$a \quad c \smile d \quad f \smile e \quad b$$

Et simili casu satirae XIII turbas suspicor ortas esse. Si enim haec in archetypo se excipiebant:

29
$$b \quad 31- \ 45 = 15 \qquad\qquad g \quad 104-118 = 15$$
$$c \quad 46- \ 59 = 14 \qquad\qquad h \quad 119-133 = 15$$
$$d \quad 60- \ 74 = 15 \qquad\qquad i \quad 134-148 = 15$$
$$e \quad 68- \ 89. \ 75-85 = 15 \qquad k \quad 149-158 + x$$
$$f \quad 90-103 = 14$$

qui in columna *e* littera signata primi debebant esse vv. 86—89 librarii incuria ad imam paginam videntur remoti esse; deinde quos inter 59 et 60 interposui 28—30 ideo videntur in textu omissi esse, quod cum et v. 28 et 60 incipiat particula 'nunc', statim ad alterum 'nunc' scribae oculi delapsi sunt: omissos vero tres una cum quinque illis (23—27), qui in columna *k* nescio quo casu exciderant, signis adpictis in schedae eius, quae *b* littera signatae anteposita erat, vacuo spatio additos esse suspicor.

Ceterum quibus argumentis motus cum haec tum alia mutaverim, supra exposui: hic satis est adfirmavisse, minime ratiocinationibus illis qualibuscumque me in emendando textu ductum esse, quae licet omnes repudientur, tamen emendationum mearum necessitatem infractam esse non concedam.

Sed quadrant ad illas etiam nostra in satira loci nonnulli, de quibus quo promptior fiat conspectus, hance schedarum tabellam composui, cuius qui intra circulos inclusi sunt numeri ad vulgatum, qui extra positi sunt, ad meum textum pertinent.

I   1— 37

II   38— 52 (268—285, om. 274 sq. 279)   = 15

III   53— 67 (242—245. 231—241)   = 15

IV   68— 88 (200—223, om. 209—211)   = 21

V   89—108 (414—433)   = 20

VI   109—115 (224—230)   = 7

VII   116—209 (38—132, om. 349—351. 119. 118.
125 sq. 130)   = 90

VIII   210—269 (286—348, om. 323. 335 sq.)   = 60

IX   270—282 (366—378)   = 13

X   283—307 (136—160)   = 25

XI   308—357 (457—507, om. 460)   = 50

XII   358—372 (184—199, om. 188)   = 15

XIII   373—386 (352—365)   = 14

XIV   387—405 (379—397)   = 19

XV [398—412]   = 15

XVI   406—459. 469—472 (508—568, om. 558 sq. 561)   = 58

XVII   473—489 (610—626)   = 17

XVIII   460—468 (585. 587 sq. 582—584. 589—591)   = 9

XIX   490—502 (569—581)   = 13

XX   503—525 (434—443. 448—456. 444—447)   = 23

XXI   526—547 (246—267)   = 22

XXII   548—564 (161—177)   = 17

XXIII   565—582 (592—609)   = 18

XXIV   583—615 (627—661, om. 632 sq.)   = 33

Habes igitur quindenorum versuum exempla quattuor II. III. XII.
XV, quaternorum denorum unum XIII, ternorum denorum duo IX
30 et XIX; sexaginta, h. e. quater, et nonaginta, h. e. sexies quindeni
versus continentur locis VIII et VII. Et adscriptum in Pithoeano ad
v. 23 argumentum, quod supra tetigi, etiam de antecedentis schedam
II columnae quae vv. 23—37 complexa sit, mensura pari suspitio-
nem movet. Attingit horum numerorum aequabilitatem particula XVI
versibus 58, quos tamen adsumptis v. 558 sq., ut 60 fiant, explere
nolim, quia in ipso Pithoeano illi manu prima quidem scripti non
extant. Item in frustulo XVII conicias ex versibus 624 et 625,
quorum uterque eadem vocula 'haec' incipit, alterutrum in textu excidisse, idemque propter similem exitum 'pressit' et 'iussit' in v. 621 sq.
evenire poterat, ut duobus versiculis in margine positis relinquerentur

in textu 15. Qualia in Iuvenalis codicibus non rariora exempla quam in aliis: cf. I 88. II 24. III 167. VI 147. VIII 160. Eadem causa fuisse potest versuum 565—567 (592—594), quippe qui omissi sint in Puteaneo (g): igitur hic quoque pannus XXIII ad pares numeros redigitur. Et simili modo in eo qui praecedit XXII septendecim versus in eandem columnam potuisse coactos esse quis neget? Quid quod ne 21 quidem versuum summa, quae in IV extat, omni excusatione destituta est? Nam cum et v. 68 (200) et 74 (206) eisdem vocibus 'si tibi' incipiant, non mirum sit si neglegentia librarii priores sex versus in textu praeteriti sint. Porro quinquaginta schedae XI versus redigas ad quadraginta quinque, si transpositos a Madvico sex versus 464—466 et 461—463 diversis locis in margine additos fuisse statuas, unum autem quem desse supra monui, post v. 479 suppleas. Et quattuordecim saltem versus efficias, si novem hos 513—521 (448—456), quos in frustulo XX inter 512 (443) et 522 (444) interposui, in peculiari schedula, cui similes sint XVIII et VI, adiectos fuisse conicias. Quamquam columnam XVIII suppletam eis, quae ante v. 585 excidisse demonstravi, ne ab integritate quidem aliarum nimis afuisse putaverim. Vt praeter has soli fere restent quattuor loci V. X. XIV. XXI, qui non videantur satis probabiliter conciliari posse cum ratiocinationibus nostris. Itaque equidem sic statuerim: fuisse antiquitus Iuvenalis carmina in schedis conscripta quindenos plerumque singulis columnis versus continentibus, sed eis ab alterutra parte vacuis, quae tamen in margine et in calce et supplementis textus et fortasse scholiis quoque ita oppletae essent, ut horum uberior copia ubi adflueret, post singula capitula etiam medium paginae spatium occuparet. Vnde factum ut minores interdum textus particulae singulas paginas explerent. Ceterum idem qui interpolavit poetae verba panno XV laceratum et confusum schedarum ordinem qui talis fere vulgo traditur: I. VII. X. XXII. XII. IV. VI. III. XXI. II. VIII. XIII. IX. XIV. XV. V. XX. XI. XVI. XIX. XVIII. XXIII. XVII. XXIV, fortasse corrigere adgressus est, quo studio ut recte haec V. X. XIV. XXI reconcinnaverit, ita in componendis aliis partibus, si quidem consilio videntur XVI ad XI, XXIV ad XVII adnexa, falsus sententia est. Schedam XXIII qui adnexuit ad XVIII, cum ad XIX deberet adnectere, exordii in utraque 'haec tamen' similitudine deceptus antiqui nexus indicia quaedam in codice repperisse videtur.

Nachtrag.

Zu den auf S. 64 ff. gegebenen Andeutungen über das Verhältnifs der unechten Satiren zu den echten in metrisch - prosodischer Beziehung liefert Julius Schultz, ohne auf die kritische Frage einzugehen, beachtenswerthe Ergänzungen in der jüngst erschienenen Schrift: '*de prosodia satiricorum Romanorum capita duo de muta cum liquida et de synaloephe.*' Regimonti Pr. 1864. Die Synalöphe tritt überhaupt verhältnifsmäfsig häufiger in den (von der sechszehnten Satire abgesehen) 1249 Versen der zweiten Hälfte auf als in der ersten, die nach Abzug von 236 interpolirten 2292 Verse umfafst, also fast das Doppelte. Manche Erscheinungen derselben finden sich nur in den unechten, andere überwiegend in den echten. Bezeichnen wir diese mit *A*, die unechten mit *B*, die Interpolationen mit *C*, so ergeben sich folgende Proportionen, die nach obigen Zahlen zu beurtheilen sind.

Doppelte Synalöphe, einmal vor 'et':

$$A\,15 : B\,15 : C\,2:$$

darunter aber sind in *B* 8 Verse mit 'et' in der Arsis des zweiten Fufses (wie 'Corvinum et Galbam' VIII [5]), während *A* nur 4 dergleichen hat, wo überhaupt die Mannigfaltigkeit der Formen gröfser ist.

Zweimaliges 'et' in der Synalöphe findet sich nur XV 9.

Doppelte Synalöphe, einmal vor 'est':

$$A\,9 : B\,13 : C\,2 \ (\text{VIII } 105 \text{ ist der Text unsicher}):$$

darunter 'est' in der Arsis des zweiten Fufses

$$A\,0 : B\,5 : C\,1.$$

Doppelte Synalöphe vor 'et' und 'est' nur XIII 75 (wieder 'et' in der Arsis des zweiten Fufses) und XV 166.

Andere Fälle von doppelter Synalöphe:

$A\,45 : B\,35 : C\,2$ (XI $=$ X 270 gehört gar nicht hierher),

und zwar vor 'atque' in der Arsis des zweiten Fufses:

$A\,6 : B\,5.$

Dreifache Synalöphe, einmal vor 'et':

$A\,3 : B\,2$ (beidemal mit Hephthemimeres),

einmal vor 'est': $A\,3 : B\,2 : C\,1.$

vor 'et' und 'est': IX 43,

die übrigen Fälle: $A\,2 : B\,4.$

Fünf Synalöphen X $=$ XI [161].

Synalöphe eines langen Vocals oder Diphthongen vor kurzem Vocal

im ersten Fufs $A\,2 : B\,1$

im zweiten nur XI (X) 333.

'est' am Schlufs des Verses in Synalöphe

nach langem Vocal nur X $=$ XI [11],

nach kurzem $A\,9 : B\,4 : C\,1.$

Synalöphe auf der zweiten Thesis des Dactylus

bei 'et' $A\,5 : B\,3,$

sonst $A\,9 : B\,6.$

Zu welchen weiteren Ergebnissen die Verfolgung dieses Capitels bei Unterscheidung der ungleichen Bestandtheile unserer Sammlung führen würde, bleibt Andern zu untersuchen.

Sonst habe ich nur nachzutragen, dafs meine Abhandlung 'de satira sexta' für den grofsen Unbekannten, der in diesen Tagen im literarischen Centralblatt mit so überraschenden Gründen den Stab über dieselbe gebrochen hat, nicht geschrieben ist, wie er sie denn auch nicht gelesen hat. Vielleicht haben die übrigen Abschnitte ein besseres Schicksal. Wenigstens hab' ich sie durch ihr deutsches Gewand einer allgemeineren Beachtung zu empfehlen gesucht. Der Stoff der sechsten Satire verlangte gebieterisch die classische Hülle.

Januar 1865.

Register der behandelten Stellen.

A n m. Die vorangestellten Zahlen beziehen sich auf den Text m e i n e r Ausgabe ('D. Iunii Iuvenalis saturae ed. O. R. Ex officina Bernhardi Tauchnitz. Lipsiae
MDCCCLVIIII'), die in runden Klammern oder mit = beigefügten auf die Vulgata. Alle von mir u n t e r den Text gesetzten Verse sind als interpolirt mit [ ]
bezeichnet. Nur in der Abhandlung 'de satira sexta' habe ich, wo es nicht ausdrücklich bemerkt ist, mich der Jahn'schen Zählung angeschlossen.

Verlag von I. Guttentag in Berlin,
Guttentag und Vahlen.

Berlin, Druck von Gustav Schade, Marienstr. 10.